U0522813

河北经贸大学学术著作出版基金资助

技术创新与"中等收入陷阱"
——基于个人效用最大化的视角

郭江山 著

中国社会科学出版社

图书在版编目（CIP）数据

技术创新与"中等收入陷阱"：基于个人效用最大化的视角/郭江山著．—北京：中国社会科学出版社，2016.5
ISBN 978-7-5161-8267-3

Ⅰ.①技⋯　Ⅱ.①郭⋯　Ⅲ.①中国经济—经济发展—研究　Ⅳ.①F124

中国版本图书馆 CIP 数据核字（2016）第 116750 号

出 版 人	赵剑英
责任编辑	李庆红
责任校对	周晓东
责任印制	王　超

出　　版	中国社会科学出版社
社　　址	北京鼓楼西大街甲 158 号
邮　　编	100720
网　　址	http://www.csspw.cn
发 行 部	010-84083685
门 市 部	010-84029450
经　　销	新华书店及其他书店
印　　刷	北京明恒达印务有限公司
装　　订	廊坊市广阳区广增装订厂
版　　次	2016 年 5 月第 1 版
印　　次	2016 年 5 月第 1 次印刷
开　　本	710×1000　1/16
印　　张	15
插　　页	2
字　　数	239 千字
定　　价	56.00 元

凡购买中国社会科学出版社图书，如有质量问题请与本社营销中心联系调换
电话：010-84083683
版权所有　侵权必究

目 录

第一章 绪论 ·· 1
 第一节 前言 ·· 1
 第二节 国内外相关研究综述 ·· 6
  一 国外相关研究评述 ·· 6
  二 国内相关研究评述 ·· 16
 第三节 逻辑结构和研究方法 ·· 20
 第四节 主要创新点和不足 ··· 22

第二章 "中等收入陷阱"与技术创新的内涵 ······················ 24
 第一节 "中等收入陷阱"内涵 ······································ 24
  一 含义 ·· 24
  二 "中等收入陷阱"产生的理论解释 ······················ 24
 第二节 技术创新的含义和作用 ···································· 28
  一 含义 ·· 28
  二 技术在经济增长中的作用 ································· 29

第三章 中等收入跨越的国际经验比较 ······························ 31
 第一节 日本的经济跨越：1973—1985年 ····················· 31
  一 日本跨越"中等收入陷阱"的时间起点 ············· 31
  二 日本成功跨越"中等收入陷阱"的宝贵经验 ······ 32
 第二节 韩国的经济腾飞：1987—1995年 ····················· 51
  一 背景介绍：摆脱贫困陷阱后的韩国经济现实 ······ 51
  二 韩国成功跨越"中等收入陷阱"的宝贵经验 ······ 52

　　第三节　拉美各国在经济跨越中的沉浮 ……………………… 65
　　　　一　拉美经济和日本及亚洲经济比较 ……………………… 65
　　　　二　拉美金融制度不稳定 …………………………………… 69
　　　　三　拉美科技发展滞后 ……………………………………… 72
　　　　四　社会经济发展不协调矛盾突出 ………………………… 78
　　第四节　经验和教训小结 …………………………………………… 80
　　　　一　跨越"中等收入陷阱"的成功经验 …………………… 80
　　　　二　拉美各国的历史教训小结 ……………………………… 81

第四章　基于技术创新的跨时动态分析 ……………………………… 84
　　第一节　经济增长的多重均衡：基于技术创新要素的视角 … 84
　　　　一　引言 ……………………………………………………… 84
　　　　二　模型的构建 ……………………………………………… 86
　　　　三　经济增长的动态均衡分析 ……………………………… 92
　　　　四　均衡时的比较静态分析和政策建议 …………………… 96
　　　　五　主要结论和启示 ………………………………………… 100
　　第二节　从模仿到自主创新：基于中等收入经济体
　　　　　　的理论框架 ……………………………………………… 102
　　　　一　引言 ……………………………………………………… 102
　　　　二　模型的构建 ……………………………………………… 103
　　　　三　动态自治系统 …………………………………………… 110

第五章　金融深化、技术创新和经济跨越增长：
　　　　来自中国的经验 ……………………………………………… 122
　　第一节　引言 ………………………………………………………… 122
　　第二节　模型的构建 ………………………………………………… 124
　　　　一　劳动生产率对经济增长的作用 ………………………… 124
　　　　二　金融深化对劳动生产率作用的一般均衡模型 ………… 125
　　第三节　实证分析 …………………………………………………… 128
　　　　一　金融深化、技术创新和经济跨越增长的时间
　　　　　　序列分析 ………………………………………………… 128

二　技术创新产出和投入的关系——基于省际面板
　　　　数据的实证分析 ……………………………………… 131
第四节　结论 …………………………………………………… 134

第六章　中国跨越"中等收入陷阱"路径之一：农村现代化 …… 136

第一节　农业现代化与新农村建设 …………………………… 136
　　一　农业现代化内涵及发展现状 ………………………… 136
　　二　正确理解新农村建设 ………………………………… 139
　　三　农业现代化和新农村建设关系 ……………………… 139
　　四　加快农业现代化、促进新农村建设的有关措施 …… 139
第二节　金融支持农村经济增长实证分析
　　　　——基于结构的视角 ……………………………… 141
　　一　问题的提出 …………………………………………… 141
　　二　文献回顾 ……………………………………………… 141
　　三　实证研究 ……………………………………………… 143
　　四　简短结论 ……………………………………………… 154
第三节　新型城镇化——中国农村未来之路 ………………… 155
　　一　1949—1957年：新中国成立后农村土地第一次
　　　　"分"和"合" ………………………………………… 156
　　二　1958—1978年：人民公社限制农村生产力发展 …… 156
　　三　1979—2005年：改革中的农村——农村土地
　　　　的第二次"分" ………………………………………… 157
　　四　2006—2011年：社会主义新农村建设 ……………… 158
　　五　2012年：中国农村踏上新征程——新型城镇化 …… 159

第七章　中国跨越"中等收入陷阱"路径之二：制造业升级 …… 166

第一节　制造业的内涵 ………………………………………… 167
　　一　制造业产业链体系 …………………………………… 168
　　二　制造业的组成：被动的制造和主动的创造 ………… 169
第二节　第二次世界大战后世界制造业转移过程特点和
　　　　各国经验 …………………………………………… 169

一　第二次世界大战后世界制造业的三次大转移 …………… 169
　　二　第四次转移的动向和原因 …………………………… 171
　第三节　中国在国际制造业转移过程中的角色定位 ………… 175
　　一　中国制造业发展的特点 ……………………………… 175
　　二　在世界第四次产业转移中面临的挑战 ……………… 175
　第四节　中国如何加快制造业创新步伐 ……………………… 176
　　一　利用政府资源和金融资源加快中国制造业
　　　　创新步伐 ……………………………………………… 176
　　二　发挥知识资本在创新中的基础作用 ………………… 177
　　三　增加研发投入 ………………………………………… 177
　　四　改进研发资金来源和支出结构 ……………………… 179
　　五　提高研发质量 ………………………………………… 181
　　六　通过技术吸收引导创新 ……………………………… 181
　　七　在中国东中西地区形成雁型模式 …………………… 182

**第八章　中国跨越"中等收入陷阱"路径之三："三化"
　　　　　协调发展** ……………………………………………… 183

　第一节　基于VAR模型的城镇化、工业化与金融发展
　　　　　动态分析 ……………………………………………… 183
　　一　引言 …………………………………………………… 183
　　二　变量选择 ……………………………………………… 184
　　三　实证分析 ……………………………………………… 186
　　四　主要结论与政策建议 ………………………………… 192
　第二节　金融在工业化与城市化进程中的作用分析
　　　　　——基于产业分工角度 …………………………… 195
　　一　问题的提出 …………………………………………… 195
　　二　金融在工业化与城市化进程中的内在作用机制 …… 196
　　三　金融发展在工业化与城市化进程中的作用分析
　　　　——以河北省为例 ………………………………… 200
　　四　基本结论 ……………………………………………… 203

第九章 "中等收入陷阱"短期应对之策 205

第一节 中国的"一刀切"式短期政策弊端 205
第二节 经济脱困政策组合的思考 209
一 采用适当的财政刺激政策 209
二 货币宽松政策设计 210
三 正确理解经济成长所需的货币条件 211
四 财政、货币、产业等多种政策的组合效用 212
五 金融实行混业经营 214

第十章 总结与展望 216

第一节 全书总结 216
第二节 研究展望 220

参考文献 221

后　记 232

第一章　绪论

第一节　前言

"中等收入陷阱"最初是由世界银行于2006年发布的《东亚经济发展报告》率先提出，指各经济体用摆脱贫困陷阱（人均GDP大约超过1000美元）的战略来继续提高其经济发展水平所遇到的挑战，曾经的经济增长动力无法持续，一国的经济增长很容易在此阶段陷入徘徊或停滞。根据世界银行2010年8月的标准，世界各经济体按照年人均国民收入（GNI）可以分成三个级别，其中GNI小于等于995美元划入低级；GNI大于等于12196美元划入高级；GNI在这两者之间的经济体属于中级，也就是我们所说的中等收入，其中中等收入又以3945美元为标准分为下中等收入（小于等于3945美元，共有56个经济体）和上中等收入（大于3945美元，共有48个经济体）。从地理区域来看，中等收入经济体主要分布在拉美、亚洲、中东和东欧地区。国际经验表明，许多经济体能够以较快的速度进入中等收入行列，但是从中等收入进入高收入行列似乎是可望而不可即的。拉美国家就是这方面的典型代表。从1950年到1980年的30年里，拉美大部分经济体的GDP快速增长，截至1980年年末，GDP平均超过1000美元，完成了从低收入经济体向中等收入经济体的成功跨越。然而时至今日，拉美国家的经济增长仍然停滞不前，尽管其间经济有起色，但是终究无法持续。反观韩国1983年时人均GDP为2074美元，经过12年的发展，人均GDP达到11469美元；日本、中国台湾地区和新加坡等都用了十多年的时间就顺利进入高收入行列。中国大陆2010

年人均GDP已经达到4000美元以上，对比世行标准，显然已成为上中等收入国家，此时中国经济处于一个重要时期，即能否突破"中等收入陷阱"，成功进入高收入国家行列。解决问题的根本之道在于既需要从理论上不断完善和补充，也需要从实践中汲取营养，即吸收失败教训，借鉴成功经验，因为"中等收入陷阱"的本质还是经济的可持续发展问题。

  本书的主要研究方法有三种。（1）定性分析与定量分析相结合。将定性分析和定量分析应用到经济发展的分析中，其实就是"质"、"量"两者的辩证关系在方法论中的具体运用。我们在定性分析中，以技术创新制度分析为主。而定量分析强调数据的可靠、方法实用、手段先进。本书在经济增长与技术创新的定量分析中，通过数据及案例进行深入研究。（2）静态分析和动态分析相结合。静态分析着眼于某一时间点经济体在均衡状态时的运行规律和具有的特征，但市场活动不是静止不变的，静态的均衡状态是短暂的，经济体大部分时间处于从不均衡状态向均衡状态的运动中，因此动态分析可以详细描述这种运动过程的特征。（3）宏观分析方法和微观分析方法相结合。宏观分析方法强调经济总量的概念，从国家或地区的角度探讨各个整体变量之间随着时间的推移，其动态轨迹如何变化；微观分析方法则是从整体总量分解的角度及其各个部分之间的关系入手，强调以微观经济主体作为研究对象，从中探寻经济增长的客观规律，为宏观分析奠定坚实的微观基础。

  我们在研究中取得了丰硕成果，具体包括如下五个方面：

  第一，对"中等收入陷阱"概念进行剖析，并从收入和支出的角度对其产生的原因进行理论解释，在此基础上，我们深入分析了技术创新的本质，将社会制度和企业管理组织等制度方面的内容纳入到创新内涵中。

  第二，通过对传统的拉姆齐经济增长模型引入创新要素，可以改变经济增长的收敛特性。在经济增长的稳定路径上，由于创新的作用，资本的增加将改变传统的资本作用模式，导致资本的边际产出由负向转为正向，经济增长将出现多个稳定均衡点，这有力地解释了各经济体经济发展存在巨大差异的现实，提出技术创新是经济体成功跨越"中等收入陷阱"的根本保证。

第三，以微观经济主体的经济行为最优化为基础，运用一般均衡分析方法，建立了一个基于中等经济体的模仿创新和自主创新的理论框架，分析了中等经济体在技术吸收和创新中资源的合理配置问题。

第四，以中国整体及中国 31 个省份的 13 年数据为基础，进行了时间序列和省际面板数据实证检验，证实了理论模型的结论。

第五，在中国跨越"中等收入陷阱"的建议中，提出以新农村建设和新型城镇化作为突破点，以扩大农村消费市场作为重点，以农业现代化作为保障；对于工业体系生产率的提升，着重提出以制造业创新引领整个中国工业体系的升级。针对短期的经济增长，提出注重发挥产业政策和金融财税政策组合的效力。

本书的主要结论是：

（1）总结了中等收入经济体在跨越时的经验和教训。日本和韩国是国际公认的成功跨越"中等收入陷阱"的典型国家。日本的经验包括：产研学对创新的支持（企业主导和研究体系集中在大型企业和一些高科技领域）；政府在技术创新中发挥了积极作用（产业政策扶持和社会保障体系的完善）；对外投资急剧增加，为更高层次意义上的技术创新"腾笼换鸟"；高储蓄率是开展大规模创新的必备条件；设立风险投资基金；建立知识产权保护制度；技术引进和自主开发相结合；科技集聚区的建设；技术创新和制度建设的关系；产业组织政策转向中小企业。韩国的经验包括：经济增长的内部和外部环境比较稳定；政府积极支持国家创新体系建设；技术贸易开始占主导地位；韩国的技术开发体制由政府主导转向"民间为主，政府为辅"；研发支出和高等教育为韩国知识型经济奠定了坚实基础；金融机构人事和内部经营管理的自主化；金融商品的价格自由化。拉美历经几十年的发展一直无法跨越"中等收入陷阱"，其教训是收入差距不断拉大，出现"增长性贫困"；全要素生产率停滞或下滑；金融体系脆弱或效率低下；城市化过程中策略失当；民主进程缓慢与腐败；通货膨胀抬头，大量举借外债。

（2）相关概念界定，理论模型的构建和实证检验。借助马斯洛的需求层次理论，强调了经济发展水平的不同阶段，满足经济个体的变量也将从消费扩展到资本进而到自我创新。创新作为关键变量引入拉姆齐模型，将产生一些与传统拉姆齐模型不同的结论。首先，创新作为资本改进的必要条件，使得经济增长出现了多重均衡点的可能，结果是各个国家或地区经济增长将出现不同的收敛趋势，这就很好地解释了为什么各国或地区的人均收入水平不同的客观现实。其次，借助创新增长模型探讨了国外无偿援助的作用机制和效果。当经济援助以实物资本形式出现，消费、创新和福利都将提高；而以技术方式出现，影响效果不确定。除此之外，借助模型分析了消费税和收入税对均衡状态下的消费和资本存量水平的影响，取得了不同于传统拉姆齐模型的结果，即消费税将增加消费和创新。通过对 Lin（2010）所构建的北中南模型进行改进，我们提出中等经济体不仅仅是技术的模仿者，同时也是少部分技术的引领者，其创新份额比例从零开始，动态地逐渐增加，在政府对经济活动干预的同时，技术模仿和转移以及技术创新的扩散过程，最终使中等收入经济体达到了一个稳定均衡水平。

对经济增长运用因素分解法，得出经济增长的动力来源于劳动生产率的提高，同时通过建立一个包括家庭、厂商、银行和政府在内的经济体一般均衡模型来分析金融深化对劳动生产率的影响机制。在这些理论框架基础上，通过以 1990—2011 年中国的时间系列数据以及 1999—2011 年中国大陆 31 个省份面板数据为基础的实证研究证实了理论模型的结果，其主要结论是：技术创新和金融深化对经济增长有显著的正向作用；各地区研究与试验发展（R&D）人员全时当量、各地区研究与试验发展（R&D）经费内部支出和各地区存贷比对专利申请授权数都有显著促进作用，其中技术创新的资金和人力投入比金融体系效率更为有效。

（3）在中国应付"中等收入陷阱"的相关建议章节，从多个方面进行了总结。第一，提出加快农业现代化、促进新农村建设的有关措施：以科技引领农业现代化进程，推进新农村建设；加强农民教育培训，培养高素质的新型农民；大力发展龙头企业，促进农业规模化经营；新型城镇化是中国农村未来之路。

第二，农村经济水平提升与农村产业结构优化、农村消费结构改善密切相关。农村消费结构的改善和农村经济增长实际上是一种良性互动机制，而农村产业结构的优化有助于这种双向反馈机制的完善和提高。从动态角度分析，脉冲响应实验证实农村经济增长对来自农村产业结构的随机扰动具有很大正效应，而农村消费结构随着时间的延续，对经济增长的效应不断增强；进一步通过方差分解结果可以看出，农村产业结构对农村经济增长将起到越来越重要的作用。信贷资金和财政资金通过农村产业结构和农村消费结构作用于农村经济增长。银行信贷资金对农村产业结构优化升级和农村消费结构改善更有显著作用，与此相反的是国家财政资金无助于农村产业结构的改善，但有力地优化了农村消费结构。

第三，制造业要主动创新。整个制造业的价值体现为产品设计、原料采购、产品制造、仓储运输、订单处理、批发零售六个环节所创造的利润总和。目前的国际分工已经不再是原来的产品间简单横向分工，产品内的基于价值链基础上的垂直分工已经占据主导地位，这意味着传统的以国际贸易为主体的国际分工向以国际生产为主体的国际分工转变。拥有自主创新技术和知识产权代表了先进的制造业，制造业核心是品牌和核心技术（或称之为知识产权、专利）。

21 世纪前十年，中国的珠三角和长三角等沿海地区相当数量的企业开始呈现出外迁趋势，这实际是世界第四次制造业转移的前兆。但在世界第四次产业转移中中国面临严峻挑战，主要是资源和环境承载能力逐渐降低以及智能制造业回流美国等发达国家。中国要抓住经济全球化的时机。随着技术进步的加速，产品生命周期逐渐缩短，制造业技术损耗风险越来越大，为了给发展新经济腾出空间，发达国家不断将传统制造业向国外转移，这就为发展中国家充分利用国际信息资源和先进科学技术加快本国制造业技术升级和制度创新提供有利条件。因此中国要充分利用政府资源和金融资源加快中国制造业创新步伐；发挥知识资本在创新中的基础作用；增加研发投入；改进研发资金来源和支出结构；提高研发质量；通过技术吸收引导创新；在中国东中西地区形成雁型模式。

第四，运用产业分工原理论证了金融在工业发展与城市化进程中的作用机制，指出金融通过促进工业专业化分工，提高工业生产率，同时工业快速发展产生城市聚集效应,此时工业与城市发展对金融发展提出更高要求,最终金融居于城市、工业发展的核心地位。运用1978—2007年河北省城镇化、工业化与金融发展的相关数据,通过建立VAR模型,采用Johansen协整检验、Granger因果检验、脉冲响应、方差分解等检验技术分析了三者之间的内在关系,结果显示:金融发展、工业化显著促进城镇化的发展,同时金融发展对工业化的进程也有显著的影响;城镇化水平提升对来自金融发展的随机扰动具有正效应,并且随着时间的延续,这种效应不断增强,而工业化的发展在前期对城镇化有正效应,后期将转为负效应;方差分解结果表明,金融发展对城镇化的贡献比工业化大。

第五,宏观经济问题其实更多地表现为短期问题,因此宏观调控也要以解决短期问题为主要目标,微调和短期是其基本特点。目前中国经济的主要问题是"遇冷",其解决措施是逆向调节,也就是说在政策工具篮子中选择适宜的政策手段给经济加热。认真观察这些年来中国短期调控政策的表现,主要问题是"一刀切"的执行方式。中央政府面临的复杂严峻形势是看准问题和正确选择政策工具,尤其是要充分发挥财政、货币、汇率和产业等多种政策的组合效用。

在当前世界经济一体化趋势下,金融自由化和金融全球化不可避免。中国要从金融管制转向金融自由竞争,允许进行混业经营,组建"金融航母",进行金融创新,规避风险,实现规模经济,增强与国外金融机构竞争实力,使消费者获得高质量的综合性服务。

第二节　国内外相关研究综述

目前国内外关于中等收入经济体向高收入经济体跨越路径的理论研究和经验分析的相关文献不是很多,系统性研究不是很充分。但各国学者对于这个问题的研究是以经济增长的可持续性为出发点的。

一　国外相关研究评述

(一) 国际贸易的视角

从国际贸易的角度研究经济增长问题始自亚当·斯密(Adam

Smith）的绝对优势理论，该理论对重商主义关于货币是财富唯一形式进行了批判，认为一国的财富是其能够提供给国内人民消费的商品种类和数量。专业化越深，社会分工范围越大，则劳动生产率提高越快，生产产出就越多，一国财富就大大增加。而国际贸易是实现国际分工的重要途径。各国生产技术存在的差异直接导致成本的不同，国际贸易从而发生。在此基础上，大卫·李嘉图（David Ricardo）提出了相对优势理论，指出两国的相对生产成本差异是国际贸易发生的根本原因。赫克歇尔（Heckscher）和俄林（Ohlin）从供给的另一个角度——生产要素进行分析，并通过萨缪尔森（Samuelson, 1956）等加以完善后产生了要素禀赋理论，即一国如果劳动要素较资本要素相对丰富，则其在劳动密集型产品上供给能力相对较强，所以应该大量出口劳动密集型产品，对于资本要素同理。需要警惕的是一国要素积累使得出口部门竞争能力增强的结果有可能导致出现"悲惨增长"，即经济增长的收益小于转移到他国的利益。另外，在经济增长过程中一国的比较优势将可能发生转变。例如美国20世纪20年代以后农业产品出口优势逐渐丧失，工业品和服务成为出口主力。

国际流动有两种形式：商品和生产要素（主要是资本和劳动，土地要素显然是不能移动的）。国际分工的形式除了商品流动外，还包括生产要素的流动。资本流动主要表现为国际投资，第二次世界大战后跨国公司作为国际直接投资的主体在世界各国投资建厂，同时所生产的商品输往全球。伴随着财富的积累、石油美元的过剩以及各国资本账户的逐渐放开，间接投资日益成为一支重要力量。相对资本跨国流动而言，劳动力的跨国流动涉及各国众多法律掣肘，因此巴格瓦蒂（Bhagwati, 1992）认为劳动力这种生产要素最为困难，但是从商品到生产要素，从资本到劳动都体现了国际分工的深化和全球的一体化趋势，是不可逆转的，这有助于真正实现资源在全球范围内的优化配置。

除了上述从要素流动的角度探讨一国经济增长外，一些学者从一国的开放程度和国际贸易秩序规则的制定分析了经济增长的可能性。例如萨卡（Sacha, 1995）、瓦若（Warner, 1995）、爱德华兹（Edwards, 1998）研究发现国际贸易开放度和经济增长呈正相关关系。

又如许多国家采取了奖出限入战略性贸易政策，这包括出口补贴、关税、配额、倾销和反倾销、歧视性公共采购甚至卫生检疫标准，这实际降低了经济增长率。

（二）宏观经济学的视角

（1）封闭条件下的宏观经济学对经济增长的研究的相关文献自哈罗德（Harrod，1939）和多马（Domar，1946）以来，先后经历了两次重大变革。首先是外生增长模型的出现。由索洛（Solow，1956）创立的新古典增长模型为现代经济增长的研究提供了基本的分析框架，其假设是资本和劳动两要素可以完全代替；劳动力的增加是以固定的外生的比率增加；消费者的储蓄也是以不变的外生比率给定，在这些假设下，可以证明一个经济体的经济增长路径是稳态的，也就是说产出和消费、资本将以相同的速度增长，即外生的人口和技术增长速度；而人均产出、人均消费、人均资本的增长率将为零。即使后来的拉姆齐（1928）、卡斯（1965）和库普曼斯（1965）借助行为人最优化分析方法（在竞争性市场中，消费者和厂商分别追求效用最大化和利润最大化过程）将行为人的消费和储蓄决策内生化，以及戴蒙德（Diamond，1965）进一步将行为人无限生活期放宽到仅生活两期来接近现实，但是结论仍然未有改变：人均层面的变量时间路径都将收敛到各自的固定值或者以外生的速率增长。稳态时的经济增长外生化是新古典增长理论的最大遗憾。因此初始比较贫穷的国家较富裕国家而言，增长更快并且一定能够赶上其生活水平。曼昆、罗默和韦尔（Mankiw，Romer and Weil，1992）通过收集和整理各国数据，实证了索洛模型的趋同假说。尽管这样，一些学者对于索洛模型中的稳态经济增长率外生性提出质疑，同时现实中看到各经济体在发展中表现出"贫者越贫，富者越富"的态势。为什么发展中国家的资本会流到发达国家？显然资本的边际产出递减规律失去了生存的土壤。

其次是内生模型的发展。20世纪80年代以来，以罗默（Romer，1986）为代表的经济学家开创了新增长理论，主要特征是当生产函数不再满足稻田条件，其边际产出不再趋近于零，而将始终超过一定水平，从各种角度探讨当人均变量的时间路径收敛到稳定值后，其固定的增长率将由模型内生决定，具体有两方面：第一是卢卡斯（Lucas，

1988）在宇泽（Uzawa，1965）基础之上提出的 AK 模型，成功地引入了人力资本，后来学者在此基础上对人力资本的积累过程进行进一步研究，包括教育培训之类的时间人力资本积累模型和物质资本消耗积累人力资本。麦克勒姆（Macklem，1992）构造了一个两部门模型，两部门分别生成普通消费品（假设也可用于投资）和人力资本品，通过人力资本的投资过程可以解释资本的边际收益将不再是递减的。在封闭条件下，AK 模型认为两个经济体仅仅是期初的资本劳动比不同，那么人均产出水平将不断增加，而经济增长率最终趋向一致。奥博斯特菲尔德（Obstfeld，1994）使用一般效用函数证明了在开放条件下国际资产组合的分散化能够显著提高各国的经济增长率。巴罗（2001）通过对 100 多个国家和地区进行实证研究，确定了经济增长中的人力资本核心作用。第二是从生产要素对经济增长贡献的传统角度分析的同时，一些学者以技术创新为切入点，分析了创新和产出的内在联系。这包括罗默（Romer，1990）以生产的中间产品为创新对象，分析其对经济增长的作用；格鲁斯曼和赫尔普曼（Grossman and Helpman，1991）提出的技术改进改善了消费品质量，进而使消费者福利水平得到了提高。另外阿洪和豪伊特（Aghion and Howitt，1992）通过引入两种外部效应（单个投资者的投资产生）详细地阐述了技术变化的过程，进而判断政策是刺激还是抑制增长。正如拉（Lal，1998）所言：技术的创新和市场制度的创新是人类经济增长的两大车轮，并将这两种增长动力命名为普罗米修斯增长和斯密内涵增长。工业革命后两百多年的历史证明，人均产出在技术的推动下，以工业革命前的数倍产出增长，而之前被视作生产门槛的阳光、天气、体力都无法阻挡技术带来的巨大冲击。

（2）丰富多彩的世界是密切联系的一个整体，各国之间日益频繁的经济活动作为桥梁拉近了彼此距离，资本、劳动力等生产要素和物美价廉的各种商品进出各国，以发挥其最大效力。这也激发了学者在开放条件下，运用相关宏观经济学理论对可持续经济增长进行研究的兴趣。因此一国的经济活动不再拘泥于国内的消费和投资，而应该包括国外的净出口部分。这自然引申出进口和出口活动是否对国内经济产生影响，如果有影响则效果多大等问题。凯斯（Case，1970）和斯特恩（Stern，1973）对拉姆法鲁西（Lamfalussy，1963）模型进行了修正，得出一国出口的增加显著提高投资率，进而提高产出增长率。贝克曼（Beckman，1962）提出作为最有创新能力的一国出口部门不但可以带动整个经济体系生产效率提高，而且促进了技术进步等一些外生变量的效率改进，这最终促进经济增长。第二次世界大战后日本和亚洲"四小龙"成功跨越"中等收入陷阱"的事实证明了出口导向型的经济增长。经常账户的盈余通常是国际储备增加的重要来源，在资本账户管制的前提下，国际收支账户出现了不均衡，表现为外部不平衡。这引发学者对于经济增长在内部均衡和外部均衡下能否实现和如何实现的关注。米德（Meade，1951）率先研究了内外均衡矛盾问题，明确提出了"米德冲突"。解决该冲突的办法是建立在索尔特（Salter）、斯旺（Swan，1955）和米德提出的政策搭配组合理论：政府运用货币政策或财政政策等改变社会总需求的支出变更政策解决内部失业和通货膨胀问题；而运用汇率政策或关税政策等不改变社会总需求而改变需求方向的支出转换政策解决国际收支的顺差或逆差不平衡问题。蒙代尔（Mundell，1962）进一步提出在资本自由流动的前提下，支出变更政策中的货币政策和财政政策实际上是两个不同的政策工具，在比较二者对内外均衡的影响效果后，指出将货币政策用于外部均衡目标而将财政政策用于内部均衡目标是最优选择。弗莱明（Fleming，1962）和蒙代尔（Mundell，1963）对封闭条件下的 IS—LM 模型进行了拓展，引入了商品和资金的自由流动，加入了国际收支均衡，采用了一般均衡分析方法，建立了开放经济条件下的蒙代尔—弗莱明模型。该模型很好地说明了在不同资本流动情况下，一国的货币政策和财政政策在固定汇率制度或浮动汇率制度时所发挥的效力强弱。但是该模型的弊端也是显而易见的。商品价格刚性和静态预期假设成为后来学者批判的主要对象。多恩布什（Dornbusch，1976）在对放松了价格不变的假设后，提出了黏性价格并运用预期元素建立了汇率动态模型：蒙代尔—弗莱明—多恩布什模型。在此模型基础之上，奥博斯特菲尔德（Obstfeld，1995）和若戈夫（Rogoff，1995）运用跨时分析法对微观经济主体行为进行最优化分析，创造性地建立起一个开放经济条件下的宏观经济分析模型。将该模型与 20 世纪 80 年代诞生的内生增长理论相结合就构成了目前学者们关注度较高的开放经济下的内生增长跨时模型。通乌斯卡（Turnovsky，1997）和甘道尔夫（Gandolfo，1997）分析非抵补利率平价条件不成立时，即净债务发展中国家的外债不断增加时付出的利率成本也将不断加大，在长期均衡状态时，经常账户可以保持非均衡。因为外债的增加在弥补了经常账户赤字的同时，增加了该国的实物资本存量，进而产出增加保证债务的如期偿还，贸易条件得到改善。克鲁格曼（Krugman，1998）对蒙代尔—弗莱明模型基础上的内外均衡分析进行了发展，提出了著名的"三元悖论"，强调了货币政策、资本流动和固定汇率制三者不可能在一个国家完全实现，必须放弃其中一个目标。在对内外均衡目标的选取上，珀金斯（Perkins，1990）在物价稳定、经常项目收支平衡基础上，引入经济增长目标，这样根据蒙代尔的有效市场分类原则，必须有三种工具实现三目标，即在货币政策、财政政策之外，又加入了税收工具，并且利用 OECD 国家的数据进行计量分析。一些学者在传统的蒙代尔—弗莱明模型基础上进行了拓展，提出两国或多国的蒙代尔—弗莱明模型，借此来分析开放经济条件下各国的相互依存性和国际政策协调问题，避免以邻为壑政策的出现。Hallwood C. P. (2000)运用博弈法对国际经济政策协调可能产生的潜在收益进行分析，指出在开放条件下，他国经济政策的溢出效应将影响本国的福利水平。

（三）货币的视角

货币和经济的关系历来是学者争论的焦点之一，这也直接决定了政府通过货币政策工具调节经济的力度。

1. 古典学派

基于瓦尔拉斯体系的古典货币模型主要研究了实体经济活动，通过货币数量论可以解决古典模型中的绝对价格水平，无论是"飞翔的货币"还是"栖息的货币"，其作用从短期看有一定促进作用，从长期来说就像是庇古（Pigou，1941）在其著作《货币面纱论》中所讲"如果没有商品活动，那么货币存在就无任何意义；反之，若没有货币，经济活动仍然继续，例如对于自给自足的家庭而言没有任何影响。就此而言，货币仅仅是披在实体经济活动上的一层面纱"。帕廷金（Partinks，1965）对古典模型利用瓦尔拉斯体系决定相对价格水平和货币数量论确定相对价格水平分别解释经济活动中的经济面和货币面提出质疑，认为二者存在无法调和的矛盾，基于此，他在商品超额需求函数中加入了货币实际余额效应并进行了改进。瓦尔拉斯均衡的弊端还表现为这种均衡是当前的，这意味着商品的交换只能在目前存在的商品之间进行。而基于个体最优化行为的阿罗—德布鲁模型（Arrow and Debrow）的跨时均衡使得通过期货市场将当前消费推迟到未来消费或未来消费提前到当前消费变成可能。

以上的新古典模型和新经济增长模型都是将货币排除在外的非货币模型，显然这与现实世界距离太远。货币的出现是很久远的事情，一直到今天我们发现其功能越来越多，越来越无法离开它，很难想象没有货币的世界将会怎样。发展到今天货币的功能主要是两点，其一是交易功能；其二是财富功能。有了货币，人们的交易成本更加低廉，分工促使生产效率进一步提高，人们有更多的闲暇时间享受生活。因此学者要做的工作是如何将货币纳入到该一般均衡体系框架中。

索罗等创立的不存在货币的新古典增长模型改进之一就是引入鲜活存在于真实世界的货币。托宾（Tobin，1965）直接赋予货币的财富功能，提出个人既可选择以实物资本持有财富也可选择持有货币保有财富。个人的决策包括两部分：首先是决定消费和储蓄的比例；其次是储蓄中货币和实物资本的比例。其结论之一是货币供给增长导致通货膨胀率变大，货币财富的价值将低于实物资本价值，个人重新配置资产组合，提高实物资本比例，稳态的资本存量增加促使稳态的产出和消费增加，消费者福利得到改善。这个结论似乎给政府制造通货膨胀找到了一个最好借口。韦伯（Weber，1995）实证检验二者无明确的正相关关系。另外托宾的财富模型缺乏个人最优行为分析成为其诟病之一。西德罗斯基（Sidrauski，1965）率先提出效用函数中的货币模型（MIU），认为货币存在的意义就是给人们带来满足，因此主张货币直接进入效用函数，和消费一起给个人带来效用。通过个人效用最大化分析的结果和托宾的结论完全相反，货币不仅具有中性特点（名义货币余额和物价水平以相同比例增加的结果是不会对实体经济产生任何影响）而且具有超中性特点（名义货币供给增长率对实体经济无影响），即均衡时的人均资本存量水平与货币增长率无关，而是由时间偏好率和人口增长率决定，同时实际利率水平等于资本边际产品，因此只要当资本存量处于稳态时，实际利率将和货币无关。需要指出的是经济受到冲击偏离稳态后向趋近稳态的过程中货币将发挥积极作用，体现了非中性特征。西德罗斯基模型得到的货币超中性体征显然与经济生活现实不符。莫特利（Motley，1994）和巴罗（Barro，1996）对通货膨胀和经济增长的关系进行了实证分析发现二者存在反向关系。西德罗斯基赋予货币效用功能似乎很难服众，一些学者提出闲暇和消费对于个人而言都很重要，实际货币余额可以减少交易时间，给个人带来间接效用，持有货币的机会成本取决于闲暇的价值。克洛尔（Clower，1967）将对货币的关注从效用函数中转移到预算约束上来，认为只有货币才能完成商品的交易，而商品购买商品的交易是不存在的。货币在商品交易中不仅仅是降低成本，同时是交易完成的必要条件。在克洛尔的现金预付模型（CIA）中得到的结论依然是货币超中性。对于现金预付约束的商品种类，斯托克曼（Stockman，1981）和斯托奇（Stokey，1987）进行细致的研究。斯托克曼拓宽了商品的范围，不仅消费商品受到现金预付约束，同时资本商品的交易也要通过货币才能完成，并且证明货币供给的增加推高了通货膨胀，降低了稳态人均资本存量水平，人均产出随之减少。斯托奇认为商品有两种："现金"商品和"信用"商品。通货膨胀率的上涨将促使人们用"信用"商品代替"现金"商品。古利（Giuly，2001）和汉森（Hanson，2001）对斯托奇无法定量测出通货膨胀的福利损失进行了实证研究，方法是建立一个随机现金预付模型。其研究结果为10%通货膨胀带来的福利成本可以达到总产出的0.387%，通货膨胀率越高这种福利损失越大。龚与邹（Gong and Zou，2003）认为财富虽然不能像普通商品那样消费产生效用，但是它代表了个人在社会中的地位和声望，体现的是资本主义精神，因此也能够给个人带来效用。其实这也反映马斯洛需求理论中人的五种需求内涵，随着个人收入的不断增加，个人的追求将更加趋向精神层面和自我价值实现上。结果是货币作为财富的代表进入到库兹（Kurz，1967）模型中得到货币供给的增加对产出的影响将不确定。20世纪90年代大量文献开始介绍搜寻模型，深入探寻货币的交易媒介职能。一些学者还从法律和社会习俗角度出发解释个人没有内在价值货币的需求。华莱士（Wallace, 1983）的法律约束理论分析了货币产生于法律制度：政府垄断货币发行权；商业银行上缴法定存款准备金。而清泷（kiyotaki, 1989）、赖特（Wright, 1993）和松山（Matsuyama, 1993）等建立了一些不存在法律制度约束的模型，在这些模型中考察了微观经济个体如何在实物交易均衡上产生对货币的需求。

2. 凯恩斯学派

古典学派的"二分法"遭到了凯恩斯主义的猛烈反击。凯恩斯（Keynes, 1936）用货币的三个需求动机（交易动机、预防动机和投机动机）来解释人们为何持有没有任何收益的流动性资产——货币，同时分析了利率并非古典经济学家所声称的"推迟当前消费给予的一种补偿"和"保证市场资源均衡使用的价格"，而是放弃货币的流动性选择以能带来较高收益的债券等资产的回报率。根据凯恩斯的流动性偏好理论，货币市场决定了利率，至少大于等于零的有限利率下降空间对政府的货币政策形成了很大制约。日本在从经济泡沫破灭到如今的20多年里，货币市场利率一直维持在接近零的状态，日本央行货币政策刺激经济增长难以奏效就是最好的证明。虽然凯恩斯的IS—LM模型在战后30多年的时间里发挥了巨大作用，但是对它的批判之声也不绝于耳，其主要问题在于缺少消费者和厂商行为分析的微观基础，该均衡属于在信息充分条件下的短期静态均衡，预期不确定等。针对这些质疑，新凯恩斯主义吸收了新古典综合派的相关观点和方法并进行了改进。除了上文已经介绍过的蒙代尔—弗莱明模型（IS—LM—BP）外，伯南克和布林德（Bernanke and Blinder, 1988）提出了商品和信用模型（CC—LM），试图在微观层面解释商品和要素市场不能自动出清。而泰勒（Taylor, 2001）提出的总需求和通货膨胀调整模型（AD—IA）代替IS—LM模型具有很大优点，"这个简单模型可以使我们清晰看到GDP和通货膨胀率之间的变化情况"（Weerapana, 2003），并且他利用该模型分析了进入21世纪以来美国的货币政策由从紧到宽松对美国经济的影响。针对萨金特和卢卡斯将微观经济主体的跨时最优化行为分析纳入到宏观经济学范畴的做法，新凯恩斯主义欣然接受，这一方面使得市场非完全竞争、政府必须干预经济的传统凯恩斯思想得以继续保留，同时也为央行制定货币政策发挥应有作用找到了理论依据。尤其在进入 21 世纪以来，新凯恩斯主义借鉴了实际经济周期模型（RBC）分析问题所采用的跨期一般均衡方法论（DSGE），取得了较好效果。沃什（Walsh，2003）运用了不变替代弹性的生产函数和效用函数，将不完全竞争和 DSGE 有效结合。伍德沃德（Woodford，2003）从家庭偏好分析着手，在对厂商生产技术做出假设后，找到了附加预期的 IS 曲线和新菲利普斯曲线，同时货币政策的制定和作用有了更加坚实的微观基础，有力地回击了"卢卡斯批评"。

（四）城市化和工业化视角

初始资本积累完成以后，将面临资本存量持续增加压力。刘易斯（Lewis，1954）的二元经济结构论和以上宏观经济学论对经济增长视角不同，独辟蹊径提出经济增长过程存在阶段性，新兴工业化国家在摆脱贫困陷阱后需要解决的问题是从二元经济结构体系转变为一元现代增长体系。有别于刘易斯的剩余劳动概念，乔根森（Jorgenson，1970）提出剩余劳动是经济体进入持续增长的关键条件，同时在农业部门资本输入的同时，也要引入城市生活方式。在实证检验方面，配克（Peck，1992）实证研究发现：1960—1980 年，人均收入增加的部分中有 55% 来自农业部门劳动力向工业部门的转移。扬（Young，1995）研究发现，"在东亚地区并不存在明显的技术溢出效应。相反，劳动投入和资本投入的持续增长才是东亚地区维持高速增长的根本原因。"不同于高收入国家的逆城市化趋势，近年来中等收入国家在跨越高收入门槛时纷纷采取了加速城市化发展的政策。工业发展快速集聚在城市或其周围，吸引了大量人口从乡村迁徙到城市，这将产生工业的增长速度和劳动力的高速增长不相匹配的可能。在 20 世纪六七十年代，发达国家进入了"黄金增长时期"，放松了贸易管制，此时亚洲尤其是东亚国家或地区抓住时机以激进的出口导向型战略代替先前的进口替代战略，为经济的腾飞打下了坚实基础。在以亚洲"四小龙"为代表的第一层次新兴工业化国家或地区高速发展之际，一方面发达国家强烈要求其开放国内市场,另一方面以中国为首的"金砖国家"和亚洲"四小虎"作为第二层次的新型工业化国家凭借其低廉的劳动成本、优越的税收环境和稳定的政治环境对第一层次的新兴工业化国家或地区展开了有力的市场竞争。日韩等国在前有堵截、后有追赶压力之下,扬长避短,提高技术创新能力进行产业升级,利用城市集聚效应大力发展第三产业(Kaplinsky,2001)。与东亚一些国家或地区的成功经济持续增长相比较,拉美等国的经济在中等收入阶段反反复复,无法进入高收入行列。有学者将其归结为城市化的过度发展。在工业化带动城市扩张的过程中,拉美等国始终坚持进口替代工业化战略,这在本国工业化处于幼稚时期有其必要性,但是对于工业的发展、壮大和提升国际竞争力却成为一道鸿沟。脆弱的工业体系决定其无法为城市人民提供发达国家人民所享受的高福利待遇,引发了经济和政治风险。同时城市内的贫富差距逐渐加大也削弱了经济增长的动力。加洛和齐拉(Galor and Zeria,1993)指出:"初始财富分配比较平等的国家会增长得更快些,而且在长期中可以达到较高的收入水平。"郑秉文(2011)对巴西、墨西哥、阿根廷和智利等国城市化和收入分配进行了实证研究发现,其符合库兹涅茨(Kuznets,1955)提出的"倒U型曲线",这些国家的城市化率至少在70%以上收入分配差距才能缩小。

二 国内相关研究评述

中国所处的这样一个关键阶段激发了中国学者对此问题热情地投入并取得了一些成果。王松奇(2011)提出"中国现行的干部考评和官员升迁制度"迫使地方政府"不顾一切地追求GDP",最终资源消耗巨大,低水平重复建设,环境受到破坏,经济发展水平将停滞不前。中国社会科学院经济研究所"中国经济增长与宏观稳定"课题组根据多年的研究提出经济赶超所遵循的运动轨迹,即S型,在不同的经济增长阶段有不同的理论解释和支撑,这些具体阶段分为"马尔萨斯均衡"、"工业革命理论"、"新古典经济增长理论"和"新经济增长理论"。周文等①通过建立平面六要素框架，即"在中等收入国家继续发展的过程中，对外贸易没有带动产业升级和转换，资本账户开放过快带来巨大挑战，技术创新和人力资本跟进滞后三项因素构成了底层的基础型支架；收入分配差距过大造成了各种各样的后果以及城市化进程出现问题这两个要素构成了中层的过渡性支架；政府资源配置功能角色远未实现，则位于框架的最顶层，是至关重要的因素。这三层因素形成自下而上和由上而下的限制因素，制约了中等收入国家的发展"。

早在1994年，克鲁格曼就对亚洲"四小龙"（韩国、新加坡、中国台湾地区和中国香港）的经济增长模式的分析提出了质疑，认为"四小龙"在过去的几十年经济的崛起完全是苏联模式的重复——以要素推动为主，这种模式结果将是短暂的提升，然后是后继乏力重新衰落；而以美国为代表的发达国家以提高全要素生产率为经济增长动力，将使得经济可持续发展。林毅夫、任若恩②通过对全要素生产率方法的内涵进行深入剖析和相关国家经济增长的经验总结，指出克鲁格曼"对全要素生产率的意义存在误解，在经济学理论方面也存在一些缺陷"，导致其没有认识到技术进步实质很大程度推动了这些国家的经济增长。近年来大量研究都证实新兴工业化国家都注重积累大量资本，而这些资本不仅仅是表现在外的机器设备等，还有蕴藏在其中大量宝贵的知识资本，因此技术进步并非像克鲁格曼所声称的扣除资本和劳动索洛剩余，忽略知识资本和人力资本的代价将是错误的结论。张茉楠（2011）针对由美国次贷危机引发的全球金融危机对新兴经济体带来的冲击，进一步提出在2008年以来危机不断发酵的情况下，发达经济体主导的全球总需求出现明显下降，出口拉动型增长不再对新兴市场经济群体起作用。新兴经济体必须尽快向全要素生产率增长转变才可能突破增长陷阱，免于陷入低增长循环。一方面发达经

---

① 周文、孙懿:《中国面对"中等收入陷阱"问题的解构：本质、挑战与对策》，中华外国经济学说研究会第19次年会暨外国经济学说与国内外经济发展新格局会议论文，北京，2011年10月，第564—579页。
② 林毅夫、任若恩:《东亚经济增长模式相关争论的再探讨》，《经济研究》2007年第8期。

济体危机造成的需求萎缩迫使劳动和资本数量扩张的"要素驱动型"模式的转型；另一方面一些贫困国家在国内局势稳定、追求经济增长的愿望下，以更为丰富廉价劳动力与新兴经济体展开竞争。在供给和需求的双面夹击下，新兴经济体只有将目光转向技术资源，利用和培育相对廉价的技术资源，提升劳动力的内在价值，有效增加产品的附加值。日本、韩国和中国台湾几十年的发展充分证实了这一点，而马来西亚和泰国在中国等发展中国家有竞争力的劳动力资源的竞争下，本国劳动力工资高企，劳动资源日渐衰微，而又没有采取技术创新，致使这20年在收入陷阱中挣扎，难以自拔。

陈亮（2011）提出无论是斯密的绝对分工理论还是李嘉图的相对分工理论，一直到引入规模经济、产品差异、制度创新、人力资本配置的动态内生比较优势理论，比较优势理论在指导发展中国家经济增长存在着阶段性、局限性。取而代之的是以自主创新作为内生动力培育长期竞争优势。殊途同归，李春景（2011）分析了从20世纪80年代中期开始，韩国和巴西所走的两条不同发展道路，总结出："实施科技优先发展的国家战略是突破'中等收入陷阱'的先决条件；保护和强化企业自主创新是突破'中等收入陷阱'的重要动力；政产学研用相结合的创新体系建设是突破'中等收入陷阱'的制度保障。"[①]

中国社会科学院经济研究所"中国经济增长与宏观稳定"课题组指出经济体中的政府和企业的目标在不同收入阶段，将发生异化，具体表现为：在贫困陷阱阶段，政府以发展是硬道理作为理念，动员一切资源支持企业发展，解决就业和提高收入。但是进入中等收入阶段，伴随着城市化的快速发展，政府的资源开始向城市居民倾斜。政府和企业目标出现背离，政府和企业在新阶段都面临着转型，能否成功转型将决定能否跨越"中等收入陷阱"。胡祖六[②]分析了"政府转型中所扮演的角色将可能产生的结果，即坏政府和坏政策把充满发展潜力和资源优势的拉美国家推向一个绝望的陷阱。而东亚'四小龙'

[①] 李春景：《科技创新维度成突破"中等收入陷阱"的路径选择》，《创新科技》2011年第6期。

[②] 胡祖六：《不要自设"中等收入陷阱"》，《商周刊》2011年第17期。

的自由市场、开放与审慎财政与货币政策，使它们克服了土地狭小、人口拥挤和自然资源短缺等'瓶颈'，极大发挥了企业家的创业潜能，取得了持续的高速增长，使之快速而平稳地迈入富裕的高收入社会"。对中国而言，宏观经济的失衡、国企垄断地位的强化和政企不分导致的贪污腐败，再加上近年来狭隘民族主义的盛行将对其经济可持续增长带来严重挑战。刘晓忠（2011）利用新制度经济学的产权制度、契约制度和司法制度相关理论，从制度体系角度对收入陷阱国家进行了分析，发现经济增长路径的依赖建立在政府的意愿上，但是市场信息的不完全性、复杂性和多变性将无情地击碎政府美好愿望。

拉美国家作为中等收入经济体的代表对其进行考察对于我们理解收入陷阱有很重要的启发。江时学（2001）认为拉美国家在20世纪的世界经济大萧条到50年代取得显著成就，但是国内市场的过度保护、规模经济无法发挥、国际收支迟迟得不到改善、没有充分发挥劳动力比较优势，使得从20世纪60年代起经济增长缓慢甚至停滞。苏振兴（2011）以拉美国家百年工业化进程为考察对象，得出进口替代工业化进程和"外向工业化模式"（其本质是新自由主义在拉美国家的实践）两种极端模式的转换对其经济造成的巨大破坏，经济停滞不前。樊纲、张晓晶[①]认为民粹主义的福利赶超逻辑在拉美的实践最终导致了增长陷入停滞以及贫困，主要表现在三个方面："一是忽视发展阶段的经济赶超；二是忽视财政限制的福利赶超；三是忽视市场机制的政府主导。"

关于对中国如何跨越"中等收入陷阱"，一些学者从不同角度进行了探讨。陈江生（2009）认为中国在已进入上中等收入的今天，支持其经济增长的动力仍然将发挥作用，表现为中国的人口红利期仍将至少维持十年，高储蓄率难以降低，资金充沛。但是高储蓄率背后反映了中国社会保障制度严重缺失，造成"商业保险强制储蓄的体制性陷阱"。如果全国社会保障体系高保障、全覆盖模式得以建立，那么人力资本就可快速积累，劳动力受经济剥削逐渐减少，中产阶级成为

---

① 樊纲、张晓晶：《"福利赶超"与"增长陷阱"：拉美的教训》，《管理世界》2008年第9期。

社会的主体结构，自然就进入高收入阶段。马晓河（2010）从需求结构和供给结构角度分析了中国经济增长面对欧美发达国家高技术优势的压迫和发展中国家廉价资本和劳动力冲击效应所处的困境。首先，从需求结构看，消费率和投资率机构严重失衡，表现为低消费、高投资，其中主要原因是"国民收入在不断向政府和企业倾斜，而城乡居民在国民收入分配中的比重连续下降"。其次，产业结构不合理，受制于农转非制度掣肘，农业现代化步伐缓慢；制造业尽管规模很大，但是缺少技术和品牌优势，其创造的附加值非常少，因此在产业价值链上处于"微笑曲线"的中间的产业环节上；服务产业中生产性服务业薄弱，被国外所挤压，生活性服务业还停留在低层次水平上。汤向俊和任保平[1]通过中国29个省份在1994—2008年的面板数据进行计量结果显示："经济结构转化，劳动力跨部门转移，是中国经济得以长期、高速增长的关键，高投资率是该增长模式的必然结果；'刘易斯拐点'即将到来，农村剩余劳动力逐渐消失，人口年龄结构变化将使新增劳动力明显减少；如果继续保持较高的资本形成率，资本进一步深化，将使资本边际报酬率快速递减，现有的高投资增长模式难以维持，中国经济将逐步进入低速增长阶段。"

第三节　逻辑结构和研究方法

本书的具体逻辑结构和研究方法如下：

第一，对中等收入跨越的相关文献进行梳理，找到问题研究的切入点。然后通过国际典型事实考察中等收入跨越中的特征，这包括高收入国家或地区的经济增长的中等跨越现象和特征，以及拉美等国在跨越中等收入时所遇到的问题。

第二，在表象基础上深入探寻发生的机制和原理。这是本书的主题之一。微观经济个体消费者追求的目标是效用最大化，企业是以利

---

[1] 汤向俊、任保平：《劳动力有限供给、人口转变与中国经济增长可持续性》，《南开经济研究》2010年第5期。

润最大化为目标。商品固然可以给消费者带来效用，但是当人均收入水平超过温饱水平后，根据马斯洛的需求理论，经济发展阶段和个体需求密切相关，不同的经济水平决定了需求的层次。因此当一国或一个地区经济从"贫困陷阱"跃升至中等收入阶段时，个体的需求重点也将从"衣蔽体，食果腹"转向"资本至上"，房产、收入、地位和名誉是他们孜孜追求的不二目标；当经济成功跨越"中等收入陷阱"时，个体从消费和资本中得到的满足已经大大消退，取而代之的是"自我实现"。在此经济发展时期，作为个体能动的创新需求给个体带来的效用远大于资本产生的效用。因此本书尝试在传统微观经济主体的效用函数中，将创新作为变量引入，除消费带来直接效用外，在中等经济跨越的阶段，创新将取代资本成为主要变量；考虑到创新需要消耗时间资源，所以在时间资源既定的前提下，需要平衡投入生产的时间和创新的时间；同时，现代的生产活动不仅仅是资本和劳动的简单投入，而更多的是依赖于技术革新和工艺创新，因此技术将以改进资本的方式进入生产活动中。依此逻辑，首先拟将技术创新引入效用函数。这样做的结果充分考虑了一国经济发展的阶段特点，并可将其分析建立在基于微观主体行为分析的动态分析上，分析的结果将有说服力，同时也可进行福利分析。其次对于创新的概念进行拓展，从传统的模仿到自主创新，是一个国家或地区经济增长跨越的必由之路，基于此本书提出了一个基于中等收入经济体的理论框架，将中等收入经济体扮演的双重角色（模仿和自主创新）在世界贸易体系中进行分析。将以上两个思想纳入到跨期动态宏观分析模型，可以找到多个均衡点，进而分析各均衡点的稳态特征，以及经济增长向稳态点逼近的路径特征和条件。

第三，正确的理论应该得到实践的检验。本书拟通过时间序列和面板数据分析从单个国家或地区的分析延伸到跨地区的横截面分析。主要内容是技术创新、金融深化对经济增长的作用。在对经济增长进行因素分解后得出经济增长的动力来源于劳动生产率的提高，同时通过建立一个包括家庭、厂商、银行和政府在内的经济体一般均衡模型来分析金融深化对劳动生产率的影响机制。在这些理论框架上，通过以1990—2011年中国的时间序列数据以及1999—2011年中国31个省份面板数据为基础的实证研究证实了理论模型的结果，为下一步的政策调控打下基础。

第四，建立在微观基础上的动态理论和实证检验后，需要对中国的各项政策具体分析，采用包括长期和短期的政策调控手段和机制。从中国自身所处的具体历史环境着手，分析政策对摆脱低水平的均衡陷阱的贡献和局限，从长期和短期两个视角展开了详细阐述：长期机制包括农业现代化、制造业升级、城镇化、工业化和金融深化等；短期手段包括产业政策、财政政策、金融政策、汇率政策等多种政策及其组合。

最后对全书进行了总结，并对下一步的深入研究提出了建议。

本书的主要研究方法有三种。（1）定性分析与定量分析相结合。将定性分析和定量分析应用到经济发展的分析中，其实就是"质"、"量"两者的辩证关系在方法论中的具体运用。我们在定性分析中，以技术创新制度分析为主。而定量分析强调数据的可靠、方法实用、手段先进。本书在经济增长与技术创新的定量分析中，通过数据及案例进行深入研究。（2）静态分析和动态分析相结合。静态分析着眼于某一时间点经济体在均衡状态时的运行规律和具有的特征，但市场活动不是静止不变的，静态的均衡状态是短暂的，经济体大部分时间处于从不均衡状态向均衡状态的运动中，因此动态分析可以详细描述这种运动过程的特征。（3）宏观分析方法和微观分析方法相结合。宏观分析方法强调经济总量的概念，从国家或地区的角度探讨各个整体变量之间随着时间的推移，其动态轨迹如何变化；微观分析方法则是从整体总量分解的角度及其各个部分之间的关系入手，强调以微观经济主体作为研究对象，从中探寻经济增长的客观规律，为宏观分析奠定坚实的微观基础。

第四节 主要创新点和不足

以上我们对国外学者和国内学者关于"中等收入陷阱"的研究做了简单的综述，发现大部分研究停留在实体经济的研究上，对于货币和信贷的贡献和作用机制还不十分系统，国内学者在这方面尤其欠缺。表现在泛泛而谈，缺乏微观层面分析，至于跨时动态分析几乎没有；反观国外研究，经济增长理论和实证研究颇多，但是对经济增长中中等收入阶段特有现象和本质特点研究不够，尤其是对创新在经济增长到一定阶段时凸显的效用未能识别。综上所述，本书中研究的创新点主要包括四个方面：一是在家庭效用函数中引入技术创新变量，强调以微观经济主体（消费者、企业和政府）的经济行为最优化为基础，运用动态分析方法，深入剖析；在此基础上建立了一个基于中等收入经济体的模仿创新和自主创新的理论框架，分析了中等收入经济体在技术吸收和创新中资源的合理配置问题。二是为了检验上述理论成果的正确性，以中国整体及中国 31 个省份的 13 年数据为基础，进行了时间序列和省际面板数据实证检验，证实了理论模型的结论。三是在中国跨越"中等收入陷阱"的建议中，提出以新农村建设和新型城镇化作为突破点，以扩大农村消费市场作为重点，以农业现代化作为保障；对于工业体系生产率的提升，着重提出以制造业创新引领整个中国工业体系的升级。四是针对短期的经济增长，提出注重发挥产业政策和金融财税政策组合的效力。

由于时间以及知识储备有限，本书在以下方面需要进一步完善。一是对经济增长的多重均衡分析中，尚未引入金融变量；二是在中等收入经济体的技术吸收、转移和自主创新理论框架中，由于无法找到各变量的理论解，只能采取数值模拟的方式，找出运动轨迹，同时进一步讨论政府干预技术在世界范围内的转移程度，未讨论政府自主创新支持的可能情况；三是在对中国进行省际面板数据检验时，由于数据的可得性，时间跨度较小，仅有 13 年数据；四是针对中小企业在中国经济跨越中的作用未能详尽论述，尤其是如何利用资本市场和城市商业银行为中小企业科技创新服务。

第二章 "中等收入陷阱"与技术创新的内涵

第一节 "中等收入陷阱"内涵

一 含义

世界银行将全球各国按人均 GDP 水平划分为四类：(1) 低收入国家为 975 美元以下；(2) 低中收入国家为 976—3855 美元；(3) 高中收入国家为 3856—11905 美元；(4) 高收入国家为 11906 美元以上。世界上已经有许多国家或地区先后完成了由低等收入跃至中等收入的起飞阶段，但是在达到 3000 美元以后，经济增长就长期停留在中等收入阶段，人均 GDP 突破 10000 美元的大关似乎是近在眼前、远在天边。拉美许多国家最具有典型，早在 20 世纪 70 年代人均 GDP 就已达到 3000 美元，但在长达 40 年时间里人均收入仍低于 10000 美元，因此将这类国家在中等收入阶段的长期被动滞留现象概括为落入"中等收入陷阱"。

凯恩斯实际是"陷阱"概念的发明者，他在《通论》中首次提出"流动性陷阱"说法，用来阐述即使利率已低至无可再低时人们仍不愿意支出的那种总需求低水平均衡状态。目前，人们将"陷阱"概念引入发展经济学，"中等收入陷阱"特指在中等收入阶段因政治经济和社会发展等多种原因造成国家或地区的经济发展水平长期处于停滞徘徊的状态。

二 "中等收入陷阱"产生的理论解释

自从人类社会出现以来，经济活动就一直形影相随，从早期以自给自足为特征，进而演变到现代以市场交换为根本目的。今天我们可以看到经济的总量和质量与过去简直不可相提并论，因为经济一直在向前发展。根据宏观经济学原理，随着时间的流逝，人均 GDP 在不断增加。但这种经济增长是一种线性趋势吗？每个国家或地区的经济增长都将可能一直线性增长下去吗？要想得到准确答案，需要借助一些手段打开 GDP 这个黑匣子。

首先从收入角度来看，一国的产出是在一定的技术条件下，通过将稀缺的生产要素合理地组织而产生的，即 $Y = AF(K, L)$，Y 表示产出，A 表示全要素生产率（又称为技术进步），K 表示资本要素，L 表示劳动要素。根据凯恩斯 20 世纪 30 年代提出的边际报酬递减规律，当其他条件不变时，随着资本要素投入的增加，每单位资本对产出的贡献程度将越来越低。资本作为一种稀缺资源，它的增加不是无限制的，再加上其在生产活动中的作用逐渐减弱，不难想象一国的经济增长将会趋于停滞。但是生产中还有一种很重要的要素——劳动，它能否代替有限的资本要素，促使经济一直增长下去呢？这里面关键的问题是一国的劳动力是否可以无限供给。在机器大生产时代前，农村大量的剩余劳动力被束缚在有限的土地上，结果是剩余劳动力的平均产出远小于维持他们的生存成本。随着 1760 年左右工业革命的兴起，工业的劳动生产率大于农业的劳动生产率，从事城市工业活动的劳动力只要得到的劳动报酬等于他们的生存成本时，就可吸引农村剩余劳动力开始向城市工业生产活动转移。此时，相对于资本而言，劳动力是无限供给的。然而农村劳动力的减少将导致农业劳动的边际生产力增加，当其增加到大于生存成本时，城市工业再增加劳动力需求，农业劳动力的边际生产力就会提高，迫使城市工业劳动报酬提高，劳动力就成为一种有限资源，此时经济增长达到了一个转折点，即"刘易斯拐点"。在转折点之前是劳动剩余阶段，而转折点之后进入了劳动稀缺阶段，转折点代表了农业劳动的报酬与城市工业的劳动报酬趋于一致。还有一个不容忽视的问题就是人口出生率的下降，抚养率的降低暂时将有助于经济增长。例如在日本 1950 年前后，出生率大大降低，也是导致日本在 1960 年进入经济转折阶段的因素之一。按照以上逻辑，我们不难得出结论：在一国的技术不变条件下，经济增长将随着农村剩余劳动力的释放而逐渐停止。但现实告诉我们,诸如美国等发达国家的经济(人均 GDP)一直不断增长,这又该如何解释。从美国经济学家索洛在 1956 年提出的索洛模型或许可以找到蛛丝马迹。该模型认为经济增长在考虑技术进步时,一定收敛到平衡增长路径,此时人均 GDP 将以外生给定的技术进步率增长。但是索洛将技术进步设定为外生给定的变量,是脱离于模型、由模型之外的因素决定。这引发了后来罗默等学者进行深入研究,发现其实技术进步也是由模型内部所决定。这就明确了经济增长在经济系统内可以以技术进步率不断增长下去,而在这个增长过程中,毫无疑问技术进步与创新扮演了至关重要的角色。接下来的问题是技术创新从何而生,其与投资是何关系。斯科特在 1989 年就提出技术创新与投资是一个问题的不同构成部分,投资一定带来技术创新,而技术不断创新也需要借助投资这个平台实现。对于美国来讲,生产要素积累推动了其在 19 世纪的经济增长,而到了 20 世纪初,在生产率动力作用下经济继续增长,成功跨越"中等收入陷阱"。

其次从支出角度来分析的话,GDP 是由三部分组成:消费、投资与净出口,也就是通常所说拉动经济增长的"三驾马车"。消费是收入的函数,一般来说,当人们收入增长时,其消费需求增加,这又使得产出增加,进而人们的收入增加,如此经济进入一个良性循环状态。但是不要忽略其中一个关键因素,这就是人们所购买的消费品的供给情况。人们增加消费是因为消费品能够给他们带来满足和愉悦。因此如何组织生产不断满足人们需求的物品是提高产出、推动经济持续增长的症结。在一国处于"贫困陷阱"时,由于生产要素远未得到充分利用,所以可以通过组织劳动力、提供更多资本数量来提高产出。当收入达到中等水平时,这种经济增长方式就会遇到"瓶颈",因为要素资源是有限的,并且人们收入水平的提高对消费品提出了更高的要求。因此扩大消费需求仅仅是问题的一个方面,更为重要的是生产的供给,正如斯科特所说"没有投资就没有经济增长",投资需求从根本上决定了经济增长,当然此阶段下的投资水平在资源、环境、边际产出递减综合作用下,不应该是以生产要素规模的简单扩张为特征,而应在一国特定时期的投资水平下,通过提高投资的效率来促进经济增长。按照上文所讲，只有依靠技术创新的投资才能使经济增长持续下去。技术创新包括两个方面：一是创造新技术；二是打开束缚已有知识的枷锁，有效利用知识储备。1965年，韩国大力扫除影响可用知识和技术的各项政策障碍，使得韩国的全要素生产率极大地提高，创造了韩国经济发展奇迹。

综合以上分析，我们不难得出结论：提高一国技术创新的能力是保证该国经济增长的核心动力，技术创新与投资是密不可分的。这里我们要问的是投资资金从何而来，如何保证稀缺的资金投向能够产生最大投资效率的项目上。显然这个问题的解决与一国的金融体系有密切的联系。随着经济社会的变迁，金融的形式从金融中介为主导到金融市场蓬勃发展，其作用也已经发生了很多变化，从传统的动员储蓄、投资形成到信息传播、分散风险。不管如何改变，最基本的问题是合理配置资金这种宝贵资源。在相同风险条件下，预期能够产生高收益的项目保证优先获得资金，这是健康的金融体系应有之义。反之，预期收益较低的项目，或者是风险更高的项目优先取得资金使用权，产出的效率将大大降低。那么一国如何产生良好的金融体系来支持经济的持续健康发展呢？当然政府出台一系列政策或制定相应制度是必然的，但问题是政策或制度的内容是否与国家特定的经济增长阶段相适应。当一国经济处于从落后到高速发展时期，此时生产要素供给充分，投资机会较大，市场消费需求旺盛，企业存在规模报酬递增情况，在金融的支持下，企业通过引进技术、利用技术就可以获得低投入、高产出的效果。此时一般来说政府对金融采取管制措施，限制金融竞争，采取固定的低利率政策支持企业发展。当高速的经济增长阶段结束后，市场的投资机会日趋减少，企业必须开发新的投资领域，开拓新的消费市场，这样做的结果是企业竞争加剧，同时面临较高的风险。在此背景下，金融机构仍然采取通过扩大资金规模的方法应付资金新需求，面临着对企业风险项目价值准确评估问题。投资包括两大类：固定资产投资和存货投资。而固定资产投资又包括房地产投资和机器、厂房等投资。随着贷款竞争的加剧和利率的降低，金融机构创造了避免贷款风险的新工具：不动产担保金融。这样受国家保护的金融机构就可以不必费力审查贷款的风险，而将风险转移到国家。房地产价格上涨，利润回报率远大于生产投资回报，资金加速向房地产项目集聚，这样价格泡沫越吹越大，终于在某时破灭，金融机构就会出现大量坏账，金融风险凸显。解决之道在于放松金融的管制，由金融机构通过对企业风险进行合理评估后，自主决定利率大小，再开发新的金融技术生产出新的金融产品——资产证券化、金融衍生品等，来处理这些风险，最终提高金融效率。金融产业的自由竞争主要是"金融能力"的竞争，具体表现为合理评估金融风险并回避，以区别于传统的"存款量"竞争，这种竞争促进了金融业本身的技术进步，更为重要的是鼓励、引导实体经济技术创新，最终跨越"陷阱"，实现经济持续增长。

第二节 技术创新的含义和作用

一 含义

什么是技术？在克鲁格曼看来技术就是专利，它是发明的具体应用。在此观点下，他认为"东亚奇迹"根本不存在，东亚的快速经济增长仍是依靠传统的投资实现。但是在演化经济学家看来，技术不仅仅是发明，它更多是来源于生产过程中工序改进和日常革新活动，这些大量的微小的创新活动日积月累，达到一定程度时就会完成从量变到质变的一个飞跃。这是日韩等国跨越"中等收入陷阱"的宝贵经验。其实除了这些物质技术层面的因素以外，将社会制度和生产管理纳入到技术创新中，已经达成共识。

尼尔森（1950）认为技术包括两大类：一是与分工有关的技能知识——物质技术；二是基于分工基础之上的协调模式——社会技术，这种协调实际是各种利益相关者之间的一种博弈规则，由制度环境所决定。制度变迁的过程其实就是社会技术的不断发展。物质技术的创新没有社会制度更新变化的配合，再好的技术也是空中楼阁、纸上黄金。当物质技术发展时，传统的制度和惯例将阻碍物质技术实现，因此二者需注意协调发展。这方面的例子很多。当19世纪化学工业革命出现在英德之时，英国的僵硬体制束缚了英国化学技术的创新，而德国主动做出制度调整,包括支持大学进行研究,企业设立研发实验室,并且颁布法规对技术成果予以保护,鼓励化学工业联合会与政府合作,因此德国的化学工业成为支柱产业。又比如美国之所以在20世纪初超越欧洲成为领跑者,与其社会技术的创新有很大关系。例如在企业中推行了泰勒的管理制度,建立了职业经理人队伍并在大学建立了商学院进行培养,坚持蓝领和白领的划分,同时通过工会保障工人权益。

因此本书在以下研究中将技术创新定义为既包含物理技术的创新,例如新发现、新发明和工艺层面的革新,又包括整个宏观社会制度和微观企业生产经营管理制度的一个统一体。

二 技术在经济增长中的作用

下面我们通过流程图对技术在经济增长中扮演的角色进行简单的分析,从图2-1可知,知识拥有无限资源特征,它通过教育使得劳动者具备了这种资源,例如劳动经验和劳动知识,同时它通过旧设备的改进和新设备发明将这种知识资源固化在资本设备上,提高了资本利用率,最终劳动生产率和资本利用率的提高使扩大再生产成为经济

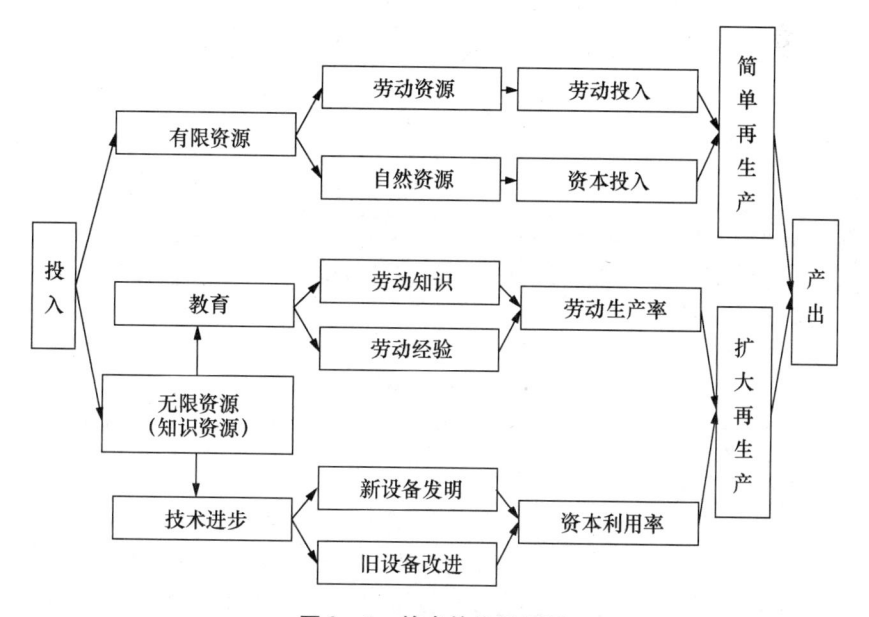

图 2-1 技术的作用机制

跨越增长的主要动力。当我们意识到知识的巨大能量时，紧跟而至的问题是无限量的知识资源从何而来。从图2-2不难发现新知识源源不断地产生是与技术体系、政府支持和金融资源分不开的。首先，技术体系促进了产品创新，企业在竞争优势分析的基础上，对新产品大力开拓市场，获得成功，同时拥有丰厚利润，支持新知识的开发。其次，政府和金融资源对教育的支持，使得新知识的产生具有了雄厚的基础。

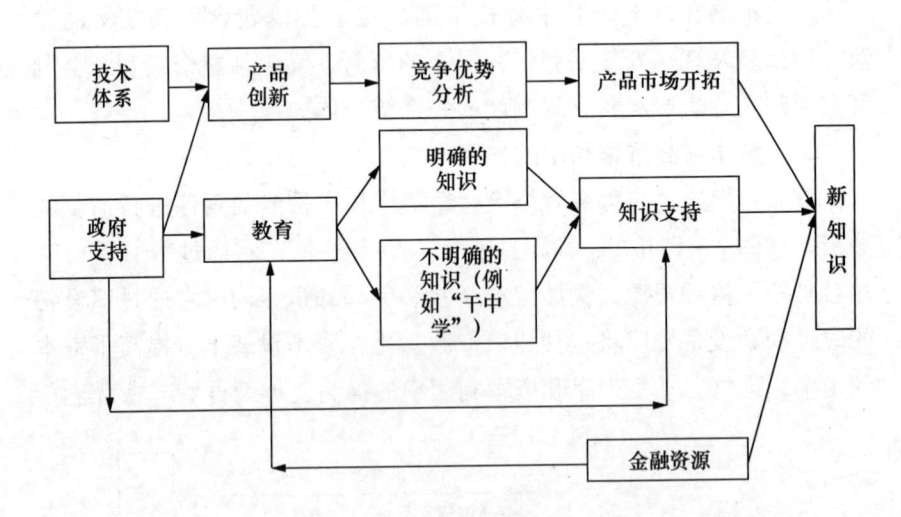

图2-2 技术赶超模式

第三章 中等收入跨越的国际经验比较

第一节 日本的经济跨越：1973—1985年

日本和亚洲"四小龙"凭借创新能力终于赶上欧美等发达国家，创造了奇迹。但是这些创新能力不是简简单单就可轻易模仿和拼制出来的。创新体系是一个拥有丰富内涵的系统，需要全面了解整个体系的各部分和各部分之间的有机联系，同时还要认识其所处的外部环境。

一 日本跨越"中等收入陷阱"的时间起点

我们将1973年作为考察技术创新在日本跨越"中等收入陷阱"中所起作用的起始点，其原因有三：一是1973年10月爆发了第四次中东战争，其后果是给严重依赖中东石油进口的日本（当时日本能源依赖率达86%）带来了较高的通货膨胀。两次石油危机造成原油价格暴涨（第一次原油价格由2美元一桶上涨到11美元；第二次原油价格上涨到30美元左右），同时日本经济增长也出现了高台跳水，从1973年的7.8%直接跌落到1974年的-0.8%。这也宣告了日本战后长达18年的高速增长戛然而止，从此进入平均增长速度约为4%的12年低速稳定增长时期（见图3-1）。二是能源和劳动力相对于资本要素短缺，重化学工业已经基本达到投资和生产的最大化，因此经济陷入了滞胀的困扰。从供给的角度讲，需要更高的技术水平来解决。比如说，原来一台机器需要一个人操纵，现在在自动化和智能化加强的前提下，可以一个人管理两台机器，同时原来需要供给一台机器的能源现在可以满足两台机器的运转需求。三是高速增长时期所产生的环境公害问题日趋严重,根据1974年日本《经济白皮书》,1974年日本的二氧化硫(SO_2)和生物化学的氧气需求量(BOD)分别为36吨/平方千米、21吨/平方千米,而同期美国该数值分别为2.3吨/平方千米和1.3吨/平方千米,就是英法等国这两项数值也未超过10。由于产业有毒废弃物的排放造成了众所周知的四大公害病(熊本水俣病、新潟县第二水俣病、富山疼痛病及三重县的气喘病)。虽然从高速增长回落到低速增长,但是1975—1983年,日本年平均劳动生产率增长还是达到了惊人的42.5%。①

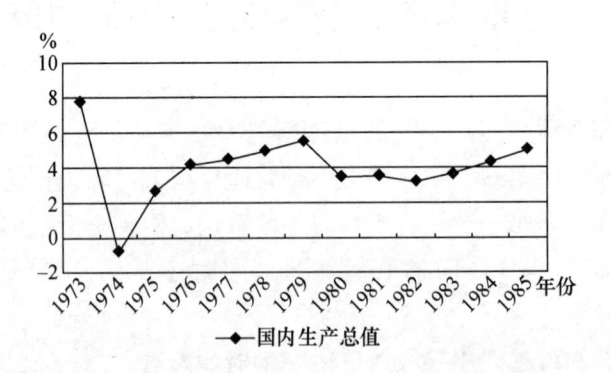

图3-1 日本经济增长率的变化(1973—1985年)
资料来源:历年中国国际统计年鉴。

二 日本成功跨越"中等收入陷阱"的宝贵经验

(一)创新对日本经济增长和产业结构的作用

1. 创新对经济增长的作用

从日本所处的地理环境来看,国土面积狭小,自然资源贫乏和人口众多是制约经济发展的外在因素;从高速发展的副作用来分析,环境污染加剧,再加上欧美等国对日本实施的市场保护,这一切似乎是日本高速增长停滞的合理解释。其实这只是表面现象,实际隐藏在背后的是技术创新的匮乏和无力。

---

① 周平:《战后日本经济的要论浅析》,中央广播电视大学出版社2005年版,第47页。

每一次危机的背后都是一次巨大的商机。外在的能源压力迫使日本从技术模仿阶段快速切换到技术内化进而创新阶段。1985年的日本升值和1991年的"电子金融投机"(zaitech)不但使得在传统工业品市场价格低廉法宝的效力荡然无存，同时将企业的注意力转向了新产品的研究和开发。从1980—1987年，日本制造业公司的研究和开发支出数倍增加，并且在1986年到1987年超过了资本支出。

日本由20世纪60年代的高速增长转向七八十年代的低速稳定增长，其中最主要的要素还是依靠技术创新，从表3-1中我们看到GDP增长率从高速时期的平均10%降低到1975—1985年的年均6%，但是由科技进步引起的GDP增长率基本保持不变，仍旧为4%左右，换句话说，科技进步对经济增长的贡献率约为62%，这告诉我们技术在日本经济跨越中发挥了至关重要的作用。

表3-1　　　　　科技进步对日本经济发展的作用　　　　　单位:%

年份	1955—1960	1961—1965	1966—1970	1971—1972	1975—1985
A：GDP增长率	8.7	9.7	11.6	8.5	5.8—6.2
B：由科技进步引起的GDP增长率	1.7	2.4	4.4	4.0	3.9
B/A	19.5	24.8	37.9	47.9	61.2—62.9

资料来源：李泊溪、钱志深主编：《产业政策与各国经济》，上海人民出版社1990年版，第124页。

2. 以微电子技术为代表的技术创新导致的产业结构变化

战后日本的产业结构经历了一个动态调整的变化过程，共发生了四次：第一次是战后的初期，将军事工业转向农业和轻工业；第二次是高速增长时期，由轻工业转向重化学工业；第三次发生在稳定增长时期，知识密集型产业成为调整的目标；第四次是在20世纪90年代以后。

战后拉动日本经济增长的要素发生了显著变化，经济增长动力从高速增长时期的民间设备投资和政府部门投资转向出口和政府消费。

具体来看，首先是1956—1973年出口的贡献率不到5%，而到了1973—1985年的稳定增长时期，出口的贡献率平均超过了20%；其次在民间消费贡献率基本维持在50%的同时，政府消费扮演的角色突出，从5%左右提升到约为10%；最后民间投资在1974年到1980年两次石油危机的冲击下有所减少，但是在1981年到1985年又恢复了活力，贡献率达到10%。深入分析出口商品的种类构成，我们发现日本的技术发展轨迹。从1955年起，日本的汽车行业经历了从无到有，从弱到强的过程，其出口占比从0%到1980年的18%左右，最终于1980年成为"世界最大汽车生产国"。面对美国严格限制汽车尾气排放的MUSKIE法，本田公司在不断试错的技术创新过程中终于发明了新型CVCC发动机而成为世界首家达到此标准的生产商，成功打入美国汽车市场，这些足以说明日本的汽车技术体系的质变过程。正如藤本先生所言，"基于生产开发、生产现场组织管理能力之间的能力构筑竞争使得日本汽车产业能够在世界市场中占有一席之地"。除汽车业外，一般机械和电器也经历了从三种神器（黑白电视机、洗衣机和冰箱）到"3C"（彩色电视机、空调和小汽车）的嬗变。这些行业的出口占比从1955年的7%增长到1980年的30%左右，占出口市场份额的1/3。尤其是汽车、彩电和音响等商品的出口占出口总额的比率，从1970年的46%急剧增加到1985年的72%。与此形成鲜明对比的是以纤维以及同类制品的行业出口势头急剧萎缩，到1980年份额不足5%。①

在20世纪70年代的两次石油危机冲击以及美元冲击下，世界经济增长的步伐减缓，尤其是欧美等发达国家普遍陷入滞胀困境中。与此同时日本一方面深受外部环境动荡影响，另一方面经济高速增长在保持18年的连续增长情况下，技术水平有了质的飞跃，技术模仿和吸收的空间很小，陷入了"样板消失"，茫然不知所措之中。变则通，在能源危机和劳动力日益稀缺的压力下，日本踏上了"新产业革命"的征程，技术革命也掀开了新的篇章，尤其是电子、信息、计算机、

---

① ［日］浜野洁等：《日本经济史1600—2000》，彭曦等译，南京大学出版社2010年版，第247—253页。

新材料和生物工程等相关行业得到了较大发展，结果是日本在能源节省和资本替代劳动力方面取得明显效果，日本的钢铁、汽车、数控机床都达到了世界先进水平。其实这一切都来源于日本国内发起的微电子（ME）革命浪潮。微电子的基础就是被称为"工业的粮食"的集成电路（IC）以及后来升级换代的规模集成电路（LSI），它们发挥了超小型电脑作业，广泛应用于各种产业中，同时工厂生产向自动化（FA）、无人化方向发展，加工精度大大提高，另外办公自动化（OA）使得信息处理和事务处理快捷省力。日本在 ME 的带动下，率先在世界推出一系列高新技术商品。例如"电子表"（1974 年）、"家用录像机"（1975 年）、"文字处理机"（1978 年）、"随身听"（1979 年）、"激光唱片"（1981 年）、"CD"（1982 年）、"液晶小型电视"（1982 年）、"家用电脑游戏机"（1983 年）和"电脑控制反射光照相机"（1985 年）等产品，并且这些创新产品成为日本出口的主导产品。微电子技术的迅猛发展，使得高附加值的加工装配产业占据经济主导地位。如果说高速增长时期，经济增长特征为"重厚长大下的量的扩张"，那么在稳定增长时期表现为"轻薄短小下的质的跨越"。新技术广泛应用的一个重要表现是随着生产效率的不断提高，劳动力逐渐从工业转移到服务业，促进服务业快速发展。进入 20 世纪 80 年代，服务业就业人数已经达到 55%，比 1970 年提高约 10 个百分点。从表 3-2 中看到 1973—1985 年服务业的增长率不但超过了当时 GDP 年均 3.6% 的增长率，而且超过了当时制造业 4.2% 的增长率。其实服务业在日本经济中所占比重快速增加也是得益于微电子技术的惊人进步。当信息的生产和处理在微电子技术支持下简单化后，信息的价值开始增加，向企业和个人提供服务和知识与物质生产相比变得更加重要。

(二) 产研学对创新的支持

1. 企业主导

日本对创新的支持先后经历了政府主导和企业主导两个阶段，1965 年政府和企业的研究经费投入各占 50%，平分秋色，在这之前政府投入占主导，而 1965 年之后，企业投入开始居于主导地位，到 1985 年，企业投入经费占总研究经费的 66.8%。由于企业投入追求的是利润最大化，因此企业研发经费的投入方向是以应用型为主，如果再加上政府在这个方向的投入，其应用开发型投入几乎达到80%，这保证了日本制造业技术始终处于世界领先地位，当然由于其基础研发不够，这也为后来的创新不足埋下了隐患（见图3-2）。从图3-3中的研究人员数我们也可看到企业的研究人员最高，比大学的研究人员都多，并且在这两个机构里的研发人员远多于研究机构中的人员数量。

表3-2　　　　　日本国内生产活动年平均增长率　　　　单位：%

	1955—1973年	1973—1985年
总增长率	9.4	3.6
农林水产业	1.1	-0.2
制造业	12.8	4.2
轻工业	10.0	2.2
重化学工业	18.2	5.9
基础原材料型产业	17.2	3.1
加工组装型产业	20.0	8.9
建筑业	10.8	0.4
服务产业	9.5	4.4

资料来源：http://www.esri.cao.go.jp。

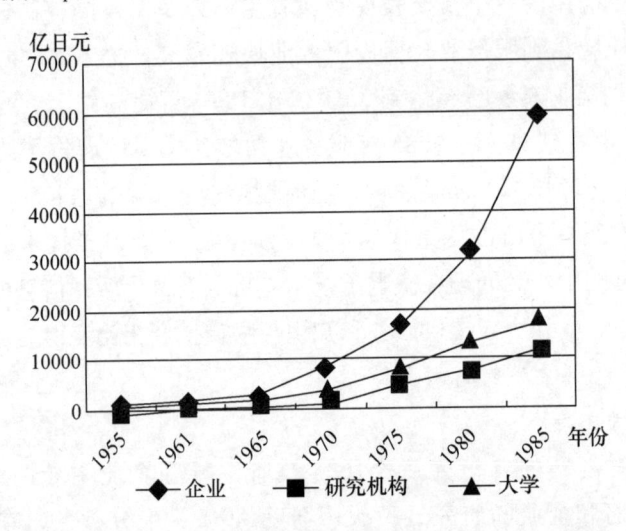

图3-2　日本企业、研究机构和大学的研究费用

资料来源：日本通商产业政策史编纂委员会：《日本通商产业政策史第16卷》，闫海防等译，中国青年出版社1996年版，第228页。

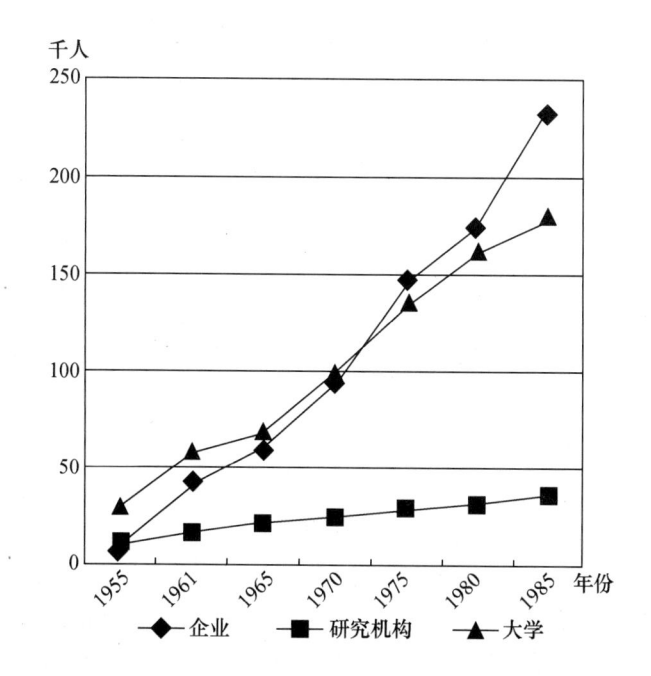

图 3-3　日本企业、研究机构和大学的研究人员数

资料来源：日本通商产业政策史编纂委员会：《日本通商产业政策史第16卷》，闫海防等译，中国青年出版社1996年版，第228页。

2. 研究体系集中在大型企业和一些高科技领域

当模仿创新阶段结束时，日本的研究体系开始由社会分散的研发转向集中在某些高科技领域和一些大型企业。如表 3-3 所示，前十名制造商雇用的研发人员比例由 1970 年的 10.4% 上升到 1990 年的 21.6%，这反映了日本研发的集中程度增强。如果我们将目光从大公司转向小公司（见表 3-4），这种趋势将更加明显。从 1970 年到 1990 年小企业的研究支出和研究者人数始终处于下降通道中；同时研究支出占销售额的百分数和每 10000 个雇员中研究者数在 1970 年时曾经与大企业旗鼓相当甚至比例略高，但是经过 20 年的发展，结果显示这两项指标分别跌落到大型企业的一半左右。这种结果预示着领先的创新活动通常具有更大的风险以及很高的进入门槛，风险承受较低的中小企业与资本实力雄厚的大企业相比显然处于劣势。当然如果社会融资体系出现重大变革，那么就可以有效分散技术创新的风险，这样小企业的创新也将层出不穷，这一点可以从美国硅谷公司和中国台湾制造业跨越式发展得到佐证。

在高速增长时期，中小企业受困于规模，无法和大企业开展直接竞争；但是这种情况在稳定增长时期大为改观，一些中小企业凭借技术创新可以和大企业进行竞争，这主要体现在新材料、生物领域以及软件开发等高科技领域，类似SONY等昔日中小企业也快速成长为大企业。

表3-3　1970年和1990年日本制造商雇用的研发人员占全体员工的比例　　单位：%

	1970年	1990年
前五名公司	10.6	14.9
前十名公司	10.4	21.6

资料来源：日本总务厅统计局：《科学技术研究调查报告》，1970年，第146—147页；日本总务厅统计局：《科学技术研究调查报告》，1990年，第164—165页。

表3-4　制造业小企业在日本研究与开发中所占份额　　单位：%

指数	1970年		1980年		1990年	
	小型企业	大型企业	小型企业	大型企业	小型企业	大型企业
每个企业的研究支出	2.9	100	2.2	100	1.7	100
每个企业的研究者数	5.0	100	3.6	100	3.3	100
研究支出占销售额的百分数	100	100	66.7	100	51.4	100
每10000个雇员中研究者数	111.9	100	69.3	100	60.6	100

注：小型企业指雇员少于300人的企业。指数：以大型企业为100时，小型企业的数值。研究者包括协助研究的工人、技术员和协助工作的职员。

资料来源：[日] 苔莎·莫里斯—铃木：《日本的技术变革——从十七世纪到二十一世纪》，马春文等译，中国经济出版社2002年版，第58页。日本总务厅统计局：《科学技术研究调查报告》，1990年，第112—113页。

20世纪60年代是日本企业建立研究所的第一个高峰期，所有的大型企业都成立了专门的研究机构，使得发明家和工程师出身的企业创始人将其发明和创新技术予以制度化和体系化。到了20世纪七八十年代企业掀起了第二次研究活动热潮。在1973年到1987年共设置了47个"研究组合"（指共同研究的合作形式，研究任务共担，成果共享，一般由企业和政府共同组成，政府给予资金支持），研究费用增加了4.4倍，1988年该费用占国民生产总值比重为2.8%。1986年日本的高新技术产品占世界市场的份额约为20%。

（三）技术创新中的政府角色

1. 产业政策扶持

在开放的背景下，企业要想生存就必须和国内外展开激烈的竞争，而在竞争中取得胜利的一方必然是技术上保持领先地位。政府应该在这些竞争中做些什么呢？保持宏观经济稳定，提供服务和政策支持是当仁不让的不二选择。

从20世纪50年代起，日本通产省就有意识地注重在技术追赶和创新中发挥重要作用，尤其是先后制定了一系列法律法规鼓励企业提高自身研发能力和促进相关产业发展，包括1957年制定的《电子工业振兴临时措施法》、1971—1978年的《特定电子工业及特定机械工业振兴临时措施法》、1978—1985年的《特定机械信息产业振兴临时措施法》等各项振兴电子工业的政策。1975年日本政府意识到半导体技术将是产业信息化的关键所在，于是发起了由企业（日立、富士通、三菱电机、NEC、东芝，这五家企业共派遣了100名技术人员）和政府举办的电子技术综合研究所联合成立了"VLSI技术研究所"，重点研究动态随机存储器（DRAM）问题，项目在1979年结束，项目总投资达到700亿日元，政府投资约为300亿日元，同时政府提供无息贷款，项目取得了丰硕成果，在技术被商业化后，采取了"大规模投资，大规模生产"模式，使得日本在世界半导体市场占有率不断提高，并超过美国成为第一。这种政府主导技术发展创新的成功案例有一个鲜明的特点，这就是该技术目前已经成熟，并且其未来发展方向明确，这样政府的巨额投资和政策支持可以明显看到结果。在通产省深陷VLSI成功的喜悦中，在1982年开始推出第五代计算机研究与开发计划（FGCS），经过 12 年的研究，尽管取得一些成果，但是在追求大型化计算机的最初计划和后来计算机向小型化方向的发展背道而驰，降低了日本计算机产业发展速度。显然，当日本在计算机领域已经处于领先者时，采用以政府主导的赶超型思维来对不确定的技术做出判断与选择，必将导致技术路线偏离市场方向。因为政府的认知和判断能力在高度不确定的高科技创新上难免相形见绌。基于以上案例分析我们发现，在此阶段日本技术创新的主导权究竟是否归属于政府，取决于技术是否成熟和稳定。

简言之，此时期的日本产业政策重点不再是以前的挑选重点产业予以财政补贴和税收优惠扶持，而是转向由国家主导、以提升战略产业技术为目标的产业政策。

2. 社会保障体系的完善奠定了创新的基础

在高速增长时期，日本建立了国民养老金和健康保险制度。到了稳定增长时期，开始提升全民保障质量和扩大养老金给付水平。以 1973 年作为福祉元年，财富再分配政策发生了重大转折，原来实行的"通过生产部门的再分配"政策（再分配时以农业、夕阳产业、中小企业为中心）转向承担社会保障功能的公共事业（它们实际为失业者开辟了就业新渠道）以及为老年人提供更加完善的医疗和生活服务。当养老、医疗、就业和教育等社会基础设施都已经有了充足保证后，人民的追求也从过去为了一日三餐的终日奔波劳累中解脱出来，开始享受生活，考虑人生价值、服务社会等更高层次问题。创新的脚步开始迈起，声音越来越大，无论是工艺外形还是新发明、新发现都将不断涌现。其实这些也可从日本在此时期的个人消费支出转换中得到验证：服装鞋帽、住房的支出不断减少，取而代之的是培训、文化娱乐、通信服务等支出项目的比重增加。我们很难想象在"房无一间，地无一垄"的社会里能够涌现出生产技术先进的工厂和制造出新颖稀奇的产品。从这个意义上讲，个人收入水平的提高，国家社会保障制度的完善是创新活动的基础平台。

（四）对外投资急剧增加，为更高层次意义上的技术创新"腾笼换鸟"

正如前文所言，暴风骤雨式的扩大出口，使日本经济转"危"为

"机"。其实在此期间出口不仅仅停留在商品的出口，资本出口（对外投资）也开始增加，并且到20世纪80年代，资本项目的顺差大有超越贸易顺差态势。

当第一次石油危机来袭之时，日本在高速增长时期的钢铁、石化、造船等明星产业在原材料成本高企和发展中国家的追击下，陷入了进退维谷的窘境，在经济中的作用和地位已不可同日而语，沦为"结构性萧条产业"。重整经济雄风需要的不仅仅是模仿创新带来的"投资带动投资"这种模式，内化创新和新产品创新都已刻不容缓。为此"结构性萧条产业"既需要将过剩的设备转移到国外，同时要对现有的设备技术更新升级，重点是向节能化和高效率转型。在发展中国家伸出橄榄枝邀请日本的钢铁、造船行业投资合作时，日本国内对此有些抵触，一些人担心对外投资虽然暂时解决了国内这些产业生产之路，但是难免先进的生产技术等流向国外，给日本培养了未来的竞争对手，从长远来看养虎成患造成失大于得。但是社会主流还是选择了"走出去"的战略。其结果是从1973年到1985年，日本技术贸易比重（技术出口额/技术进口额）从0.2上升到0.4。[①] 1972年可以看作是日本对外直接投资元年，其数额达到了23.3亿美元，到1984年这一数额增长到101.5亿美元，成为对外直接投资大国，而通过对外借款、证券投资等间接投资方式增加了60倍。到1985年，日本已经从20世纪50年代的债务国成为世界最大的债权国，同时对美的投资，使得美国成为债务国。日本对美国投资的增加（1982年11月日本开始在美国建立汽车工厂），一方面是绕过频发的日美贸易摩擦（对日贸易赤字占到美国的贸易赤字30%以上）；另一方面通过在美国投资建厂和证券投资增加了日本吸收先进技术的能力，为未来竞争打下基础。日本对外投资给日本的技术改进带来的是负面影响还是正面影响呢？根据小岛清的比较优势理论，日本对外投资的主体主要是中小企业，它们与东道国的技术差距较小，易为其所接受，这样在日本国内已丧失比较优势的产业在中小企业引领下向外延伸，这实际是国内产业结构调整在国际的延伸，这有利于在国内建立具有核心支配

---

① 刘湘丽：《日本的技术创新机制》，经济管理出版社2011年版，第5页。

力的自主技术创新产业。另外，对外投资中资源开发型投资比重较大，这为国内企业生产资料价格稳定奠定了基础。

（五）财政和金融的强有力支持

1975 年，日本制定了《财政法特例法》为实行赤字国债铺平了道路。在此之前的《财政法》严格要求遵守平衡财政主义规则。从 1975 年到 1979 年，财政支出年均增长 17.4%，到 1979 年国债累计额为 56 万亿日元，占 GNP 比重为 25%，财政预算对国债的依存度超过了 30%。

在高速增长时期，日本政府对于技术明确、追赶目标定位清晰的产业实施了金融在内的强有力扶持。大企业在国家财政和金融资源的强力支持下，成为经济增长的引擎。它们引进、模仿和吸收国外技术，并逐渐将这些技术扩散到中小企业。例如日本的三大私有长期信贷银行和城市银行密切合作，城市银行专职于为大企业提供资金运营等方面的短期融资，而长期信贷银行对大企业项目进行项目评估并提供长期贷款。在这种方式下，地方金融机构逐渐边缘化，中小企业贷款要求很难从银行得到满足，从与之密切联系的大生产企业和大贸易公司得到信贷资金，因为作为上下游企业，它们更容易掌握这些中小企业信誉和信息。通常在私人金融机构以外，以日本开发银行为主的几个政策性金融机构也发挥了很大作用，这种带有政府烙印的金融机构成功地扮演角色主要得益于它们成功定位于营利性机构和独立于政府官僚的贷款决策权（主要基于市场投资法则：现金流法和担保品标准）。总体而言，日本此时期实行的轻度金融压抑得到了社会和家庭的认可，在家庭储蓄收入较少的情况下，庞大的储蓄资金支撑了国民经济快速增长，工资和家庭收入的快速增长弥补了低储蓄的不足。同时政府实施的稳定的财政和货币政策（通常所说的护航系统）保证了通货膨胀处于较低的水平，这样也维持了存款利率始终处于正的状态水平，宏观环境的稳定为大企业保持竞争活力提供重要保障。

稳定增长时期，日本的宏观经济结构出现了重大变化，金融压抑和管制终于结束，金融自由化开始进入改革轨道。日本主银行体制开始在资金脱媒冲击下出现变化。究竟是什么因素导致了日本的银行主导产业融资模式开始出现松动呢？其实这一切还是来源于实体经济中的技术创新要素的变革。当依靠投资规模制胜的法宝在石油危机面前失去效力之时，日本的大企业开始了削减庞大的负荷行动。不同于欧美应对企业危机，在日本实行的终身雇佣制，裁员似乎不可能，因此实行彻底的减量经营方针来保证企业的低盈利目标。有关企业财务方面，其中的措施是减少银行贷款的使用，来减少相关利息的支出，减轻经济不景气时压在企业身上沉重的包袱，这标志着企业开始逐渐脱离银行，尤其是优质企业。优质大企业的资金融通从间接融资转向直接融资给日本主银行体制带来地震般的冲击。除了采取以利润留成等内源融资模式外，许多大企业采取了发行股票和债券进行外源融资模式（见图3-4）。例如1995年12月，东京STYLE公司在二板市场发行股票筹集巨额股本，不但还清了30亿日元债务，还满足了营运资金的需求，其公司常务董事说："野村证券是本公司的主要往来银行。"通过证券融资，企业还本付息压力大大减轻。面对直接融资的咄

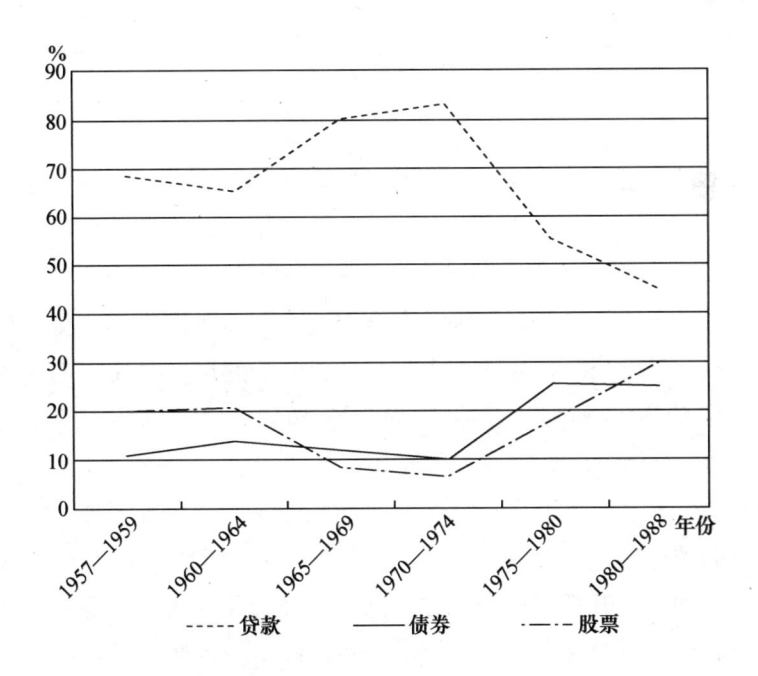

图3-4 日本上市公司（股本超过10亿日元）
外部融资银行借款、债券和股票所占比重

资料来源：日本银行的各年"主要公司财务报表"。

咄逼人势头，银行业开始转变观念，对优质大企业的审查和交易逐渐放宽，寻找优质中小企业优质客户填补大企业客户的流失造成的收益下滑。在优质大企业纷纷"脱离银行"压力下，20世纪70年代银行开始重视小型企业融资问题，对小企业的贷款的大量增加既有传统的地方银行，更有从前"嫌贫爱富"的大银行，例如长期信贷银行、信托银行和城市银行等（见表3-5）。

表3-5　　　　　　　　银行的工厂和设备投资　　　　　　单位：亿日元

年份	地方银行	长期信贷银行	信托银行	城市银行
1970	1802（1244）	3908（618）	4144（330）	2500（890）
1975	6031（4680）	7935（1188）	8895（1687）	9060（4946）
1989	29107（25932）	13985（4582）	13536（7235）	57926（49726）

注：以上贷款是对注册资本低于1亿日元的公司发放的贷款。括号中的数字指对小企业贷款的数量。

资料来源：青木昌彦等主编：《日本主银行体制》，张橹等译，中国金融出版社1998年版，第120页。

日本的金融自由化其实始于1972年5月有关外汇集中管理制度的废除——个人和企业可以自由拥有外汇，其后对外直接投资管制也解除，1979年对国外资本的流入也放宽了限制，一直到1980年12月通过修订新外汇法，实现了内外资金交流的更加活性化。上文已经论及政府在稳定增长时期采取扩大支出支持经济发展，财政政策由原来的平衡型转向赤字型。1970年国债余额占国民生产总值比重为3.7%，1975年为9.8%，1980年上升为28.7%，1985年达到了创纪录的42%。伴随着国债的大量发行，国债市场相应发展起来，资本市场工具品种开始丰富。从1975年起，持有大量国债的日本银行机构面对市场利率上升而日本中央银行减少国债回购额的结果是导致其经营出现困难、纷纷要求提高国债利息和允许国债金融流通市场，1977年大藏省允许国债公开买卖，同时从1978年实行中期国债招标发行，作为日本版高回报金融商品（MMMF）备受人们关注，国债发行利率逐渐与国债流通市场的实际利率接近，这标志着日本迈出了利率自由化的第一步，开创了金融自由化的新时代。此后，证券公司开始大量发行中期国债基金为银行和证券公司日后竞相推出的高利率金融工具打开了大门。1981年开始为了增加国库资金储备发售了短期国债（FB），这宣告FB市场诞生。1982年开始实施的新《银行法》改变了从前的"护卫船队式"的金融体系（其含义是"不允许任何金融机构掉队"，即使经营最差的金融机构也要采取措施维持经营），转向了高效合理、鼓励竞争的新金融体系。1984年日本银行开始买卖已售出的债券，并允许证券公司手中持有的国债资产作为质押进行资金融通，至此银行和证券之间从前的金融市场分割界限已趋于模糊。

国债的发行固然加剧了日本利率自由化（见图3-5），但是企业和个人对利率的偏好也加速了自由化步伐。在经济增长趋缓之际，一方面企业需要降低融资成本，发行公司债券可以降低筹集短期资金成本，同时这种金融工具可以促进证券市场灵活交易，方便企业资金的管理；另一方面，个人收入增长也逐渐减少，个人为了增加金融资产

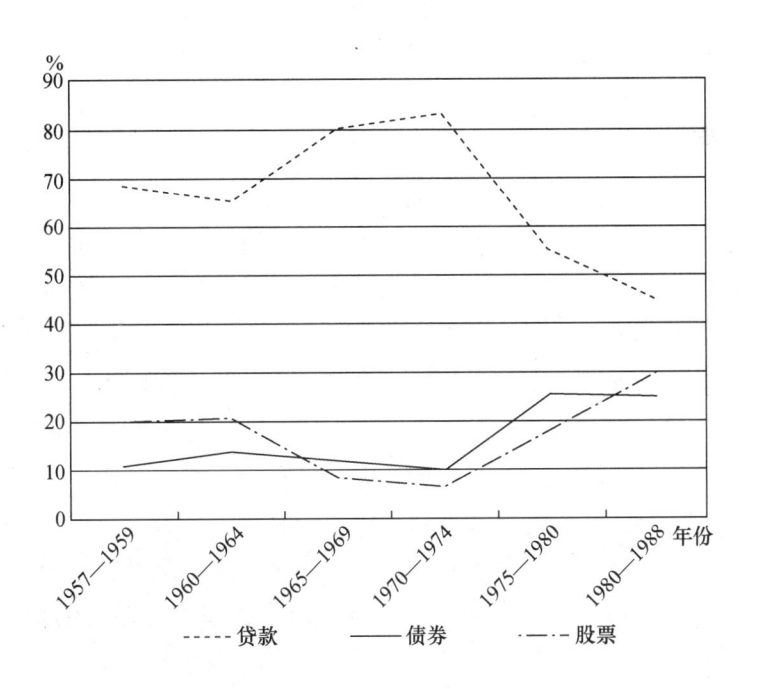

图3-5 日本年平均存贷款利率

资料来源：历年中国国际统计年鉴。

收入，不再仅仅满足于储蓄带来的微薄利息收入，高利率的新型金融工具开始进入他们的视野之中。

除了以上两个因素外，微电子技术和通信技术的发展为金融创新插上了飞翔的翅膀。基于计算机的处理和计算能力，许多从前停留在书本上的金融理论有了实践舞台的检验，大量的金融产品和衍生品被开发出来，降低了金融市场上的风险。通信系统已经将东京、纽约和伦敦等世界金融市场24小时无缝隙不间断地连为一个整体。

（六）高储蓄率和风险投资基金为创新奠定了资金基础

从基础研发到创新产品正式投放市场，是一个庞大的资金吞噬过程。首先需要建立价格昂贵的实验室和聘用价格不菲的研究人员；从实验品到成品需要不断地试错和完善，这些生产创新也需要投入大量资金。更为重要的是，技术的更新换代周期越来越短，这大大加速了生产设备和软件淘汰的速度。由于生产技术知识具有累积性，当对新技术创新投资的速率稍有迟缓，竞争失败将不可避免。因此资本性投资必须保持一定规模，这对以制造业连续性创新为特征的日本等国更为重要。日本以及亚洲各国在此方面具有得天独厚的传统储蓄优势。

与美国相比，日本和亚洲"四小龙"的政府在风险投资基金中发挥的作用更为明显。1963年，日本的风险投资基金开始设立，资金来源主要是国内银行或者政府公共机构，其实在韩国、新加坡和中国台湾地区，政府也都为风险投资基金提供了大量资本，例如中国台湾地区，电子产业占GDP的1/4，究其快速成长的原因，可以发现政府提供了大量公共基金来填补私人风险资本的巨大鸿沟。日本的风险投资基金的使用与美国、中国台湾地区和新加坡截然不同，当这些国家或地区的风险投资基金投向电子工业、生物医药、新材料和互联网等高科技和高附加值领域时，日本的风险投资基金仍然集中在传统的以连续式创新为特点的制造业和原材料以及能源行业。

日本和亚洲"四小龙"的证券市场发展以及风险投资基金涌现产生了大批企业参与到创新过程中，结果市场出现了许多的创新产品。这主要得益于灵活、透明、良好制度设计的证券市场拥有了"退出机制"，保证了风险资本的收回和退出，政府机构恰如其分地参与到风险基金中，提升了风险基金对创新的贡献率。

(七) 建立知识产权保护制度

知识产权在不同的经济时期有不同的作用。在一国或地区处于低收入水平时期时,为了打破发达国家通过专利等知识产权保护制度对其的技术封锁,它们倾向于弱化知识产权的保护,以便本国企业能从模仿中获得技术,获得收益;但是,随着它们收入水平的提高,国内企业掌握了一定技术,并且已经在创新基础上和国外企业开展竞争时,专利的保护强度开始增加(Maskus,2000),同时政府愿意投入资源来维护专利权的法律效力。为什么当它们渴望成为创新的领跑者时需要重视专利的保护工作呢?这是因为专利可以使企业获得互补性技术。这一点对于电子产业而言至关重要。Nelson 和 Walsh(2000)发现,在产品种类繁多的行业内,55%的企业申请专利的目的是获得对方企业的专利和技术,交叉许可往往使它们在市场竞争中处于有利地位。

经过1976年的专利法修改后,日本的专利保护制度在促进企业自主研究开发中作用显著增强,专利申请数量直线式上升,从1973年的15万件上升到1985年的30万件。① 这种制度有三个典型特点:一是不同于美国对专利申请的保密机制,日本实行早期公示制度,即规定专利申请者自提交之日起18个月内,将专利内容公开,允许公众发表意见,这给了其他企业跟踪和了解的途径,有充足的时间来改良这种技术,模仿和利用发明成果,促使知识的传播(对于侵权行为,由于诉讼程序非常复杂,现实选择是与侵权人协商解决,例如收取费用,授权使用);二是规定企业申请的每一项专利都只能包含一项请求,这就给其他企业围绕这项专利进行创新的空间;三是对于连续性创新,由于缺乏革新性和独创性,而只能给予功能性专利权,它的保护期比一般专利权短。日本的专利保护制度有助于连续性创新和新知识的广泛扩散。

(八) 产业组织政策转向中小企业

在稳定增长时期,钢铁、造船、石化等昔日的主导产业让位于电

---

① 日本通商产业政策编纂委员会:《日本通商产业政策史第16卷》,闫海防等译,中国青年出版社1996年版,第235页。

子通信、汽车、家电等加工组装型产业，这些主导产业最大的特点是柔性设计、工业复杂、加工精度高、零部件众多、设备组装规模大，需要中小企业的广泛参与，因此市场竞争从垄断开始充分竞争。政府为了防止大企业对中小企业的渗透，分别于1973年和1977年制定了《大规模零售店法》和《部门调整法》，同时为了帮助中小企业顺利转变角色，对《中小企业现代化促进法》进行多次修订，并建立了"中小企业振兴事业团"，对其指导和帮助贷款。

（九）科技集聚区的建设

Glaeser（1997）通过研究得出：在城市的发展为许多人提供了相互学习的空间和场所的同时，高科技产业集聚区对这种互动学习的过程进行了挖掘和激活，强化了这种学习的效率和效果。Ohmae（2002）认为日本在经济稳定增长时期成功跨越"中等收入陷阱"主要是两个地区的贡献：东京的Otaku和大阪的Higashi Osaka，因为在这两个区域聚集着成千上万个电子配件生产商和高质量的仪器设备。

在科技集聚区里，许许多多的企业、员工和中介服务机构处在一个距离很近的空间中，形成了独特的社会形式。这里集聚主要有两种形式：低技术水平的集聚和高技术水平的集聚。从经济学的角度分析集聚的出现，无外乎是信息、成本、利润和风险等问题。首先，在一个紧密的空间里，企业之间的交流更加频繁，不同企业的员工在餐厅、酒吧、健身中心或仅仅是擦肩而过时的寥寥数语就可获得相关领域的前沿知识或者最新信息，掌握有关发展动态趋势，信息的快速传递使得企业可以紧跟市场发展脉络，抓住市场稍纵即逝的机会。其次，集聚区内代价不菲的基础设施建设成本（不只是水电气路等传统项目，还包括实验室、各种中介服务事务所、信息中心）可以由区内企业共担，同时由于行政服务效率的提升，相应减少企业的行政运行成本。在一个众多公司形成的距离很短的网络中，企业之间的分工越发精细，上下游链条越发延长，企业内的一些财务、办公等生产性服务部门逐渐外包化，这也为企业节省大量先期投入成本与降低仓储和原材料采购成本。员工在集聚区内有了更好学习和培训的机会，可以降低信息搜寻成本，寻找更适合创新的岗位，同时企业减少人才搜寻的成本。最后也是最重要的一点：集聚区内除了直接的竞争带来的创新活动外，由于知识的外溢性导致许多小企业从中获益，促使它们学习和掌握相关技能，所以"非贸易的相互依赖保证了众多的小规模学习和创新进程，而其积累效应则可加强当地的竞争优势"。①

如果说低技术集聚经常出现在经济发展处于中低阶段的国家或地区，那么高技术集聚则出现在经济较发达的地区或城市。为何会出现这种现象呢？这还需要从创新的发展层次探寻根源。创新的低层次就是模仿和仿制，在此基础上进行的工业和生产组织的改进和革新，但是都没有突破现有产品的框架体系，因此仅是产品的外观、功能和能耗等发生了较大变化。而高层次的创新就需要突破原有的设计理念、旧思维和服务模式，完全产生一种新颖独特的产品，这种创新需要智力资源、文化和社会环境的强有力的支持。

日本的东京和京都是很成功的高科技集聚区，它们具有很多共同的特征：一是许多大学、政府资助的研究机构和大企业研究中心集中于此；二是生活环境吸引了众多研究人员定居和工作。传统文化和现代文化的有机交融，包融兼蓄、稳定安宁的社会环境、和世界硅谷等技术前沿地区的密切联系等这些历史悠久、长期形成的无形资产不仅吸引了来自国内的知识人才，而且对在国外留学、工作的人才也产生了很大的吸引力。最后更为重要的是，与距京都70公里的Tsukuba科学城和韩国的DAEDUCK比较，它们对科技的理解更为深刻，不仅重视基础研究工作，更看重开发应用工作。这与中国台湾地区的新竹科技园的成功建立可以说有异曲同工之妙。它们实际都秉承了美国硅谷的创业模式：成果致用、鼓励创业，其实这种思想来源于美国斯坦福大学的创新构想：将大学与产业联系起来，鼓励在大学里建立工业园，学校的教师去企业兼职。实验室研究、生产测试、投向市场、用户反馈这些力量不断相互作用，这些压力成为动力导致创新不断产生，而风险投资基金的投融资及其管理、市场营销保证了创新型公司不断进入市场，成为创新精神引领者和思想的开发者。

---

① [美]沙赫希德·尤素福：《东亚创新 未来增长》，中国社会科学院亚太所经济研究室译，中国财政经济出版社2004年版，第179页。

(十) 制度创新

日本在制度创新方面的宝贵经验更值得后发国家认真学习和借鉴：它们利用社会制度加速了创新，弥补了物质技术能力不足。例如在高速增长时期实行的终身雇佣制、年功系列工资制、企业内工会以及前文所论及的主银行体制；稳定增长时期实行的"减量经营"、"全员参与型经营"、"自下而上型"（bottom up）和"精益生产方式"。这里面着重强调的是精益生产方式（the system of lean production）。日本不仅引进了国外的生产技术，更加注重引进生产现场管理方法、产品质量体系以及员工管理模式，这些管理技术也是社会技术的一部分，日本结合本国社会文化的具体情况进行的创新甚至可以说超过了物质技术的改进程度。在 ME 革命和节能减排技术发展的同时，日本企业不同于欧美企业的劳动力管理模式独具东方特色，尊重员工、劳资同权有效地激发和调动员工积极性和创造性。"合理化建议制度"和"提案制度"赋予了员工生产现场管理的主人翁意识和地位，这实际增加了企业的软技术。通过比较丰田公司和美国通用公司的汽车生产模式，美国学者发现丰田公司的成本管理、品质管理和研发投入都已经超过美国汽车商，这主要是由于日本企业的高效管理方式产生了远高于欧美等国的产品质量，因此当企业真正将生产组织作为技术创新的一部分时，产品的质量提高、成本降低以及制造技术和产品创新方面都将取得较高收益。

(十一) 技术引进和自主开发相结合

战后日本的经济恢复主要特点之一就是技术引进，但是引进仅仅是第一步，消化吸收、为我所用才是目标，正因如此，才有了一美元买专利、三美元进行技术吸收和改进的 1:3 技术花费模式。自主开发虽然在日本经济高速增长时期一直强调，但是真正上升为战略的高度还是在稳定增长时期。首先，这是因为放眼世界，日本面前的赶超对象已经近在眼前，模仿赶超任务基本结束，模范样板即将消失；其次，能源危机和汇率升值带来的压力；最重要的是政府不为眼前模仿技术带来的利益所迷惑，其高瞻远瞩、未雨绸缪的战略开启了自主创新的大门。凭借自主创新技术，企业作为国家微观经济体，在市场竞争中增加了获胜的筹码，利润将不断增加；随着日新月异的新产品的出现和现有产品的功能改进，人民生活质量显著提高，而国家在有关技术领域拥有的技术主权，有效地提升了国际地位和增强了独立自主能力。日本将未来希望寄托在自主研发能力的开发实际是根植于日本社会的危机意识，代工只能暂解一时之急，而长期发展还需手中拥有的新技术。

根据1977年日本科学技术厅的调查，日本企业拥有57.7%的"纯国产技术"，国外引进技术占比为42.3%，这其中"纯国外技术"只有4.8%，剩下的是技术改良或与自主技术相结合，因此此时期日本创新的特征是改进和自主创新并行。

第二节 韩国的经济腾飞：1987—1995年

一 背景介绍：摆脱贫困陷阱后的韩国经济现实

在完成经济第一次起飞之后的韩国经济，经过20世纪70年代末和80年代初的短暂衰退后，经济增长又开始逐渐加速，其中1987年的GDP增长率达到创纪录的13%，同时人均GDP从1980年的1598美元提高到1987年的5185美元，年均增长率达到12.2%。进入90年代，在高技术、高附加值产品的带动下，经济继续保持较快发展。1990—1996年，GDP年均增长率达到7.6%，人均GDP从1990年的5886美元增加到12197美元，并于1996年加入OECD。与拉美等处于"中等收入陷阱"的国家相比，韩国成功跨越"中等收入陷阱"，创造了"汉江奇迹"。韩国经济腾飞的秘诀是什么？创新之路又是什么呢？

在经济摆脱贫困陷阱之后，一国如何维持其国际竞争力？通过消耗大量有限的劳动力和自然资源，在特定时期是可以达到一定程度的经济增长，这实际意味着贫困的摆脱可以依靠此法。但是随着闲置劳动力的减少和不可再生资源的枯竭，经济增长动力不足问题将会显现。此时知识资源的优势凸显出来，资源数量无限、重复使用、绿色环保等特征显而易见，最为重要的是知识本身代表了人类发展的程度和目标。因此开发知识资源就成为各国政府的不二选择。

二 韩国成功跨越"中等收入陷阱"的宝贵经验

(一) 经济增长的内部和外部环境:稳定

技术转移和吸收需要一个稳定和公平的环境。与20世纪七八十年代拉美国家高企的通货膨胀率比较,韩国在1986后进入了一个低利率、低汇率和低油价的"三低"有利国际环境中。低利率意味着国际融资成本大大降低,六七十年代的引进外资发展经济导致债台高筑的危机得到了缓解;美元贬值也意味着韩元汇率下降,有利于韩国的出口导向战略的实施;低油价直接降低了原油进口成本,对能源依赖极强的韩国,其外汇支出大为缓解,同时降低商品生产成本,提高了国际市场竞争力。另外此时国内通货膨胀比较稳定,这有利于微观经济体形成稳定的利润预期,加大项目投资和生产经营。公平竞争的环境有利于企业技术革新,提高生产效率。韩国尽管实行优惠政策以鼓励出口,但是在出口领域内坚持维护了竞争性的环境,这促使面向出口的大企业加大技术投入,赢得市场份额。

(二) 经济增长的两翼之一:技术和教育

关于制度和政策在经济中的作用,目前还存在很大争论。但不容忽视的是离开经济发展阶段谈论经济增长必将导致错误的结论。因为相同的政策变量在不同的时期和环境下,其作用程度也存在巨大差异。基于此,我们发现在很多中等收入国家或地区继续沿着华盛顿共识原则进行大刀阔斧的制度改革时,经济增长并未达到预期效果。从表3-6中我们可以看到2000年韩国和拉美四国的经营自由活动程度

表3-6　　　　　　不同年度国家经营活动限制程度

国家	1965年	1980年	2000年
韩国	3	1	6
巴西	1	1	6
阿根廷	3	1	6
智利	5	1	7
墨西哥	3	3	6

资料来源:Keun Lee and Byung - Yeon Kim, "Both Institutions and Policies Matter but Differently for Different Income Groups of Countries: Determinants of Long - Run Economic Growth Revisited", *World Development*, Vol. 37, No. 3, March 2009, p. 535.

都较以前有了很大提高，基本上水平都在6或7。但是二者经济发展水平却大相径庭。原因何在呢？下面我们从技术和教育视角来探寻答案。

1. 技术发展的特征

韩国20世纪八九十年代技术体系发展的总体体征是"先引进后创新"。具体表现为以下几点：

第一，政府积极支持国家创新体系建设。早在朴正熙政权执政时，就对韩国的科技发展表现出强烈的愿望和决心。在朴正熙总统访美期间，就对美国人提出"不要钱，不要武器，只要技术研究院"。韩国先后成立科学和技术研究所、技术研究和产业研究所等机构，成为韩国政府的"左膀右臂"，发挥了智囊团的角色。在80年代"技术立国"战略指引下，政府对技术引进开始松绑，从"审批制"转向"申报制"。80年代以来发达国家对核心技术的出口越发严格，为了改变技术过分依赖外国，政府强调了在引进、消化和吸收的同时，加强国内的自主创新力度。于1982年启动"国家研发项目"，目标是进一步提高本土核心技术开发能力；韩国第六个五年社会经济发展计划（1987—1991年）进一步提出"调整产业结构，实现技术立国"的基本目标。1989年制订了"尖端产业发展5年计划"，强调以新材料、生物工程和微电子作为研发重点，在此基础之上，政府于1991年提出"G7"计划，目的是在21世纪赶上西方七国的科学技术水平。1991年4月，卢泰愚政府发表了《科学技术政策宣言》，提出在消化、吸收国外先进技术的同时，注重国内的自主创新能力建设。由于核心技术和关键零部件设计仍然落后于发达国家的现实，1995年政府提出《奔向2010年科学技术发展长期计划》，其目标是集思广益开发以设计和加工为中心的核心技术代替"组装技术"。

第二，政府放开外商直接投资（FDI）渠道。外商直接投资不仅仅是资本的流入，更为重要的是先进技术的引入。在认识到这一点之后，从1985年起，开始降低外国投资门槛，1986年取消了外国人在韩国投资条例。与1981—1985年年均1.33亿美元的FDI相比，1986—1990年年均FDI增加到6.76亿美元。进入90年代后FDI增长更为迅猛，1999年达到了94亿美元。直接投资在给韩国带来新技术的同时，也刺激了出口的增加，外汇的增加为进一步改善技术提供了保证。

第三，技术贸易开始占主导地位。通过非贸易途径获取技术，未有明确的技术转让合同，未经授权的模仿制造或通过公共技术文献进行研发生产是经济起飞的主要动力，但是在中等经济收入阶段，大量采取技术许可证和购买专利等"软件方式"来获取外国技术，1995年技术引进额达到19.47亿美元。

第四，韩国的技术开发体制由政府主导转向"民间为主，政府为辅"。从研究开发支出来看，研究与开发费占国民生产总值的比重1988年为1.9%（同年美国和亚洲所有国家及地区该数值分别为2.7%、1.1%），1994年增长到2.8%（日本1988年该数值为2.8%）。与拉美国家相比（见表3-7），在处于相同的中等收入阶段，韩国研发支出占国内生产总值比率从1965年的0.5%提高到1980年的0.56%，而2000年达到了2.65%。而增长最快的巴西到2000年才刚达到1.04%；阿根廷和墨西哥甚至出现了减少。进一步可以发现研究开发支出的急剧增长伴随着支出结构的转型和优化。从研发支出的主体属性来看，政府与企业的比重1970年为77∶23，1980年为52∶48，2000年则变为28∶72，与此相应，韩国的企业研究所从1983年100家增加到1991年的1000家，这是韩国政府鼓励企业通过设立研究所提高技术创新能力的理想结果。从1975年到1990年

表3-7　　　　　　研发支出占国内生产总值比率　　　　　单位：%

国家 \ 年份	1965	1980	2000
韩国	0.5	0.56	2.65
巴西	0.3（1974年）	0.6（1982年）	1.04
阿根廷	0.2（1969年）	0.5	0.44
智利	—	0.4	0.53
墨西哥	0.1（1970年）	0.6（1984年）	0.37

资料来源：Keun Lee and Byung-Yeon Kim, "Both Institutions and Policies Matter but Differently for Different Income Groups of Countries: Determinants of Long-Run Economic Growth Revisited", *World Development*, Vol. 37, No. 3, March 2009, pp. 533-549.

注："—"表示数据缺失。

日本政府与企业的研发支出比重从 30∶70 变为 16∶84。显然，在中等收入跨越时期，科技创新活动的增加更多是依靠企业研究拉动。

2. 高等教育的作用和发展

Keun Lee 和 Byung – Yeon Kim（2009）提出：在不同收入阶段，相同的政策变量将产生不同的作用。中等教育和制度体系的建设对于一国或地区跨越低收入水平陷阱至关重要，但是对于"中等收入陷阱"的跨越显得力不从心，此时高等教育政策（可以用 R&D/GDP 表示）将对经济持续发展发挥关键作用（见表 3 – 8）。Glaeser 等（2004）指出欧洲殖民地开拓者给殖民地带来的人力资本的作用远远大于制度。其实各国政府对于人力资本的价值很早就已认识并制定了相应的教育政策予以实施，但教育是随着经济发展不断向上迁徙的动态过程，忽视教育的阶段性意味着经济增长的迟缓直至停滞不前。

从 1980 年到 2000 年，在中等教育毛入学率方面，韩国和拉美四国增长到 90% 左右（墨西哥为 73.49%）；而高等教育毛入学率增长二者却大相径庭。韩国从 1980 年不到 10%，提升到 2000 年的 77.60%，而拉美等国基本未超过 50%（见表 3 – 8）。

表 3 – 8　　　　　　韩国和拉美等国教育发展水平比较

国家	中等教育毛入学率（%）			高等教育毛入学率（%）		
	1965 年	1980 年	2000 年	1965 年	1980 年	2000 年
韩国	17.5	78.13	94.17	3.60	8.90	77.60
巴西	8.83	33.48	105.33	1.82	5.00	16.49
阿根廷	13.07	56.22	96.65	3.74	6.10	52.09
智利	21.98	52.54	85.49	2.75	7.20	37.52
墨西哥	5.28	48.64	73.49	1.85	4.90	20.47

资料来源：Keun Lee and Byung – Yeon Kim, "Both Institutions and Policies Matter but Differently for Different Income Groups of Countries: Determinants of Long – Run Economic Growth Revisited", *World Development*, Vol. 37, No. 3, March 2009, pp. 536 – 537.

韩国高等教育的快速发展与企业是密不可分的。根据 1986 年建立的"企业教育发展基金"，企业主必须为月薪低于 1000 韩元的员工乡政府缴纳企业发展教育基金，其数额相当于月薪的 5% 左右，该笔资金用于员工教育程度的提高。由于传统大学培养的大学人才无法满足企业的实际需求,韩国企业于20世纪90年代掀起创办企业大学的热潮,既满足了员工求学深造的愿望,又提高了企业的竞争力,这也缓解了政府在高等教育扩大化下资金严重不足的状况。例如知名大财团三星、现代、韩进集团都先后创办了自己的大学。此外由于财阀在经营过程中唯利是图、投机取巧,社会形象较差,于是它们通常主动将一部分利润用于资助高等教育,试图改变其不良形象,这也在一定程度上促进了高等教育大踏步前进。

韩国高等教育的发展为技术创新提供了丰富的科技人才队伍储备。根据国际统计年鉴,1981年每百万人口平均科学家和工程师人数(指在自然科学、工程、农业、医学和社会科学方面受大学教育和科学训练,达到专业水平的人)为1343人,1994年增长到2636人。如果进行横向比较(见图3-6),日本、韩国、新加坡和中国台湾地区的每千名劳动力中研究开发科学家与工程师人数在中等经济跨越中都大幅增加。

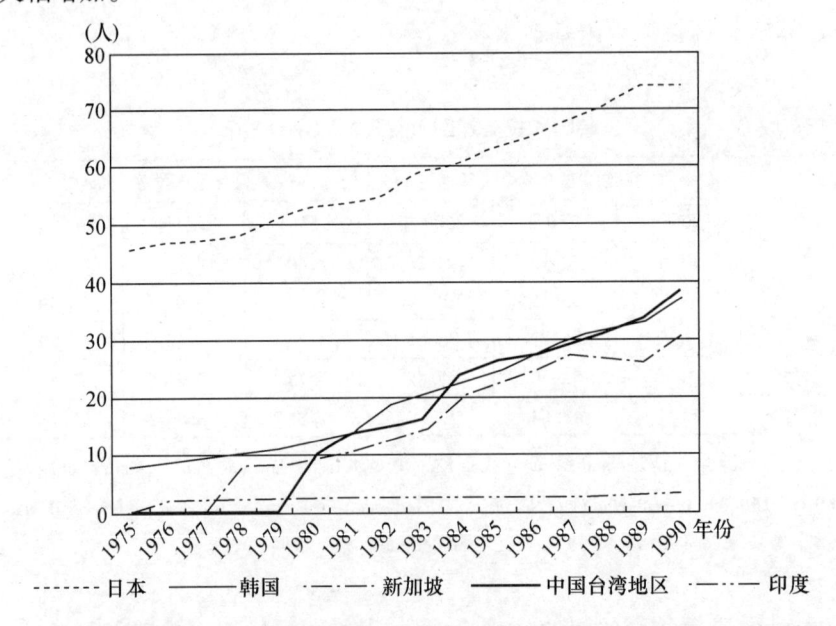

图3-6 日本、韩国、新加坡和中国台湾地区研究开发科学家与工程师人数比较

资料来源:National Science Foundation, *Human Resources for Science and Technology: The Asian Region*, NSF93-303, 1993, Table A-1.

3. 高等教育和技术的关系

研发支出和高等教育为韩国知识型经济奠定了坚实基础。韩国每百万人的专利申请量从1980年的0.87件火箭式地增加到2000年的121.36件,而拉美四国的增长基本停滞,仍未超过4件(见表3-9)。

表3-9　　　　　向美国申请专利数量(每百万人均拥有量)　　　单位:件

国家	1965年	1980年	2000年
韩国	0.04	0.87	121.36
巴西	0.39	0.44	1.29
阿根廷	2.38	1.99	3.82
智利	0.58	0.72	1.58
墨西哥	1.92	1.14	1.94

资料来源:Keun Lee and Byung-Yeon Kim, "Both Institutions and Policies Matter but Differently for Different Income Groups of Countries: Determinants of Long-Run Economic Growth Revisited", *World Development*, Vol. 37, No. 3, March 2009, pp. 533-549.

在中等收入阶段,技术水平的快速提升和高等教育的普及同时产生,这是否意味着二者在某种程度上存在着一定联系。前已述及,韩国在初等和中下等收入阶段,中等教育和高等教育都较同时期发展水平相似的拉美国家高,但是它们都顺利跨越贫困陷阱;但是在跨越"中等收入陷阱"时,拉美国家却始终无法成功跨越。原因就是教育对经济增长的影响受到技术水平的影响。例如从1960年到1990年,韩国一直在使用落后的纺纱技术,而1960年的纺织工人受过中等教育,显而易见,教育程度的提高并没有带来相应的生产率的提高。相反,相对过多的教育仅仅是资源的巨大浪费。当韩国从国外引进技术、在国内进行技术创新时,高等教育从沉睡中惊醒,消化、吸收新技术,促使资源在产业部门之间合理配置。

(三)经济增长的两翼之二:金融体系变革

从产业的角度来说,韩国的经济增长来源于其在不同的发展时期所选定的一系列战略产业的快速发展。从20世纪60年代的轻工业到70年代的重化工业,无一例外,都是在产业主导的基础上实行了金融配套跟进的措施。信贷资源在政府的政策指引下向这些所选中的产业严重倾斜，我们可以将这些信贷资金称为政府资金。政府资金的介入一方面使得民间企业投资的成本减少，另一方面政府分担了一部分企业应该承担的风险，结果是大企业集团能够顺利完成战略产业的发展目标。以较低的资金成本来扩大要素数量，提高产出抢占市场占有率，这在经济发展初级阶段作用明显。当商品市场已经饱和，企业销售收入下降，此时居高不下的财务成本问题凸显，财务困境使得企业捉襟见肘，这又给银行等金融机构带来不良债权等一系列问题。道德风险在韩国企业和银行中表现得一览无余。尽管此时企业有意引入先进的技术和工艺流程，银行也有意从市场中遴选出该类企业，但是银行长期经营过程中所打上的政府意志烙印使其身躯虽然健壮但甄别和风险控制能力低下。显而易见，产业优先发展、政府指令性信用配给制度严重制约了银行的健康发展。

政府、银行和企业形成的"裙带资本主义"加重了道德风险。政府要求银行对大企业提供大量贷款，大企业对贷款的使用缺乏效率，在脆弱的监管制度下，不良贷款开始产生。政府基于对大企业不可以倒闭的意识，使得银行不断给大企业提供贷款，事实上进行了高风险投资。结果是银行风险急剧积累。

在20世纪80年代，政府主导的经济模式开始让位于民间主导的模式，与此相对应，政府的发展战略和产业政策也开始向自由化看齐，自然而然金融领域也开始放松管制，官制金融（即由行政当局决定投融资的优先次序，指示金融机构据此进行资金配置，同时为贯彻政府意图对金融机构的人事、预算等内部经营问题也进行干预和介入）开始退出历史舞台。这表现在以下四个方面。

首先是金融机构人事和内部经营管理的自主化。一方面是银行经营网点设置逐渐开放，金融机构股东可根据其经营需要聘用行长。例如1993年9月取消了先前对银行高管人员名额限制的规定，并且要求银行组建"银行行长推荐委员会"实现行长的自主任免。另一方面是金融机构对资金来源和使用的自主化。无论是通过利润留存增加自有资本还是对外引资扩股都较以前有了巨大改善。在资金运用上，银行体现了较大的灵活性和自主性。政府对政策金融采取了限制新设、减少或取消现存金融扶持的各项措施。同时分阶段、有步骤地将政策性金融业务从银行分离出来。例如1994年4月，对于禁止信贷的部门，采取制定选择性制度方案予以支持，同时努力缩减其范围；1994年5月，地方银行对中小企业的义务贷款比率由80%减小到70%；对一些大企业出口予以再贴现支持的金融政策进行废除或缩减。

其次是金融市场开放程度加大。1968年的《资本市场培育法》给韩国的金融市场注入了一支强心剂。从那时起，一直到20世纪80年代中期，金融市场先后履行了对银行信用市场功能的补充和部分替代的职责。但是总体来说与其应发挥的功能相去甚远，如何大幅提高融资效率呢？1981年1月，政府发布了"资本市场国际化长期计划"，希望通过四个阶段十多年时间来完成资本市场完全自由化。第一阶段是鼓励韩国的证券公司拓展海外市场，同时允许外国人在韩国开展证券的间接投资；第二阶段允许外国人进行证券的有限直接投资；第三阶段继续扩大外国人证券投资的范围和自由化程度；第四阶段允许韩国投资者进行海外直接投资股票市场。1997年金融危机后，为了迅速摆脱股市低迷和经济增长困境，政府决定对外国人全面开放资本市场。1998年4月1日取消了外国人持有韩国上市公司55%的最高额限制。允许外国证券公司在韩国设立分支机构。高度保护的债券市场和货币市场也向外国投资者敞开了大门。

再次是金融商品的价格自由化，即利率自由化和汇率自由化。以利率管制为主要特征的金融压制在经济发展中究竟扮演了何种角色一直以来是学者争论的焦点。无可否认，管制利率在韩国经济起飞中起到了积极作用，但是其在二次腾飞中产生扭曲利率价格功能的严重负面作用，并阻碍了资源的有效使用。基于此，政府于1982年就取消了政策金融的优惠利率，同时相继于1984年和1986年实现了银行同业拆借利率和金融债券利率的自由化。根据《第七次经济社会发展五年计划》，政府决定分四步来完成利率自由化的最终目标。第一阶段，对银行商业票据、企业短期票据、企业真实贸易票据等票据贴现利率放开，同时对CD等大额存款工具及三年以上的长期存款的利率去除管制。第二阶段，尤其是在金泳三政府上台后制订了新经济五年计划使得利率自由化计划提速。第三阶段，1993年11月完成2年以上定期存款利率的自由化，并于1994年7月扩大了CD、RP、CP利率空间。除韩国央行再贴现贷款和财政支持的贷款利率不变外，其余所有信贷利率均实行自由化浮动。1994—1996 年实现所有信贷利率的自由化，同时 2 年以内的定期存款利率由银行自己决定。1997 年后的第四阶段实现银行活期存款利率自由化。

最后是政府的财政和金融配套政策支持。Lerner（1999）发现得到政府资助的企业比没有得到资助的企业发展得更好。一般来说，政府鼓励企业研发的有效政策是直接补贴和税收减免。韩国政府采取了降低企业进口关税、给予企业特殊的税收优惠政策鼓励自主创新、会计制度上允许企业采取加速折旧方法；中国台湾地区也对企业研发进行了政策鼓励，除了加速折旧外，对研发支出在税前进行全额扣除，倡导大企业将 1% 左右的营运收入用在研发支出项目上。

韩国贷款利率一直在 10% 左右，高利率给研究和技术开发带来了巨大的成本压力。与日本和中国台湾地区利息成本占销售收入的 2% 相比，韩国明显处于劣势，其数值高达 5%。为了支持科研创新，政府制定了低息特别贷款计划的科技扶持政策，除风险资本外，政府提供的贷款都执行低息政策，其和市场利率之间的差额由财政资金填补（见表 3-10）。1987 年，政府提供的公共资金（以优惠贷款形式）占全国制造业研究与开发经费总额的 64%。[①] 同时韩国开发银行也从 1976 年开始发放技术开发贷款以及成立韩国技术促进公司支持风险投资企业。

表 3-10　　　　　用于技术开发的补贴和融资　　　单位：10 亿韩元

	1987 年以前	1990 年
补贴	39	154
韩国银行融资	112	237
城市银行融资	455	220
风险资本	328	317
信贷担保	48	135
总额	982	1063

资料来源：STEPI, Review of Science and Technology Policy for Industrial Competitiveness in Korea, 1995, p. 76.

---

① 金麟洙：《从模仿到创新——韩国技术学习的动力》，新华出版社 1998 年版，第 59 页。

（四）经济增长的助推剂：政府

在第一次腾飞中，韩国政府发现中小企业资金实力不足、技术能力薄弱，在国内外市场竞争中相继破产和倒闭，于是决定和大企业集团结成紧密的伙伴关系。政府采取间接干预（即通过价格、进出口税和对特定产业部门的优惠等诱导微观经济主体经营行为发生变化）的方式引导企业服从政府指导的方向，一旦政府的决策正确，那么企业就会从中受益，并发挥出最大能动性。政府在第二次经济腾飞中的作用何在呢？正如上文所讲，技术和教育在中等收入跨越中发挥了关键性作用，下面我们先来研究技术和教育在市场活动中两个重要特点。

第一是技术创新风险大。中等收入国家在对发达国家高新技术引进的同时，发达国家出于经济和政治利益等因素的考虑，对关键核心技术实施了贸易保护措施，这极大地增加了中等收入国家学习的困难和成本。如果企业选择采取自主开发这些高新技术是否可行呢？我们借助风险和收益理论对此进行简单分析。风险和收益是一对孪生兄弟，风险高的技术投资项目应得到较高的预期收益；反之，风险低的技术投资项目预期收益较低。大企业是典型的风险厌恶型投资者，对于它们而言维持生产技术现状、保持或扩大现有生产规模是首要问题，因此其对工艺流程改造或者在现有生产规模上进行技术完善，而对新产品、新工艺似乎缺乏兴趣，而小企业规模较小，愿意改变现状，因此技术的学习和突破更适宜扎根在中小企业土壤中，但是技术研发失败的高概率和资金投入的巨大使其止步不前。在韩国和中国台湾地区，中小企业使得新思想、新观念、新设计生根发芽。这些在由政府资金支持的小型实验室里诞生的新技术，它们通过被大企业收购或者直接更新替代现有产品，成为引导市场的主流技术产品。结果是市场中的企业组织形式渐渐演变为大企业和充满朝气的中小企业共生共存态势。作为大企业在市场竞争中的"撒手锏"——规模经济虽然在技术创新的冲击下，有些黯然失色，但其品牌声誉、海外市场的销售生产网络以及企业内雄厚的技术开发力量仍然确保足够的国际竞争力。在这种情况下，政府主动介入早期研发活动，并承担一定风险，这势必增加企业研发的积极性。

第二是技术和教育都具有较强的外部性特征。当某一个经济主体行为对其他经济主体带来收益或损失,我们可以说该经济行为产生了外部性;当产生的收益为正、增加了他人的效用时,就具有正外部性;当产生的收益为负,减少了他人的效用时则称之为负外部性。在不完全竞争市场中,外部性的存在导致单凭市场交易无法达到帕累托最优状态,个人利益和社会整体利益都无法达到最大化。技术的载体可以是物品也可以是劳动力。相对于物品而言,劳动力的流动也就意味着技术的转移和流失,或者一些技术通过模仿被占用从而利益受到损失。当企业在研发上的投资产生的收益以一部分社会利益存在而社会不能给予合理的价格补偿时,企业的研发创新就处于次优状态,社会福利水平也不能最大化。尤其是技术开发活动中的基础研究较应用研究而言,与生产活动直接联系较少,正外部性更强,也最需要政府积极介入。

描述产业技术有两个主要特征:一是产业技术发展轨迹是否确定;二是产业技术创新的频率是否快。产业技术特征影响产业技术能力的提升,进而影响到产业的市场份额,另外诸如成本、差异化等因素也影响技术能力的掌握。从韩国五大产业占世界相应产业市场份额来看,1985年机械工具产业、汽车产业、个人计算机产业、动态随机存储器产业、电子消费品产业的份额分别是0.24%、0.63%、4.24%(1986年)、1.39%、3.05%,1995年其份额变化到1.56%、3.14%、1.76%、28.97%、8.38%(数据来源于韩国国际贸易统计年鉴,1989,1992,1995)。显然动态随机存储器产业发展最快,而个人计算机市场份额下降最快,其实电子消费品产业已经出现了下降趋势,汽车和机械工具产业增长缓慢。对于这些产业增长情况差异,可以从相应产业的技术能力指标——专利申请数量增长率看出端倪(见表3-11)。

我们从表3-11中发现韩国的动态随机存储器产业(53.3%)和电子通信产业(95.2%)技术赶超速度高于全部产业的平均赶超速度(45.5%),而机械工具、汽车、个人计算机和电子消费品产业赶超速度均低于平均水平。这说明动态随机存储器产业和电子通信产业发展主要动力来源于技术能力提升,而另外四个产业增长是由成本优势引领。结果是随着劳动力工资增加,个人计算机和电子消费品产业失去成本优势，国外市场份额急剧萎缩，国内市场勉强维持，而汽车产业在成本优势尚存的条件，还能在技术能力缓慢增长下占有一定市场份额。产业技术赶超速度与这两个指标密切相关。产业技术发展轨迹越不固定及创新频率越快，则技术赶超存在的困难就越大。但是韩国的动态随机存储器产业（53.3%）和电子通信产业虽然技术轨迹难以预测、创新频率也高，但是发展最快，相反汽车和机械工具产业虽然技术轨迹稳定、创新频率低，产业发展缓慢。从技术角度来分析，政府在其中扮演了何种角色呢？

表3-11　　　　世界和韩国在美国申请的专利年均
增长率：1986—1993年　　　　单位:%

	世界（a）	韩国（b）	赶超速度=b-a
全部产业	4.8	50.3	45.5
机械工具产业	-0.9	38.9	39.8
汽车产业	3.0	19.6	16.6
个人计算机产业	29.4	65.5	36.1
动态随机存储器产业	52.5	105.8	53.3
电子消费品产业	16.9	31.6	14.7
电子通信产业	8.2	103.4	95.2

资料来源：Keun Lee and Chaisung Lim, "Technological Regimes, Catching-up and Leapfrogging: Fingdings from the Korean Industries", *Research Policy*, Vol. 30, No. 3, March 2001, p. 469.

首先，在产业技术特征表现为技术轨迹可准确预测时，政府的作用是简单提供市场保护即可。例如与计算机和电子产业比较，汽车产业技术发展路径比较明确，同时也不需要较多的概念创新，其对于知识的要求相对来说表现为非明确的知识。这是因为汽车的零部件一般适合于特定型号的汽车，这使得汽车厂商使技术和知识内在化延长其竞争力，后来的竞争者也有可能有充足的空间提高其竞争力。基于此韩国政府不但保护其本国国内汽车市场，同时对汽车出口给予优惠，促使本国汽车产业获得规模经济。虽然像动态随机存储器产业技术创新频率比较高，但是政府通过和企业采取联合研发的方式直接参与技术创新，有助于产业的跳跃发展。韩国的动态随机存储器产业在70年代以OEM的方式出现，政府研究机构（KIET，后更名为ETRI）并未给予系统性的研究支持，到了80年代中期，韩国企业决定尝试ODM，在其美国硅谷研究所的支持下，成功开发出256k的DRAM，顺利完成技术跨越。政府此时决定和三星、现代、LG合作成立财团深入研究和发展该产业，作为第一个成功研发的256M DRAM宣告了韩国在此产业的领军地位。

其次，在产业技术轨迹很难预测时，政府对技术开发的直接参与不会起到很好效果。例如从20世纪70年代到1984年，PC和电子产业无阻碍地购买到先进技术后，利用廉价的劳动力和生产工艺，使其产品在国际市场上具有较强的竞争力，因此采取技术模仿路径可以取得一定的市场份额。但是在技术引进成本越发昂贵，新的NIEs带来的更廉价的劳动力成本，严重冲击了其市场份额。1984年，产业发展从B阶段→C阶段已经无法跟随下去，而只有选择B阶段→C1阶段这条创新路径。PC和电子产业技术发展轨迹不确定，且技术创新频率较高，企业在先前的模仿中并未积累足够的技术能力导致无法实现创新。于是政府决定从简单市场保护转向研发支持，1985年韩国计算机研究协会（KCRA）成立，并和韩国企业研究机构合作开发新技术，在准确定位了市场需求的目标产品后，研发取得成功，市场份额增加到1989年的7.22%，但随后由于该产业技术发展变化不定，创新速率极高，公私合营的技术机构望尘莫及，合作失败。事实上国家创新系统中的大学和政府研究机构是不可忽视的重要研发力量。加强它们与企业内部的研发机构联系将有助于问题的解决。电子消费品产业发展经历和计算机相类似，在辉煌的十多年发展后，在发达国家技术封锁和发展中国家追赶下，处于"三明治"状态下，产品市场已经萎缩到国内市场。主要原因是该产业产品生命周期越来越短，这意味着技术发展轨迹越发不可确定。对于不确定的产业技术轨迹，政府的角色需要减少直接参与研发活动力度和强度，而将更宝贵的资源用到教育的建设上来，尤其是加强大学教育的建设，因为大学才是科研的主要力量。同时韩国政府意识到金融系统在解决创新资金来源中发挥着重要作用。借助银行资金的财团注定无法在创新上投入更多资金，于是韩国政府仿照美国的 NASDAQ，建立了 KOSDAQ 为成百上千的中小科技企业融资，许多有才能的年轻人离开科技体制僵硬、创新受到抑制的财团加入到这些中小企业中，使得企业在处理不确定性的技术问题时更灵活、更有创意。

综上，技术赶超主要有三种形式，即技术模仿、技术引进和技术创新。

技术模仿：A 阶段→B 阶段→C 阶段→D 阶段

技术引进：A 阶段→B 阶段→D 阶段

技术创新：A 阶段→B 阶段→C1 阶段→D1 阶段

第三节　拉美各国在经济跨越中的沉浮

在 20 世纪六七十年代，拉美和日韩等国分别成功实行了进口替代战略和出口导向战略，使其经济增长出现了惊人的增长，摆脱了贫困陷阱，达到了中等收入水平，甚至可以说拉美人均收入水平领先于日本和韩国，但是进入八九十年代，日韩两国成功跨越"中等收入陷阱"，人均国民收入水平超过 1 万美元，并且不断继续增长，而拉美各国在 3000 美元和 10000 美元之间不断徘徊，并且这种上涨和下降发生频率较高，高低落差距离较大，这引发我们对拉美经济增长衰退的探寻。

一　拉美经济和日本及亚洲经济比较

从拉美各国经济增长过程来看（见表 3 – 12），以 1980 年为界限，之前的 30 年经济增长率在 2.52% 以上，经历了"失去的十年"后，经济增长终于由负转正，但是这 20 年经济增长的平均值也仅仅为 0.28%，令人失望。

通过表 3 – 13 可以看到与亚洲各国相比，拉美经济摇摆现象非常明显，1950—1973 年，其与美国人均 GDP 增长率同为 2.5%，而后一直小于 2%；而日韩两国经济增长在经济起飞阶段的迅猛增长后，在中等收入时期增长势头虽然回落，但是平均来看仍然高于同时期的美国水平；如果将 15 个复兴的亚洲国家或地区与拉美各国比较，更能显示出拉美经济在 80 年代后的低迷。

表 3-12　不同时期拉美人均 GDP（年平均复合增长率）　　单位：%

国家	1950—1973 年	1973—1980 年	1980—1990 年	1990—1999 年	1980—1999 年
阿根廷	2.06	0.48	-2.33	3.38	0.33
巴西	3.73	4.26	-0.54	1.07	0.47
墨西哥	3.17	3.80	-0.31	1.16	0.38
智利	1.26	1.72	1.10	4.47	2.68
拉丁美洲合计	2.52	2.57	-0.68	1.36	0.28

资料来源：[英] 安格斯·麦迪森：《世界经济千年史》，伍晓鹰、许宪春、叶燕斐、施发启译，北京大学出版社 2003 年版，第 145 页。

表 3-13　　拉美与亚洲、美国人均 GDP
（年平均复合增长率）增长的差异　　单位：%

国家	1950—1999 年	1950—1973 年	1973—1990 年	1990—1999 年
日本	4.9	8.1	3.0	0.9
韩国	6.0	5.8	6.8	4.8
16 个复兴的亚洲国家/地区	3.4	2.5	3.9	4.6
拉丁美洲	1.7	2.5	0.7	1.4
美国	2.2	2.5	2.0	2.1

注：16 个复兴的亚洲国家或地区包括：日本、中国、中国香港、马来西亚、新加坡、韩国、中国台湾地区、泰国、孟加拉国、缅甸、印度、印度尼西亚、尼泊尔、巴基斯坦、菲律宾和斯里兰卡。

资料来源：[英] 安格斯·麦迪森：《世界经济千年史》，伍晓鹰、许宪春、叶燕斐、施发启译，北京大学出版社 2003 年版，第 145 页。

通过表 3-14，我们可以比较拉美的进口替代战略和东亚的出口导向战略的异同。这两种战略的实施期间产生的劳均产出大大增加，其中拉丁美洲和美国的劳均产出率都在 1.3% 左右，东亚的劳均产出率远远超过拉丁美洲、美国及发达国家水平。虽然拉美经济增长显著,但是这种增长背后的推动力量来自进口替代战略下的国内经济封闭和保护,在拉美各国政府通过大量资本投入下产出大幅提高,但是由于资本的边际效率递减使得经济增长在达到一定阶段时动力不足,如果此时没有其他因素推动,一般来说,就会导致拉美在中等收入阶段中上下徘徊,停滞不前。如果将全要素生产率作为技术要素的贡献结果,拉美各国经济增长严重依赖资本要素的特征暴露无遗,1960—1985 年其全要素生产率为 0.51%,不但远远低于东亚的 2.83%,更是低于世界平均水平 1.24%。

表 3-14　　世界各国年均增长率（1960—1985 年）　　单位:%

	劳均产出	资本—产出比	全要素生产率
拉丁美洲	1.33	1.39	0.51
东亚	4.74	1.63	2.83
美国	1.30	0.56	0.74
发达国家	2.40	0.61	1.50
世界平均	2.24	1.08	1.24

资料来源：Mauro Rodrigues, "Import Substitution and Economic Growth", *Journal of Monetary Economics*, Vol. 57, No. 2, March 2010, pp. 175 - 188.

虽然从 1982 年起,拉美各国开始转向外向型经济模式,但是出口商品中的技术含量并不高[①],1990 年出口产品中初级产品占到 49.1%,制成品占到 49.8%,其中中高技术产品合计占比为 18.2%,到 2008 年虽然制成品占比大幅增加,达到 86.7%,但其中自然资源和低技术产品（例如农牧渔矿和食品、饮料、石油化工等初级产品）合计占到 31.5%,高附加值产品（例如特种钢、铜合金、低胆固醇油、速溶咖啡等）仅占 19.8%。

1980 年,拉美是世界关税最高地区之一,其平均进口关税达到了 42%,与此同时东亚地区进口关税平均仅为 15%。除了高关税外,本

---

① http://www.cepal.org/comercio/paninsal/anexo2008 - 2009/espanol/cuadroestadisticos.htm.

币币值的高估无疑雪上加霜，因为出口商在卖出一美元商品的同时收到了更少的国内本币。在进口关税和币值高估双重压力下，拉美封闭经济体系的直接后果是缺少了和外部世界的联系和交流，缺少了竞争压力的国内国有大企业占据市场垄断地位，缺乏技术革新动力。例如采取进口替代战略长达 20 年的智利在 1965 年，纺织品和家用电器等商品存在着严重价高质低问题，鞋、羊毛衫、自行车等商品价格超过世界平均水平分别达 23%、20%、300%。另外很多商品进口关税都在 100% 左右，例如收音机、吸尘器、冰箱、汽车轮胎、钻头等商品关税比例分别为 340%、85%、136%、125%、75%。在 20 世纪 60 年代智利进口关税平均水平为 138%。除了采取高关税限制进口外，智利政府规定相当于进口商品价值的 100 倍的资金保存在智利中央银行，这些资金从进口商品时就开始缴纳，一直到进口商品卖出并且与顾客纠纷解决完毕才可提取，此期间这部分资金没有任何利息，这对每年有超过 30% 通货膨胀的进口商而言，基本无任何利润可赚。在高强度的贸易保护制度下，智利当时的货币——埃斯库多价值明显高估，据估计在 20 世纪 60 年代，这种币值高估相当于给出口商品增加 30% 的税负。在政府的严格保护下，智利国内的国有企业占据了市场主导地位，并且获得了丰厚的利润，但是对整个智利社会而言，成本巨大，表现在衣服、鞋类等非耐用消费品和家电等耐用消费品的产品质量与发达国家的同类产品相比，无论是功能还是样式都存在较大差距，这背后反映出智利工业体系、技术体系和管理体系仍然薄弱。

拉美各国在发展民族工业时，存在着对发达国家先进机器设备和工业用原材料及技术的巨大需求，在币值高估和国内生产的产品缺乏有力的竞争背景下，外汇需求的重担落在了拉美丰富的矿业等自然资源。"资源诅咒"再一次发生在拉美各国身上。自然资源出口产生的"荷兰病"（Dutch disease）后果有两个：一是自然资源出口带来财富大量增加，这相对就减少了对人力资本投资的回报，教育不再是成功和获取财富的主要途径；二是由于自然资源部门对劳动和资本的争夺造成工业品部门的要素成本提高，抑制了制造业的增长，减少了经济动态增长的潜力，因为一般来说，一国的经济增长主要是来源于工业的扩张所产生的外部正效应。这两个结果最终将导致资源日益枯竭，经济增长落入低水平均衡增长陷阱中。与此同时我们也将看到，将经济增长的重任放在自然资源上将面临世界大宗商品价格波动带来的巨大风险。在80年代，世界资源产品价格处于下降的通道，拉美的出口骤减，此时高债务成本凸显，再加上净资本的流出，直接引发经济衰退。

打破"资源诅咒"宿命的关键是消除制度路径依赖，从"石油美元"的依恋中解脱出来，同时从自我保护的封闭体系中走出来，走向外向型经济。然而拉美各国在80年代虽然开始从进口替代战略转向外向型经济，但是制度惯性和过于依赖国外资本直接导致了后来的债务危机。从消费和投资在经济增长中的贡献可以看出：50年代消费和投资分别为4.5个和1.3个百分点，20世纪60年代下降为4.2个和1.2个百分点，90年代更是降到2.5个和1.1个百分点，与此同时净出口对经济增长的贡献整体为负值。① 因此从依靠国内转向国外拉动是经济转型、跨越增长的必然趋势。

二 拉美金融制度不稳定

拉美各国的金融制度存在严重的不稳定性，在完全自由和完全管制中来回摇摆，这导致其不断爆发金融危机，降低企业发展的稳定预期，尤其是20世纪70年代以来的金融自由化改革引发了拉美经济脆弱性，经济增长波动加大。下面我们以成功改革的智利和失败的阿根廷、墨西哥、巴西、委内瑞拉为例，从汇率制度和资本管制两个方面详细说明。

首先是汇率制度。拉美国家汇率制度其实是政府稳定国内经济的一种工具，它以名义汇率作为刹车装置，降低人们对通货膨胀的担忧。在20世纪80年代中前期爆发的拉美金融危机前，阿根廷实行的是有管理的浮动汇率制度，危机后改为自由浮动，在1991年到2001年又改为货币局制度，从2002年起又恢复为自由浮动。巴西在20世纪90年代中期危机爆发前一直实行的是爬行钉住制，危机后实行自由浮动不到两年，面对亚洲金融危机，又改为有管理的浮动汇率制，

---

① 苏振兴、张勇：《拉美经济增长方式转变与现代化进程的曲折性》，《拉丁美洲研究》2011年第10期。

进入 21 世纪，又恢复为自由浮动。委内瑞拉从 1985 年起先后经历了钉住美元、自由浮动、有管理的浮动和爬行钉住等变换过程。综观拉美汇率制度变迁过程，不难发现其具有反复性、缺乏明显的路径、规律性较差。而反观日本和韩国汇率制度变迁路径，发现有很强的规律性，表现为从钉住汇率制到有管理的浮动汇率制一直到自由浮动汇率制三个明显阶段，其总体思想是使得汇率制度更具弹性，恢复汇率价格本质，提高本国出口竞争力。当然如果深入分析拉美和东亚汇率制度的差异，还要从其各自国内宏观经济条件入手，稳定的内部均衡是日韩等国汇率制度成功变革的保证；相反，拉美各国内部不均衡（例如经济增长率和通货膨胀率经常大幅波动以及财政赤字高企）导致外部不均衡，迫使汇率制度出现反复调整。

尽管阿根廷、墨西哥、巴西等国采取了多变的汇率制度来保持国内物价水平的稳定，使得经济稳定，增长开始显现，收入增加，进口需求增加，但是出口由于技术创新的停滞不前难以大幅增加，结果是 90 年代后这些国家又陷入了经常账户逆差状况。墨西哥在 1994 年危机时，经常账户逆差占 GDP 比例为 8%，而巴西 1997 年经常项目逆差达到了 330 亿美元。1978—1982 年，智利实行了预先宣布的爬行汇率制，这可以看成是固定汇率制度。其原因是智利政府于 1979 年面对国内通货膨胀高烧难退，断然将美元与比索的名义比价定位 1∶39，以应对不确定的将来和将未来通货膨胀预期彻底消除。其结果是通货膨胀降低的速度较为缓慢，而产生的副作用是比索的实际汇率水平提高，这大大降低了国内企业在国际市场上的竞争力。伴随着汇率的稳定，从 1978 年到 1981 年国际资本大量流入智利国内，结果是经常账户赤字激增，1981 年，经常账户赤字占 GDP 比重超过 12%。这些都加快了比索的升值步伐，1982 年当比索升值到一定极限空间时，国际投资者出于对智利经常账户赤字过大的担忧，将资金撤出造成比索大幅贬值，达到 1∶74，企业和银行损失惨重，1982 年智利 GDP 降低了 14%。关于货币贬值对于经济增长的影响主要有三种观点：正向作用、负向作用和不确定。对于拉美而言，贬值对经济的危害大于收益的观点一直占据主流。在 1982 年拉美危机后，巴西、阿根廷、秘鲁先后制订了 Cruzado、Austral、Inti 计划，目的是全面降低本国货币贬值趋势，这和日本、韩国等国实行的低估本币策略促进出口带动本国经济的汇率战略大相径庭。在这种情况下，这些国家的长期的较低劳动生产率在本币高估的作用下，严重降低了其出口竞争力（见表3-15）。而智利政府除了从微观层面对企业实行大规模的债转股计划外，从宏观层面放弃了先前的固定汇率制开始转向有管理的浮动汇率制，以便获得一个有竞争力的实际汇率水平，同时中央银行也将实际利率维持在一个合理水平上，财政政策转向盈余管理。这一系列措施实施后效果明显，1987年经济全面恢复，并保持了持续10年8%的增长，并且中央银行在2000年9月主动放弃了十多年的汇率目标区，使汇率完全自由浮动。

表3-15　　　　东亚和拉美制成品出口大国（地区）
占第三世界出口总额比重　　　　　单位:%

国家	1980年	1990年
韩国	14.9	15.8
巴西	7.1	4.2
墨西哥	1.2	3.1
东亚新兴经济体	56.5	61.6

资料来源：Stephan Haggard, "Developing Nation and the Politics of Global Integration"，转引自江时学等《拉美与东亚发展模式比较研究》，世界知识出版社2001年版，第30—36页。

其次是资本管制。1990年达成的"华盛顿共识"倡导市场化、自由化，鼓励竞争，拉美大部分国家纷纷制定了激进的面向市场的改革计划，主要目的是开放本国市场，国有企业私有化，去除管制、大幅降低通货膨胀。金融自由化改革以利率为突破口，通过发挥利率的价格杠杆作用实现资金的有效配置，在私人储蓄率不能满足投资需求以及资本账户完全开放的情况下，国内利率上升吸引了外部资金流入，这也为日后的债务危机埋下了种子，另外外部资金结构以贷款、债券形式的私人资本再加上高达50%的短期贷款为主，导致金融危机在拉美各国轮番上演。先是1994年的墨西哥危机、1998年的厄瓜多尔危机、1999年的巴西危机，进入21世纪后又有2001年的阿根廷危机和 2002 年的委内瑞拉危机，金融危机已经成为光临拉美地区的常客。这里面资本账户的过早和过度开放难辞其咎。根据克鲁格曼的"三元悖论"，在开放经济条件下一国的固定汇率制度、资本完全自由流动和本国的货币政策的独立实施不能同时存在，而只能选择放弃其中一个目标。一般来说，任何一国都不会放弃货币政策权利，因此智利于 80 年代中期开始有管理的浮动汇率改革，这其实仅仅是对固定汇率制度的一小部分放松而已，完全资本流动不可能在其国内存在，于是资本流动的控制在所难免，其效果的确大大减少了投机性资金进出所带来的金融不稳定。这也是阿根廷和巴西在 2003 年 5 月宣布采用智利这种模式的主要依据。在汇率逐渐浮动的背景下智利政府对资本账户的管制采取了审慎渐进的放开原则，加强对短期资本流动的监管尤其是通过建立对外债的无偿准备金制度防止热钱的进入。其实渐进式的金融自由化和日韩等国实行自由化本质相同，例如韩国实行的是先存款（1988 年）后贷款（1993 年）的金融自由化改革。渐进式金融自由化改革与 20 世纪 70 年代截然相反。在 1973 年，金融自由化理论形成时，就已率先在拉美实施。1973 年南椎体国家（包括智利、乌拉圭和阿根廷）政府实现了拉美历史上的第一次金融自由化，内容涉及利率不再管制、取消政府对低利率贷款的额度分配和降低存款准备金率，但是由于管制的放松，许多银行从事风险较高的金融业务，导致呆坏账比例直线增加，金融体系脆弱，在 1982 年的债务危机冲击下，直接导致经济衰退。例如智利在利率上限之门打开后，实际贷款利率超过 50%，企业的正常投资难以承受。在新自由主义的鼓动下，20 世纪 90 年代，拉美大部分国家开启了第二次金融自由化之路，在第一次改革基础之上，又增加了国有银行的私有化和吸引外国资本的参与等内容。但由于政府的监管缺失和银行追求利润的天性，造成 90 年代墨西哥等国先后爆发金融危机。

三 拉美科技发展滞后

正如华民[①]所言：导致拉美经济危机的真正原因是过早地抛弃了

---

① 华民：《比较优势、自主创新、经济增长和收入分配》，《复旦大学学报》2007 年第 5 期。

比较竞争模式,而错误地选择了旨在退出国际竞争的进口替代战略,试图通过国际举债,走向自给自足的自主创新道路,其结果是创新能力始终无法有根本的提高,企业举步维艰。以巴西工业化发展为例,政府重点支持重化工业的发展,并且将创新的希望寄托在国有大企业身上,并且从资金、税收、人才等各方面政策予以支援,这些人为形成的垄断对公平的市场竞争环境带来了严重的负面影响。尤其是中小私营企业在七八十年代在国有企业、外资企业与私营企业这"三座大山"的压迫下,大量破产和倒闭。而韩国在 80 年代后却将创新的重心逐渐转移至本国的中小企业,并给予相关政策扶持。以市场换投资发展起来的巴西的汽车业,虽然减少了投资风险和节约了技术相关开发费用,但却丧失了民族品牌的创立和拥有自主知识产权的相关技术。这里面的关键问题是巴西未能像日本和韩国那样有效使用外资促进本国技术创新能力提高,进而带动并保持经济持续健康增长。

在 20 世纪 70 年代初,拉美进口替代战略初级阶段完成之际,拉美地区的科学技术具有相当水平,但是 80 年代以后相对于东亚的迅速崛起和飞速发展,其技术创新相对落后,究竟是何种因素导致拉美科技发展由快到慢呢?

一是政府经费支撑科研活动。无论是政府的研究机构、高等院校,还是国有企业或私营企业,其经费来源绝大部分来源于政府。在严重依赖政府财政的前提下,科研活动将处于非常不稳定状况。在 20 世纪 80 年代墨西哥、厄瓜多尔等国发生了严重的债务危机和通货膨胀,政府财政收入递减,导致研发费用占 GDP 比重较 70 年代出现下降。2000 年以前,拉美用于研发的经费占 GDP 比重不到 1%(古巴 1992 年为 1.13%)。从世界范围来看,1994 年,研发费用占 GDP 的比例最高的地区是北美地区达到了 2.5%,东亚地区为 2.3%,西欧地区为 1.8%,而拉美与撒哈拉以南地区仅为 0.4%,这远低于 20 世纪 70 年代联合国教科文组织对发展中国家提出的 1% 最低要求。虽然近些年拉美对科研经费投入大量增加,但是其所占 GDP 比重既低于发达国家的 2% 水平,也低于新兴工业化国家的 1.5% 水平。显然,拉美地区的研发投入与东亚地区相比,差距较大,很难想象较低的研发投入对技术创新做出巨大的贡献。从图 3-7 中我们看到 1990—

2000年拉美地区提供研究与开发经费各部门中政府部门提供经费占比有所降低，但是仍然占据一半比重，而私人企业提供经费仅占1/3左右。由政府主导科研资金的供给，容易出现政府更迭，科研预算支出不稳定，同时政府工资的繁文缛节和低效率工作以及腐败，都将降低科研资金的使用效率，进而使作为第一生产力的科学技术推动经济增长成为空话。而在美国，在市场需求引导下，私人投资占到科研支出的一半以上；同时政府的科研投入也将绝大部分资金投向了私营企业，这种"自下而上"的创新模式有利于私人和公共部门的研究合作和创新成果的快速商品化。90年代以来，拉美通过建立各种科学园区和各种产业孵化器促进产学研的有机结合。另外拉美各国的地方政府对科技的投入极其有限，这里面还有很大的提升空间。

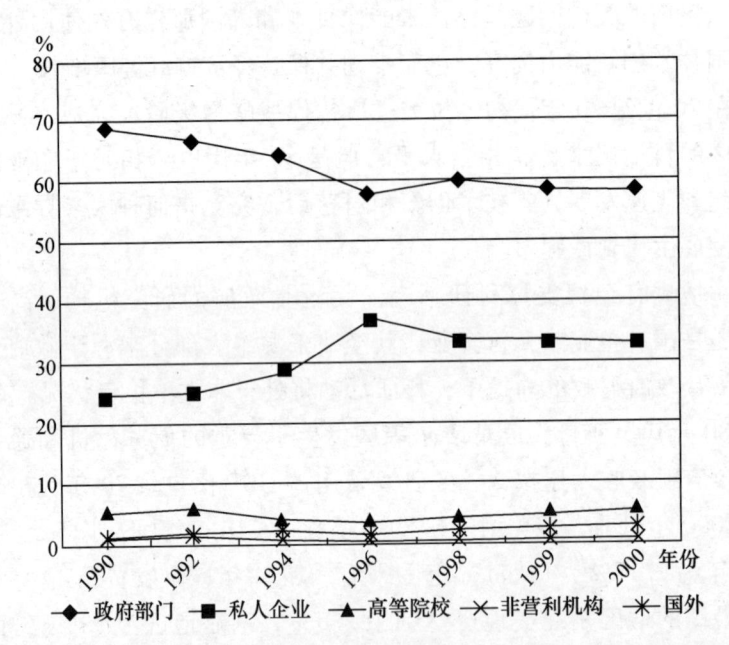

图3-7 1990—2000年拉美地区提供研究与开发经费各部门所占比重

资料来源：RICYT: ElE Estado de la Ciencia Principales Indicadoresde Cienciay Tecnolog a Iberoamericanos Interamericanos，转引自李明德《拉美的研究与开发经费》，《拉丁美洲研究》2003年第4期，第28—32页。

二是研发投入结构畸形。这表现在两个方面：其一，研究与应用脱节现象严重。大学和政府的研究机构始终停留在基础研究，有限的成果也是保存在实验室中，无法将技术实践化、商品化，这降低了技术创新引领经济增长的作用。另外基础研究和应用研究的比例也不协调，存在重基础研究轻应用研究。这一点可以通过科研经费使用情况（见图3-8）得到验证，高等院校成为最大的使用者，使用比例在40%—50%，如果加上政府研究机构，两者使用经费比例之和达到2/3。在墨西哥，科研人员一半集中在政府研究机构内工作，而智利更是高达80%的专业研究人员在高等院校科研机构工作。其二，研发投入向以自然资源为基础的产业倾斜，而制造业得到的支持较少，这也加重了80年代中期后的制造业衰退和企业破产。80年代中期巴西的研发支出中55%投向自然资源部门和农业部门，12%投向制造业部门；阿根廷更为典型，在80年代末，这两项比例分别是64%和4%。[①]

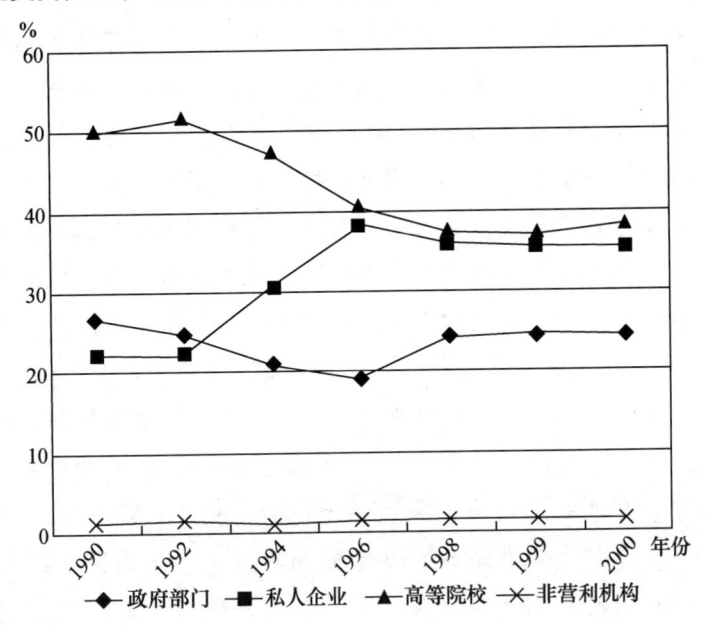

图3-8　1990—2000年拉美地区使用研究与开发经费各部门所占比重

资料来源：RICYT：ElE Estado de la Ciencia Principales Indicadoresde Cienciay Tecnolog a Iberoamericanos Interamericanos，转引自李明德《拉美的研究与开发经费》，《拉丁美洲研究》2003年第4期，第28—32页。

---

① 宋霞：《浅析拉美"国家创新体系"的特征》，《拉丁美洲研究》2005年第1期。

三是拉美的教育体系存在严重问题。在进口替代战略下，拉美国家的工业体系是在闭门造车状态中建立的，为了以生产耐用消费品和资本品作为经济增长的动力，需要一支受过高等教育的科技队伍，这使得拉美将教育经费更多地投入到高等院校中，而对于初等教育和中级教育重视不高（例如巴西长期以来教育部80%的预算都投入到了高校中），这导致拉美初等教育存在辍学率、重读率和上学晚的特点，教育资源进一步向少数富人集中，穷人受教育的机会逐渐减少，长此以往，整个拉美创新的基础显得越发薄弱。20世纪八九十年代，在拉美经济增长陷入"中等收入陷阱"时，拉美地区人均受教育时间也大幅缩水，2000年，人均受教育时间仅为5.2年，明显低于发达国家。[①] 根据有关测算，高等教育的社会回报率远低于初等教育和中等教育。如果说在早期的工业化进程中，土地生产要素的均等化是成功的关键要素，那么进入重化工等后工业化时代，教育资源的均等化是其能否顺利完成的根本保证。拉美国家正是在土地资源和教育资源都无法实现公平分配的情况下，通过各种政府手段贸然实现工业化，并且在七八十年代借助国际资本力量实现从非耐用消费品到耐用消费品再到资本品的三级跳过程，结果是制造业严重衰退，国内也没有建立起完整的工业体系。与东亚相比，拉美其实也十分重视教育，1960年和1989年，拉美的教育经费占GNP的比重为2.3%和3.4%，而东亚对应为2.5%和3.7%[②]，这样来看，差距不大，但是人均教育经费的绝对额存在较大差异。主要原因一方面是拉美的生育率相对较高，另一方面则是东亚的经济增长率远高于拉美，使得GNP增大，在相近的比例下，经费数额增加。1970年韩国学龄儿童人均教育经费为95美元，1989年则达到了431美元；而墨西哥类似经费数值分别为68美元和112美元。

四是技术吸收创新能力较差。拉美各国对发达国家的先进技术的引进一般表现为生产效率高的机器设备等"硬技术"，而对于设计、

---

① http//www.undp.org.
② 江时学：《分享增长：拉美与东亚的收入分配比较》，《拉丁美洲研究》1999年第2期。

管理等"软技术"不太重视,另外其对技术的改进和转化能力较差,这就限制了其自主技术创新水平的提高,这一点与上文介绍的日本和韩国技术引进模式截然不同,它们对外商直接投资鼓励的同时,更加注重对国外技术的消化、吸收和创新,形成拥有自主知识产权的相关技术,进而持续增强本国的国际竞争力。这一点从拉美在 90 年代初拥有的专利数较少得到证实,其占世界专利数比重仅为 4%。整个 20 世纪 80 年代东亚在美国和欧洲获准的专利数量比拉美分别多出 6 倍和 4 倍;如果世界专利产品的科技密度为 100,那么东亚五国(地区)对美国和欧洲出口产品的科技密集度指数分别为 58 和 19,而拉美仅为 5 和 3。1985 年前后拉美重启经济发展模式改革,90 年代初改革进程加快,这种模式以放开和开放为主要特征。[①] 从表 3-16 中看到,在经历了放开管制和保护后,拉美制造业竞争能力差的特点显露无遗,因此大量企业破产,制造业产值占比有一定程度下降,而农业、矿业等以自然资源为基础的产业出现上升,例如纸浆、橘汁、鱼油、咖啡等。这些产业不同于进口替代时期,因为它们在国外先进技术设备支持下,借助电脑管理,仅需要少量劳动力就可实现生产的连续化和自动化,提高了劳动生产率。这固然缩短了拉美和世界先进技术水平的差距,但是产品的利润通过跨国公司却留在了国外,同时"资本+设备+技术引进"正在摧毁拉美自身的科研基础,这为拉美持续的发展带来较大的隐患。因此拉美各国在新自由主义改革模式下,侧重短期经济增长,忽视本国企业的技术创新能力的培养,造成经济受制于人,大起大落。

五是拉美企业(存在根本)缺陷。首先是创新动力不足。拉美的企业高管人员一般不是本行业的技术专家,相反大部分人员对金融和贸易运转十分精通。由于其能够从低廉的劳动力和丰富的自然资源中获取稳定利润,自然对风险较高的创新活动有意回避。在拉美,高新技术公司的建立手续繁杂、费用较高也限制了创新活动的发展。其次是企业创新依赖跨国公司,与国内的科研院所联系较少。最后是企业

---

① 江时学等:《拉美与东亚发展模式比较研究》,世界知识出版社 2001 年版,第 253—255 页。

研发活动通常是非正式的，没有以利润作为中心，仅凭高管的兴趣，因此没有纳入企业的战略中。

表3-16　　　　　拉美和加勒比地区国内生产总值构成　　　　单位：%

	1973年	1980年	1990年	1994年
国内生产总值	100.0	100.0	100.0	100.0
农业	10.6	9.1	9.9	9.9
矿业	6.1	4.1	4.7	4.8
制造业	26.6	26.0	23.7	23.3
能源	1.1	1.4	2.1	2.2
建筑业	6.6	7.0	4.8	5.3
商业	15.9	17.7	15.9	16.2
运输业	4.5	5.4	6.5	7.4
金融服务业	11.6	12.6	14.3	13.6
社会服务业	15.8	16.6	18.1	17.0

资料来源：苏振兴：《拉美国家制造业的结构调整》，《拉丁美洲研究》2002年第6期，第21页。

四　社会经济发展不协调矛盾突出

拉美社会经济发展不协调矛盾突出，主要表现在两个方面：

一是经济发展中产业比例失调。首先是工业与农业失衡，长期以来拉美对工业采取扶持、保护等战略，促使其做大做强。而忽视了农业发展。其实拉美长期以来，一直存在一个重工轻农的错误思想，农业一直被看作夕阳产业。其实农业健康发展与否事关工业化进程，因为工业化需要来自农业提供的农产品等原材料、农村的储蓄、农村的广大的工业产品消费市场，同时对于拉美而言，农产品的出口也为工业设备的进口提供了宝贵的外汇。对农业粮食生产忽视的后果是拉美各国自给率不足，"根据联合国粮农组织统计，1975年进口粮食超过100万吨的拉美国家有五个：墨西哥（368万吨）、古巴（169万吨）、秘鲁（116万吨）、委内瑞拉（110万吨）和巴西（104万吨）。"[①] 其

---

① 张勇：《从粮食危机反思拉美贸易和农业政策改革》，《拉丁美洲研究》2009年第3期。

次是农业、工业与服务业内部分别存在着二元结构现象。对于农业而言，现代化农业和贫困化小农户并存，表现在重视资本主义大农场，轻视家庭农场，这与东亚形成了鲜明的对比。中国台湾地区的农村劳动者分布在众多中小规模的家庭农场中，而阿根廷的大庄园集中了大量的农村劳动者。70年代以来，智利的家庭农场消失殆尽，拉美其他国家的家庭农场的数量也已大幅减少，土地资源进一步集中在大农场。在大农场主利益集团的影响下，政府在基础设施建设、农业科研投入和财政信贷资金等方面给予政策支持，使其逐渐扩大了利润。而家庭农场在此冲击下日渐萎缩。在过去的三十多年里，巴西的土地分配两极化严重，大部分农场是家庭农场，但是却占很小一部分土地，大农场拥有国家的大部分土地。① 而在日韩等东亚国家，小规模农业日益受到重视，在20世纪七八十年代掀起了依靠科技进步和政府对农业的巨额投资为特征的绿色革命促成了该地区农业现代发展史上的第一次转型，不断大幅提高了粮食产量，同时农业生产率极大增加，保证了农民的收入水平和城市相当。农村的二元化结构对于工业二元结构的形成发挥了关键作用，表现出轻重颠倒，轻工业属于劳动密集型产业，重工业是资本密集型产业。一方面在早期形成的雄厚资本下，资本家为了最大程度获得利润，减少对纺织等吸纳劳动力强的轻工产业投资，这样有意形成劳动供过于求的局面，压低工人工资；另一方面城市的穷人和富人两极分化现象严重，富人对于耐用消费品和高档消费品的偏好促使工业生产结构由劳动密集型转向资本密集型。拉美服务业存在两大对立部门：传统服务业和现代服务业，它们的对立严重阻碍了拉美的劳动生产率提高。

二是社会发展出现分配不公和城乡发展两极化现象。首先，土地分配制度是整个分配制度的根源。产生于16世纪的大地产制赋予了上层阶级大部分土地，几乎完全垄断了矿产、棉花、咖啡的生产和出口。虽然在独立解放后进行了土地改革，一些农民获得了土地，但是由于缺少贷款、技术支持和生产设备，很多农民又选择了出售土地，

---

① [美] 芭芭拉·斯托林斯、威尔逊·佩雷斯：《经济增长、就业与公正：拉美国家改革开放的影响极其经验教训》，江时学等译，中国社会科学出版社2002年版，第199页。

进城务工来生存，这使得土地再次集中。其次，大量失地农民的进城造成了拉美的过度城市化。如果我们探讨城市的起源，不难发现城市实际是工业化的产物，体现了人财物在地理空间上的集聚。因此城市化和工业化是一种相互依存共同发展的关系。苏振兴指出：在城市进入快速发展时期，城市化率和工业化率的比重存在一个规律，即两者的比重通常都处在1.0以下，例如以"同步城市化"典型发达国家中的英国（1841—1931）、法国（1866—1946）、瑞典（1870—1940）为例，其比例分别为0.985、0.970、0.967[①]，从该比例来看拉美城市是否超前，拉美1980年工业产值（包括制造业、采矿业、建筑业、电力、煤气和供水）占GDP的比重为39.1%（按市场不变价格计算），城市化率为64.3%，两者比例为1.64，1980年为1.84，2005年上升到2.71。[②] 拉美以减缓农业发展的方式发展工业，造成农村劳动者大量流动至城市，当城市无法为蜂拥而至的失地农民提供充足的工作岗位时，大量来自农村的劳动者或者沦为失业者或者在非正规部门就业，形成了城市中的贫民窟现象，与此同时，农村劳动力减少，农业长期凋敝。对比东亚发展模式，一个突出特点是工业和农业保持了动态平衡发展。这从东亚奇迹可以得到验证：东亚用于农村发展的公共投资占总投资比重高于其他中等收入国家或地区。

第四节 经验和教训小结

一 跨越"中等收入陷阱"的成功经验

（1）国际经验表明，所有的先行国家和地区，经济增长模式先后经历了劳动密集型、重化工、技术密集型、高附加值产业的转换。与西方国家经历了漫长的工业革命相比，日本仅用12年的时间就从中等收入国家跨入到高收入国家系列，其宝贵经验就是产业升级。日本先后经历了1950年以纤维为代表的轻工业出口战略到1970年时的以

[①] 苏振兴：《拉美国家现代化进程研究》，社会科学文献出版社2006年版，第476页。
[②] 郑秉文：《拉丁美洲城市化：经验与教训》，当代世界出版社2011年版，第247页。

机械为主导的产品出口模式，一直到1980年在政府直接推动下转向以文化创意为主的第三产业发展上。韩国在20世纪70年代实施出口导向型战略创造了"汉江奇迹"，到1980年后成功从劳动密集型产业过渡到资本密集型产业，并制定产业技术开发政策，推动经济持续增长。

（2）正如钱纳里和库兹涅茨的研究结果，随着人均收入逐渐提高，产业结构出现了一些明显变化，第一产业占总产出的比重将显著减少，而第二、第三产业的所占份额持续上升；当人均收入增加到某一定阶段时，以服务业为代表的第三产业所占比重将超过60%，并将替代第二产业成为主导产业。

（3）外商直接投资在经济增长中的贡献越来越大。有数据表明，东亚各国的外商直接投资占GDP的比重平均为4%。1990年，马来西亚甚至达到8%。外商直接投资一方面带来资本，另一方面带来技术，而技术的引进可以显著提高生产率。韩国与泰国生产率增加中的至少10%由外商直接投资中的技术转移产生，而印度尼西亚与菲律宾甚至达到了40%。

（4）收入分配结构由原来的低收入群体占主导的"金字塔"形变为低收入和高收入群体比例比较小，中等收入阶层占比较大的"橄榄型"和"人口红利"在此阶段都或多或少地做出了贡献。劳动力无限供给使得新古典主义宣扬的资本报酬递减规律消失。被美国兰德公司相关研究称为东亚奇迹和新大陆国家奇迹的是东亚各国在1970年到1995年的经济高速增长中超过常规增长的部分，由劳动年龄人口比重加大、抚养率低所做出的GDP贡献比例高达1/3以上。在开发北美新大陆之际，人均GDP增长率新增加的部分中，富余充足的劳动力贡献了90%以上。

（5）经济增长动力由生产要素规模扩张、粗放型投资转向依靠技术创新驱动。

二 拉美各国的历史教训小结

20世纪70年代，虽然墨西哥、巴西、智利、阿根廷等拉美国家与东亚的日韩等国率先进入中等收入国家行列，但当日韩已经在高收入国家阵营中扎稳脚跟、阔步前行时，直到今天，拉美国家仍然挣扎在人均 GDP 3000—10000 美元的发展阶段，无法觅寻增长的动力和希望。例如阿根廷 1973 年时，人均 GDP 为 3713 美元，而到 1987 年减少到 3302 美元。据总结，所有进入"中等收入陷阱"的国家都具有以下共同特征：

第一，收入差距不断拉大，出现"增长性贫困"。根据联合国与世界银行制定的两级贫困标准，按购买力平价（PPP），每人每天消费不到 1 美元属于极度贫困（赤贫）人口；每人每天消费小于 2 美元属于贫困人口。从 1980 年到 2002 年的 22 年间，拉美贫困人口从 1.35 亿增至 2.14 亿，相当于总人口的 43%，其中赤贫人口占到贫困人口的 43.3%。10% 的最富人，却占国民收入的 40%，而总人口 30% 的最穷人，仅占国民收入的 7.5%。巴西 10% 最富人的收入，比 10% 的最穷人的收入要高出 65.8 倍，基尼系数高达 0.6，其他国家也达 0.5。阿根廷爆发金融危机后，更使一半人口贫困化，连富裕的中产阶层，也有 300 万人沦为贫困。

第二，全要素生产率停滞或下滑。拉美国家依靠要素投入摆脱了"贫困陷阱"，但是在中等收入时期中没有找到新的增长动力——提高全要素生产率，结果经济增长停滞不前。方浩认为，"拉美国家实行有偏的发展政策中形成了特殊利益集团，特殊利益集团为了追求自己利益不惜损害社会利益，利益集团的分配性努力降低了技术创新，而其通过贿赂政府来降低成本时，将形成恶性循环，阻碍了技术进步"[①]。

第三，金融体系脆弱或效率低下。1970 年起拉美国家开始金融自由化，包括对国有银行进行私有化、取消定向贷款、利率实行市场化等措施。根据麦金农和肖的金融抑制与金融深化理论，这些金融改革行为将有效动员社会储蓄，有力地促进经济增长。但事与愿违，私有化后的银行缺乏来自政府的严格信贷监管，造成银行的大量冲动放贷，导致不良贷款不断增加，这成为引发 1994 年墨西哥金融危机、1999 年巴西金融危机以及 2001 年阿根廷金融危机的根本原因之一。

---

① 方浩：《利益集团与"中等收入陷阱"：拉美模式之反思》，《经济体制改革》2011 年第 5 期。

1997年的亚洲金融危机告诉我们一国的增长要长期保持下去,将希望完全寄托在雄厚的工业基础之上仍然会出问题,创新的金融体系可以分担风险、改善治理,成为实体经济的坚实基础。

第四,城市化过程中策略失当。拉美国家采取各种政策鼓励农村人口向城市转移而城市的工业化进程相对缓慢,无法容纳过多的劳动力,工业化和城市化的不平衡性形成了大量失业或无业的人口群体,进而形成大量的城市贫民窟。例如,2000年拉美城市化水平达到75.3%,仅次于北美,超过了欧洲与大洋洲,是亚洲的2倍。但与此同时,工业化水平只在30%左右。城市基础设施薄弱,地价暴涨,城市建设被迫依赖国外资金,国家背上沉重包袱,失业人口转移到郊区,城市化的畸形发展成为整个社会发展的绊脚石。

第五,通货膨胀抬头,大量举借外债。1982年墨西哥宣布无力偿还800亿美元外债,接着巴西、阿根廷和智利等许多拉美国家在发达工业化国家银行缩减贷款和要求提前偿还贷款的压力下,陷入了严重债务危机中,其国内通货膨胀率都曾经达到过三位数,这就是拉美增长历史上著名的"失落的十年"。

第六,民主进程缓慢与腐败。智利等南美国家长期实行军人治理国家,民主政府的缺失伴随着贪污腐败,官商高度勾结,也是导致人民收入水平长期徘徊的重要原因。

第四章 基于技术创新的跨时动态分析

第一节 经济增长的多重均衡：基于技术创新要素的视角

一 引言

创新在经济中的作用，一直是经济学者和社会学者不断探索的主题。近代世界发展的历史就是一部不断创新的历史。始于英国的第一次工业革命拉开了近代科技创新的帷幕；19世纪末开始的第二次工业革命给缓慢启动的经济列车注入了一股奔驰的动力；进入21世纪，第三次工业革命正蓄势待发，毫无疑问，创新仍旧是主题，新技术、新材料、新能源和新的生产、生活模式，将主宰未来。对于尚处于中等收入阶段的中国采取何种策略迎接这场创新革命呢？机遇和挑战并存，机会稍纵即逝。因此未雨绸缪，提前研究和做好战略规划将是取得成功的必要条件。

近年来，各国许多学者对创新在经济发展中的作用进行了实证研究。从工业、农业等产业的角度进行了大量的经验和数量分析，例如韩国电子产业的发展，日本战后从轻工业到重工业再到信息产业，美国、德国、荷兰和日本农业现代化的发展，通过各国的数据和现实发展，创新的作用毋庸置疑。但是从理论上深入分析创新所扮演的角色，这类研究稍显不足。其实新古典增长模型已经为此开启了研究之门。库尔兹（1968）将资本作为自变量放入效用函数为后来学者深入探讨经济增长提供了一种思路和方法，后来的邹（1995，1998）进一步解释了资本内涵,即资本主义精神和社会地位。根据马斯洛(1943)需求层次理论,需求分为生理上的需求、安全上的需求、情感和归属的需求、尊重的需求、自我实现的需求。人们将资本除了作为投资品进行积累以外,还大量追逐和持有如房产、汽车等各种财富,追本溯源,其实是第四种尊重需求的具体体现。尊重需求可分为内部尊重和外部尊重。内部尊重强调了个体的自尊,即独立自主和对自己充满自信;外部尊重是指个体希望有地位、有权威,得到别人的尊重和信赖。每个个体都希望自己有稳定的社会地位,个人的能力和成果得到他人和社会的承认。当外部尊重需要得到满足时,能使人对社会满腔热情,感觉到自己的价值。所以社会经济发展的原动力来自个体需求的满足,个体需求从低层次到高层次的不断递进,推动了社会经济的阶梯式发展。其实在第四种需求——第五种需求——尊重需求和自我实现需求之间,马斯洛提出了另外一种需求——求知需求。舒尔茨(1960)则明确提出人力资本是促进国民经济增长的主要原因,并认为人类未来的发展主要由知识投资和人口质量决定。个体对学习的热爱、对知识的探索增加了人力资本的积累,宇泽弘文(1961)和卢卡斯(1990)运用人力资本相关内容对索洛模型进行了拓展,使得资本边际生产率随资本存量的上升而上升,将经济增长内生化,找到产出增长的真正源泉。求知需求的进一步发展就是最高等级的需求——自我实现需求,这种需求是一种个体的主动创新需要,在此过程中个体全神贯注、充满愉悦地工作和生活,创新作为一种要素能够给个体带来极大的满足。熊彼特(1934)很早就发现创新是企业利润的来源,是整个经济持续增长的动力。索洛(1957)等学者的大量研究发现,作为创新的具体表现——技术进步在经济持续增长中的作用突出。20世纪90年代以后,各国学者深入地分析了创新和经济增长之间的关系,并根据创新的对象,将创新分为中间品创新和消费品创新;根据创新的结果,分为水平创新和垂直创新两种类型。罗默(1990)、格鲁斯曼和赫尔普曼(1991)、阿杰翁和豪威特(1992)等学者分别从创新的对象和结果角度进行了系统研究,并取得了一系列成果。

总体而言,关于创新和经济增长之间的内在关系还缺乏相关理论支撑,借助马斯洛的需求理论,经济发展阶段和个体需求密切相关,不同的经济水平决定了需求的层次。因此当一国或一个地区经济从"贫困陷阱"跃升至中等收入阶段时,个体的需求重点也将从"衣蔽体,食果腹"转向"资本至上",房产、收入、地位和名誉是它们孜孜追求的不二目标;当经济成功跨越"中等收入陷阱"时,个体从消费和资本中得到的满足已经大大消退,取而代之的是"自我实现"。在此经济发展时期,作为个体能动的创新需求给个体带来的效用远大于资本产生的效用。从现实来看,美、日、欧等发达经济体正处于此经济发展阶段,人们的需求更加趋向于自我满足,在兴趣中创新,将宝贵的时间资源用于改变、创造和发明,包括创意、设计、工艺和文化等方方面面,尤其是美国的"苹果"创新,给世界电子产业带来革命性的冲击。震撼之余,我们有必要认真思考中国经济发展的方向和动力,当务之急是从理论上分析和论证创新要素在经济变革中的作用。

因此本部分尝试在传统微观经济主体的效用函数中,将创新作为变量引入,除消费带来直接效用外,在中等经济跨域阶段,创新将取代资本成为主要变量;考虑到创新需要消耗时间资源,所以在时间资源既定的前提下,需要平衡投入生产的时间和创新的时间;同时,现代的生产活动不仅仅是资本和劳动的简单投入,而更多的是依赖于技术革新和工艺创新,因此技术将以改进资本的方式进入生产活动中。本部分的组织结构如下:首先在相关假设的前提下,对微观经济主体构建模型,并对其效用最大化进行分析;其次是对经济进行动态均衡分析,尤其是对单一均衡点和多重均衡点的特征及相关路径进行探讨,重点分析多重均衡点下的经济收敛条件,并分析经济跨越的可能性;再次是均衡的比较静态分析和相关政策效果分析;最后是本部分结论和政策建议。

二 模型的构建

本部分内容试图在传统的新古典经济增长模型下,引入创新要素来解释各国人均收入水平存在的差异。

(一) 基本经济环境和假设

1. 基本环境

整个经济由许多的消费者和生产者组成。假定众多消费者本质相同，永久生活；同时生产者生产活动基本类似，无限期经营。另外假定时间是连续的。

2. 消费者偏好

消费者偏好可以用如下的效用函数表达式表示：

$$u = u(c(t), i(t)), R^2 \to R$$

其中，c 是人均消费，i 是创新水平，t 是时间，效用函数 u 表示除消费品给消费者带来效用外，创新也能够给消费者带来幸福和快乐。假设效用函数 u 是连续可微，严格递增，严格凹的函数，并满足稻田条件，即：

$$\lim_{c \to 0} u'(c) = \infty, \lim_{c \to \infty} u'(c) = 0, \lim_{i \to 0} u'(i) = \infty, \lim_{i \to \infty} u'(i) = 0$$

$u'(c)$ 中的 "'" 表示一阶导数，"''" 表示二阶导数，以下类同，并且假设 c 和 i 都是正常品，即 $u_{cc} < 0$，$u_{ii} < 0$，$u_{ci} > 0$。u_c 表示一阶导数，u_{cc} 表示二阶导数，以下类同。

3. 生产技术

生产者根据以下的生产函数进行生产，$y = f(i(t)k(t), l(t))$，其中 y 是人均产出，k 是人均资本投入，l 是人均劳动投入（以劳动时间表示），整个时间资源分成两部分，即闲暇时间和劳动时间，劳动时间单位化为 1。创新以改进资本的方式进入生产函数，提高产出效率。进一步假定生产函数严格凹，一次齐次，对每一个变量都是严格递增的函数，同时满足：

$$\lim_{ik \to 0} f(i(t)k(t), l(t)) = 0, \lim_{l \to 0} f(i(t)k(t), l(t)) = 0$$

和稻田条件，即：

$$\lim_{ik \to 0} f'(i(t)k(t), l(t)) = \infty;$$

$$\lim_{ik \to \infty} f'(i(t)k(t), l(t)) = 0;$$

$$\lim_{l \to \infty} f'(i(t)k(t), l(t)) = \infty;$$

$$\lim_{l \to 1} f'(i(t)k(t), l(t)) = 0。$$

4. 创新成本

创新不是异想天开或者是空中掉下的馅饼，它需要付出一定的代价——占用和消耗一定的劳动时间。x 表示创新需要的时间，创新函数可以表示为：

$$x(t) = \phi(i(t)) \tag{4-1}$$

假定：

$\phi(0) = 0$，

$i(t)$ 严格递增。

创新的边际时间成本 ϕ'' 可以增加、减少或保持不变，一般来说，随着创新活动的增加，数量和强度都较以往有显著的提高，创新的难度陡然增加，创新付出的代价呈递增趋势，即 $\phi'' > 0$；然而并不排除创新的规模经济带来的成本下降的可能结果，即 $\phi'' < 0$。

5. 时间禀赋

消费者在每一期都拥有一单位的时间禀赋，该时间禀赋是以劳动要素无弹性地供给生产者，它既可用于劳动也可用于创新。当消费者创新需要占用的时间和劳动供给时间之和等于 1 时，即 $1 + \phi(i) = 1$。每个消费者也拥有 k_0 的初始资本，并假设资本品与消费品可以一对一相互转化，初始资本不能直接用于消费而只能用于生产。

6. 经济的资源约束

经济的资源约束条件为：

$$c + g(i) \leq y \tag{4-2}$$

$$l \leq 1 \tag{4-3}$$

$g(i)$ 表示一定数量的创新需要消耗相应的产出，假定随着创新活动的深入，创新消耗的资本将越来越多，即 $g'' > 0$；（4-2）式表示全部产出 y 在用于消费 c 和创新 $g(i)$ 后，剩余部分用于资本积累，并进行投资。在不影响分析的前提下，出于简单考虑，这里假定资本折旧率为零。（4-3）式表示每期劳动时间小于等于 1。

7. 计划经济下的最优分析

基本决策环境确定以后，接下来的任务是分析经济的稳定均衡状态。这实际需要解决两个问题。首先，中央计划者要在当前消费和未来消费之间做出选择，也就是说，增加当前的消费固然改善了当前的效用水平，但是降低了储蓄，减少了未来的生产投资，进而将降低未来的消费水平。如何实现消费者一生效用的最大化是计划者需要解决的第一个难题。其次，中央计划者必须在创新水平做出决策。一方面创新的提高直接增加了消费者的满足程度，提高了效用水平；同时通过改善资本使用水平，例如技术进步使得资本的利用效率更高或者更加节能等，最终导致产出增加。而另一方面，创新所付出的代价是生产的时间减少，直接降低了产出，并降低消费者效用水平。为了实现消费者一生效用贴现值的最大化，中央计划者需要在创新力度上找到权衡的依据。

在消费者一生效用最大化的目标下，社会计划者的最优化问题是：

$$\max \int_0^\infty u(c,i) e^{-\beta t} dt$$

预算约束条件：$\dot{k} = f(ik, 1-\phi(i)) - c - g(i)$

初始条件：$k(0) = k_0 > 0$。

这是一个以 $c(t)$、$i(t)$ 为控制变量，以 $k(t)$ 为状态变量的最优化问题，β 表示固定的时间偏好率，$\beta \in [0, 1]$。初始条件表示经济体在初始时刻拥有一定的资本。

运用庞特里亚金极大值原理找到最优化问题的必要条件。定义汉密尔顿现值函数为：

$$H(c, i, k, \lambda) = u(c, i) + \lambda[f(ik, 1-\phi(i)) - c - g(i)]$$

其中，λ 是资本的影子价格，即资本的边际效用。对汉密尔顿函数 H 求关于 c 和 i 的导数，得到最优条件：

$$u_c = \lambda \tag{4-4}$$

$$u_i = \lambda(\phi' f_2 + g' - f_1 k) \tag{4-5}$$

欧拉方程：$\dot{\lambda} = \beta\lambda - \lambda f_1 i = \lambda(\beta - f_1 i)$ (4-6)

$$\lim_{t \to \infty} \lambda(t) k(t) e^{-\beta t} = 0 \tag{4-7}$$

以上各式的经济学含义：在经济达到均衡状态时（4-4）式表示资本的边际效用等于消费的边际效用；（4-5）式表示创新的边际效用等于劳动力的工资，换句话说，在最优时，消费者减少的劳动时间所损失的工资和增加的创新边际成本之和减去资本成本相当于创新带来的效用；(4-6) 式表示欧拉方程，将 (4-4) 式两边对时间求导代入 (4-6) 式，消掉 $\lambda(t)$，得到：$\dot{c} = \dfrac{u_c(\beta - f_1 i) - u_{ci} i}{u_{cc}}$，它反映了消费 c 如何随时间变动而变动；同理可得创新 i 随时间变动的规律；(4-7) 式是横截性条件，表示消费者在最优路径上实现其一生效用的最大化，当且仅当消费和创新的现值与一生收入的现值相等。

根据 (4-4) 式和 (4-5) 式，可以将消费水平和创新水平表示为资本存量和汉密尔顿乘子的函数，即短期均衡路径：

$c = c(k, \lambda)$

$i = i(k, \lambda)$

对 (4-4) 式和 (4-5) 式进行全微分，可得：

$u_{cc} dc + u_{ci} di = d\lambda$

$u_{ic} dc + u_{ii} di = \lambda(\phi'' f_2 + \phi'(f_{21} k - f_{22} \phi') + g'' - (f_{11} k - f_{12} \phi') k) di$
$\quad + (\phi' f_2 + g' - f_1 k) d\lambda + \lambda(\phi' f_{21} i - f_{11} i k - f_1) dk$

其矩阵形式：

$$\begin{bmatrix} u_{cc} & u_{ci} \\ u_{ic} & u_{ii} - \lambda(\phi'' f_2 + \phi'(f_{21} k - f_{22} \phi') + g'' - (f_{11} k - f_{12} \phi') k) \end{bmatrix} \begin{bmatrix} dc \\ di \end{bmatrix}$$

$$= \begin{bmatrix} 1 \\ \phi' f_2 + g' - f_1 k \end{bmatrix} d\lambda + \begin{bmatrix} 0 \\ \lambda(\phi' f_{21} i - f_{11} i k - f_1) \end{bmatrix} dk$$

定义：

$\Delta = u_{cc}(u_{ii} - \lambda(\phi'' f_2 + \phi'(f_{21} k - f_{22} \phi') + g'' - (f_{11} k - f_{12} \phi') k)) - u_{ci}^2$

根据动态稳定条件：$\Delta > 0$

根据克莱姆法则：

$c_\lambda = \dfrac{dc}{d\lambda}$

$= \dfrac{\begin{vmatrix} 1 & u_{ci} \\ \phi' f_2 + g' - f_1 k & u_{ii} - \lambda(\phi'' f_2 + \phi'(f_{21} k - f_{22} \phi') + g'' - (f_{11} k - f_{12} \phi') k) \end{vmatrix}}{\Delta}$

根据上文相关假定：

$\phi'' f_2 + \phi'(f_{21} k - f_{22} \phi') + g'' - (f_{11} k - f_{12} \phi') k > 0$

又根据（4-5）式：

$\phi' f_2 + g' - f_1 k > 0$

所以

$$c_\lambda = \frac{dc}{d\lambda} < 0$$

$$i_\lambda = \frac{di}{d\lambda} = \frac{\begin{vmatrix} u_{cc} & 1 \\ u_{ic} & \phi' f_2 + g' - f_1 k \end{vmatrix}}{\Delta} < 0$$

$$c_k = \frac{dc}{dk}$$

$$= \frac{\begin{vmatrix} 0 & u_{ci} \\ \lambda(\phi' f_{21} i - f_{11} ik - f_1) & u_{ii} - \lambda(\phi'' f_2 + \phi'(f_{21} k - f_{22} \phi') + g'' - (f_{11} k - f_{12} \phi')k) \end{vmatrix}}{\Delta} < 0$$

$$i_k = \frac{di}{dk} = \frac{\begin{vmatrix} u_{cc} & 0 \\ u_{ic} & \lambda(\phi' f_{21} i - f_{11} ik - f_1)' \end{vmatrix}}{\Delta} < 0$$

假设 $\phi' f_{21} i - f_{11} ik - f_1 > 0$，这背后的经济学意义是什么呢？资本的边际回报率小于资本和时间要素对它的贡献。根据 $f_{21} > 0$，可知随着劳动时间的增加，改进后的资本的边际回报率增加。$\phi' f_{21} i$ 表示创新所占用的时间要素对资本边际回报率的贡献程度；$f_{11} ik$ 表示资本要素对资本的边际回报率的贡献程度。

将以上讨论结果列入表4-1。

表4-1 消费水平和创新水平对资本和资本的边际效用的反映

	短期消费 c	短期创新 i
λ	$c_\lambda < 0$	$i_\lambda < 0$
k	$c_k < 0$	$i_k < 0$

表4-1反映短期内消费水平和创新水平如何随相关变量变化而变化。从表4-1中看到随着资本的影子价格的增加，短期消费水平和创新水平将减少。这是因为资本的边际效用上升，消费和创新的代

价增加，消费者减少消费和创新。当资本存量增加时，短期创新的成本越来越大，创新活动将减少；而短期消费将取决于 u_{ci}，即创新活动的增加对消费的边际影响是正向还是反向。本书假设为正向，即假设 $u_{ci}>0$。

将短期均衡（4-4）式和（4-5）式代入预算约束和欧拉方程，得到资本存量和资本的边际值的动态方程，通过以上各式，可以将必要条件减少到一对有关 (k,λ) 的微分方程，并在 (k,λ) 坐标中对其进行动态分析。下面修正的汉密尔顿系统在 (k,λ) 空间中描述了动态优化问题的必要条件：

定义汉密尔顿最大现值函数：
$H^0:R_+^2\to R$
$$H^0(k,\lambda)=\max_{c,n}H(k,\lambda,c,i)$$
$$\dot{k}=f(i(k,\lambda)k,1-\phi(i(k,\lambda)))-c(k,\lambda)-g(i(k,\lambda))$$
$$=H_\lambda^0(k,\lambda) \tag{4-8}$$
$$\dot{\lambda}=\lambda(\beta-i(k,\lambda)f_1(i(k,\lambda)k,1-\phi(i(k,\lambda))))$$
$$=\beta\lambda-H_k^0(k,\lambda) \tag{4-9}$$

三　经济增长的动态均衡分析

$$(if_1)_k=i_kf_1+i(f_{11}i+f_{21}(-1)\phi'i_k) \tag{4-10}$$

假设资本存量微小增加 dk，根据生产函数规模报酬递减假设，回报率将减少 $i^2f_{ii}dk$ 资本存量的增加导致工资率的增加（$f_{kl}>0$），消费者提供的劳动将从创新活动转移到生产活动中，创新的减少将直接导致生产的减少 i_kf_1dk；而与此同时，dk 的增加将减少创新，资本存量的增加导致工资率的增加（$f_{kl}>0$），消费者提供的劳动将从创新活动转移到生产活动中，因此创新导致产出间接增加 $i\left(f_{21}(-1)\phi'i_k\right)dk$。因此，在传统生产函数引入创新要素后，资本回报率的单调性决定了（4-10）式的符号，这在下面的讨论中至关重要，决定了多重均衡的可能性。

（一）均衡点的特征

当 $\dot{k}=0$ 与 $\dot{\lambda}=0$ 时，经济处于稳定状态，此时曲线斜率可以根据隐

函数导数定理求出，即

$$\frac{d\lambda}{dk}\bigg|_{\dot{k}=0} = -\frac{H^0_{\lambda k}}{H^0_{\lambda \lambda}}$$

$$\frac{d\lambda}{dk}\bigg|_{\dot{\lambda}=0} = \frac{H^0_{kk}}{\beta - H^0_{k\lambda}}$$

$$H^0_{\lambda\lambda} = i_\lambda(f_1 k - f_2\phi' - g') - c_\lambda > 0$$

对（4-8）式 k 求导得

$$H^0_{\lambda k}(k, \lambda) = f_2(-1)\phi' i_k - c_k - g' i_k > 0$$

对（4-9）式 λ 求导得

$$if_1 + \lambda(i_\lambda f_1 + (ii_\lambda(f_{11} - f_{12}\phi')))$$

假设 $if_1 > \beta$，则

$$\beta - H^0_{k\lambda} < 0$$

所以 $\dfrac{d\lambda}{dk}\bigg|_{\dot{k}=0} < 0$，这意味 $\dot{k}=0$ 轨迹上扬部分应摒弃。

$$H^0_{kk}(k, \lambda) = i_k f_1 + \lambda i(f_{11} i(k, \lambda) + f_{12}(-1)\phi' i_k)$$

所以 $\dfrac{d\lambda}{dk}\bigg|_{\dot{\lambda}=0}$ 的符号完全依赖于（4-10）式。如果假设 $(if_1)_k$ 递减，则 $H^0_{kk}(k, \lambda) < 0$，

所以

$$\frac{d\lambda}{dk}\bigg|_{\dot{\lambda}=0} > 0$$

对（4-8）式和（4-9）式进行局部稳定性分析，采用泰勒展开方法在稳态点（k^*, λ^*）处进行线性近似。在稳定点处，$\dot{k}=0$ 与 $\dot{\lambda}=0$。

所以特征根可以表示为：

$$r_1, r_2 = \frac{trJ_E \pm \sqrt{(trJ_E)^2 - 4|J_E|}}{2}$$

$$r_1 + r_2 = trJ_E$$

$$r_1 r_2 = |J_E|$$

（4-8）式和（4-9）式在均衡点（k^*, λ^*）的线性化矩阵为：

$$\begin{bmatrix} H^0_{\lambda k} & H^0_{\lambda \lambda} \\ -H^0_{kk} & \beta - H^0_{k\lambda} \end{bmatrix}$$

所以

$trJ_E = H^0_{\lambda k} + \beta - H^0_{k\lambda} = \beta$

$|J_E| = H^0_{\lambda k} \cdot (\beta - H^0_{k\lambda}) + H^0_{\lambda\lambda} \cdot H^0_{kk}$

对稳定点的各种情况讨论如下:

$|J_E| < 0$,两个特征根是实根且符号相反,鞍点稳定;

$0 < \frac{\beta^2}{4}$,两个特征根是实根且符号相同,不稳定;

$\frac{\beta^2}{4} < |J_E|$,两个特征根是复根,不稳定焦点。

下面讨论当最大值汉密尔顿函数并不是资本存量的凹函数时,此时条件(4-10)式不再成立。这种情况和标准的新古典模型存在显著区别。原因是创新作为消费者的一种选择进入效用函数,此时生产集合可能不再是凸的,结果是 $\dot{\lambda}=0$ 轨迹斜率的符号可正可负,$\dot{k}=0$ 与 $\dot{\lambda}=0$ 两条轨迹斜率的交点所代表的均衡点就可能有多个。

(二) 单一均衡点

当 (4-10) 式成立时,意味着 $\dot{\lambda}=0$ 的曲线的斜率为正值,而从上文分析中可知 $\dot{k}=0$ 的曲线斜率为负值,因此 $\dot{\lambda}=0$ 的曲线从下方与 $\dot{k}=0$ 相交于点 A (见图4-1)。对 (4-8) 式和 (4-9) 式所代表的动态系统进行相位图分析,可知交点 A 属于鞍点稳定类型,其鞍点路径是 BB。当 $k_0 < k^*$ ($k_0 > k^*$) 时,处于鞍点路径上的经济体将单调向稳态均衡点移动,与此同时经济体的资本存量将增加(减少),资本的影子价格将下降(上升)。这表明初始资本条件不同的国家或地区具有经济增长趋同效应,而且落后国家经济赶超速度高于先进国家,最后各经济体增长速度趋于一致。

(三) 多重均衡点

下面我们对 (4-10) 式重点讨论。当 $(if_{ik})_k$ 递减不再满足时,这表示资本增进 (ik) 的边际生产函数 $(f_{ik})_k$ 与资本 (k) 的边际生

产函数 $(f_k)_k$ 存在根本区别：如果存在技术创新等要素，并以提高资本质量的方式出现时，资本的增加将改变传统的资本作用模式，导致资本的边际产出由负向转向正向。这可以从最大现值的汉密尔顿函数中看出端倪，此时汉密尔顿函数已不再是 k 的凹函数，生产集合也不是凸的。主要原因在于创新进入生产函数及可能存在创新的规模经济作用。

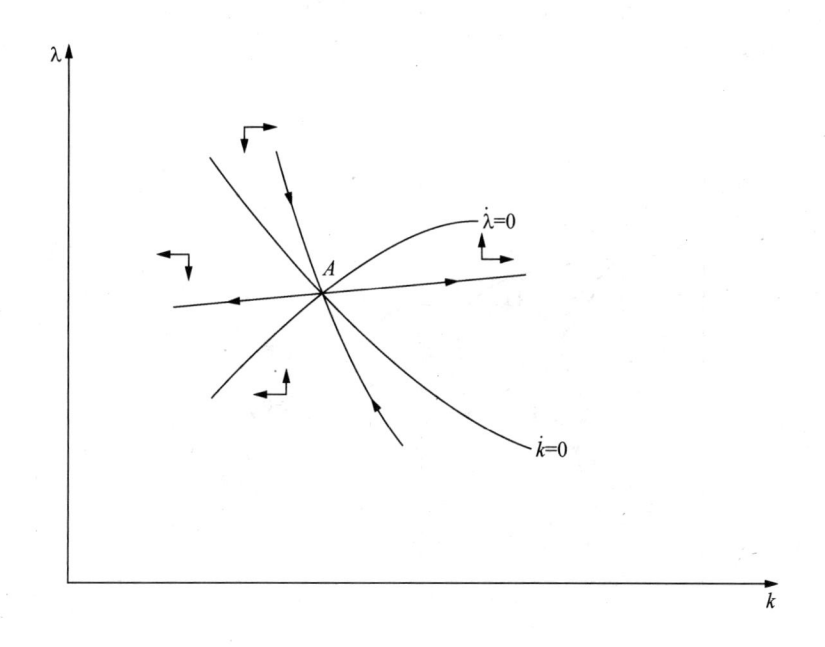

图 4-1　单一均衡

如果 $(if_{ik})_k$ 存在递增情况，那么（4-10）式不再成立，$\dot{\lambda}=0$ 曲线斜率的符号可以为负号。$\dot{\lambda}=0$ 与 $\dot{k}=0$ 两曲线相交的交点就不再唯一，这预示着经济体的经济发展不再是殊途同归的唯一均衡状态情况，而有可能存在多重经济均衡状态。如图 4-2 所示，如果初始资本存量 $k_0<k^M$，经济体将收敛到 A 点，产出水平处于低水平状态；如图 4-3 所示，如果初始资本存量 $k_0>k^M$，经济体将收敛到 B 点，产出将稳定增加到一个较高水平。在这里，均衡点 M 不稳定，在外界因素作用下将向 A 点和 B 点移动，最后保持稳定状态。其实对经济体而言，就是处于一个"中等收入陷阱"阶段，在此时期，相关的经济政策对经济体的飞跃起到至关重要的作用。这背后的经济学解释如下：处于较高均衡水平的经济体，其人均资本存量水平较大的主要原因是，尽管创新时间挤占了劳动生产时间，但是个体主动创新的结果，一方面个体通过创新得到了效用的提升；另一方面客观上形成了对生产有益的"副产品"——生产工艺和技术的革新，使得人均资本增加的同时，人均产出大大提高。同理我们不难得出低创新下的低资本、低产出的结论。

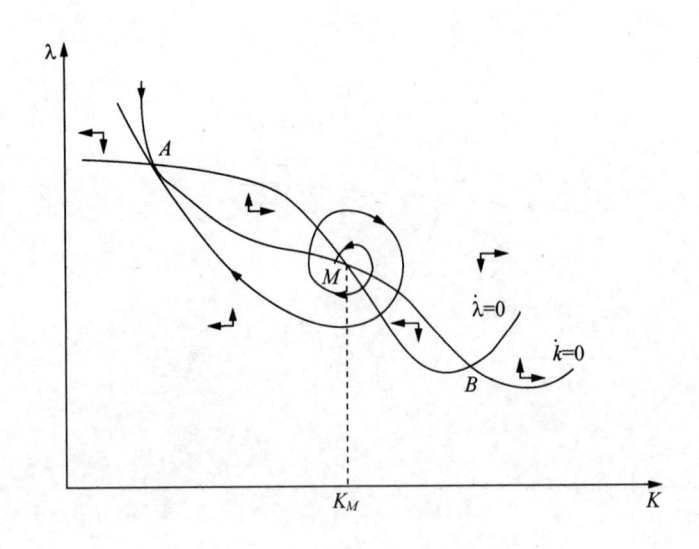

图4-2 多重均衡——低经济增长水平

四 均衡时的比较静态分析和政策建议

（一）外国经济援助的作用：资本品与技术的比较

来自国外的援助究竟如何影响均衡状态下的资本、消费和创新呢？对于这个问题，首先要明确援助的形式在很大程度上决定了作用结果。首先分析援助的种类是产出或者实物资本时，即当外国援助 a 以资本形式出现时，此时（4-8）式和（4-9）式变形为

$$f(i(k,\lambda)k, 1-\phi(i(k,\lambda))) + a - c(k,\lambda) - g(i(k,\lambda)) = 0$$

(4-11)

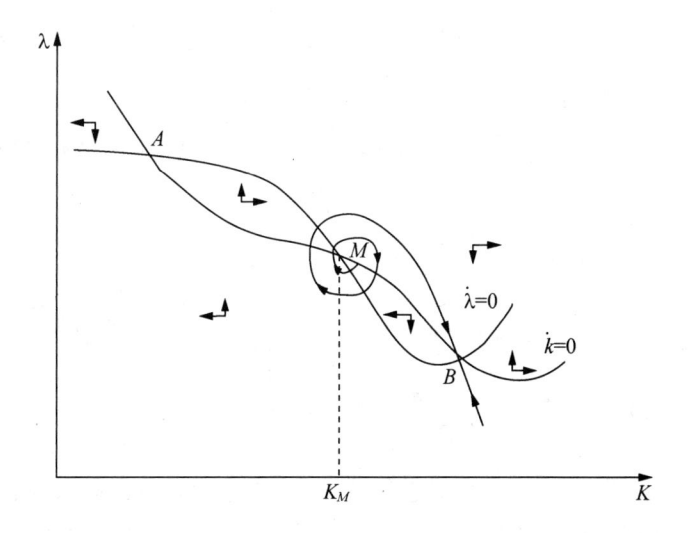

图4-3 多重均衡——高经济增长水平

$$\lambda(\beta - i(k, \lambda)f_1(i(k, \lambda)k, 1 - \phi(i(k, \lambda)))) = 0 \quad (4-12)$$

通过对 (4-11) 式和 (4-12) 式全微分得到

$$\frac{dk}{da} = \frac{\begin{bmatrix} -1 & H^0_{\lambda\lambda} \\ 0 & \beta - H^0_{k\lambda} \end{bmatrix}}{|J_E|} = \frac{-(\beta - H^0_{k\lambda})}{|J_E|} < 0$$

$$\frac{d\lambda}{da} = \frac{\begin{bmatrix} H^0_{\lambda k} & -1 \\ -H^0_{kk} & 0 \end{bmatrix}}{|J_E|} = \frac{-H^0_{kk}}{|J_E|} < 0$$

结果显示国外的无偿资本援助使得资本的积累减少，资本的边际效用减少；而根据表4-1可知在均衡时资本和资本的边际效用与消费和创新呈负相关关系，综合分析消费和创新都将增加，同时消费者的福利较援助前有所改善。

其次当国外援助 a 形式以技术或者教育的方式出现时，效用函数、汉密尔顿函数资本约束和欧拉方程变形为：

$u(c, i+a)$

$H(c, i, k, \lambda) = u(c, i+a) + \lambda[f((i+a)k, 1 - \phi(i)) - c - g(i)]$

$$\dot{k} = f((i+a)k, 1-\phi(i)) - c - g(i) \qquad (4-13)$$

$$\dot{\lambda} = \beta - (i+a)f_1((i+a)k, 1-\phi(i)) = 0 \qquad (4-14)$$

当处于稳态时，通过对 (4-13) 式和 (4-14) 式全微分得到

$$k_a = \frac{dk}{da} = \frac{\begin{bmatrix} -f_1 k & H_{\lambda\lambda}^0 \\ \lambda(f_{11}k(i+a)+f_1) & \beta - H_{k\lambda}^0 \end{bmatrix}}{|J_E|} > 0$$

$$\lambda_a = \frac{d\lambda}{da} = \frac{\begin{bmatrix} H_{\lambda k}^0 & -f_1 k \\ -H_{kk}^0 & \lambda(f_{11}k(i+a)+f_1) \end{bmatrix}}{|J_E|}$$

k_a、λ_a 分别表示技术引进对资本积累和资本的边际效用的作用，显然这种作用的结果取决于 $f_{11}k(i+a)+f_1$ 的符号。在改进后的边际资本产递减的假设下（$f_{11}<0$），根据齐次生产函数性质，再由欧拉定理容易得出 $f_{11}ki>f_1$，因此国外技术援助对资本积累有正向作用，即 $k_a>0$，而对于资本的边际效用的影响，则需要根据 H_{kk}^0 来决定。在多重均衡状态中 $H_{kk}^0>0$，因此引进的国外技术提高了资本的边际效用，即 $\lambda_a>0$。根据表 4-1 可知技术引进将降低自主创新的活动和消费。这背后的经济学意义也不难理解，国外技术或教育的增加抑制了国内自主创新活动，这也是"挤占效应"在创新活动中的重演。众所周知，没有一个国家或地区的经济持续发展可以完全依赖国外的创新。一旦国外的技术输出停止，国内经济主体由于长期的创新懒惰，而失去了技术创新的能力，将导致产出减少，消费降低。

（二）政府税收行为的影响

下面分析在税收环境下的均衡状态情况。我们知道在拉姆齐模型中，可以得到消费税长期对经济的产出无任何影响，而仅仅具有调节消费结构作用。现假设存在收入税 τ_y 和消费税 τ_c，前面预算约束条件变为

$$\dot{k} = (1-\tau_y)f(ik, 1-\phi(i)) - (1+\tau_c)c - g(i)$$

其他假设不变。同理，可解得下面的最优化方程：

$$u_c = \lambda(1+\tau_c) \qquad (4-15)$$

$$u_i = \lambda(\phi'f_2(1-\tau_y) + g' - f_1(1-\tau_y)k) \qquad (4-16)$$

并对（4-15）式与（4-16）式求全微分得

$$u_{cc}dc + u_{ci}di = d\lambda + \lambda d\tau_c$$

$$u_{ic}dc + u_{ii}di = (\phi''f_2 + \phi'(f_{21}k - f_{22}\phi') + g'' - (f_{11}k - f_{12}\phi')k)di$$
$$+ (\phi'f_2 + g' - f_1k)d\lambda + \lambda(\phi'f_{21}i - f_{11}ik - f_1)dk$$
$$+ (-\lambda\phi'f_2 + f_1k)d\tau_y$$

根据克莱姆法则得

$$\frac{dc}{d\tau_c} = \frac{\begin{bmatrix} 1 & u_{ci} \\ 0 & u_{ii} - \lambda(\phi''f_2 + \phi'(f_{21}k - f_{22}\phi') + g'' - (f_{11}k - f_{12}\phi')k) \end{bmatrix}}{|J_E|} > 0$$

$$\frac{dc}{d\tau_y} = \frac{\begin{bmatrix} 0 & u_{ci} \\ -\lambda\phi'f_2 + f_1k & u_{ii} - \lambda(\phi''f_2 + \phi'(f_{21}k - f_{22}\phi') + g'' - (f_{11}k - f_{12}\phi')k) \end{bmatrix}}{|J_E|}$$

$$\frac{di}{d\tau_c} = \frac{\begin{bmatrix} u_{cc} & 1 \\ u_{ic} & 0 \end{bmatrix}}{|J_E|} > 0$$

$$\frac{di}{d\tau_y} = \frac{\begin{bmatrix} u_{cc} & 0 \\ u_{ic} & -\lambda\phi'f_2 + f_1k \end{bmatrix}}{|J_E|}$$

从以上结果可以看出消费税对消费及创新都有积极影响，表现在消费税的存在使得消费水平和创新水平提高。虽然消费税可以在短期内降低消费，但是这种表面作用实际带来资本持续积累，进而产出的大幅增长将供给更多的消费品，最终提高消费者的福利水平；而消费税对创新的影响表现在降低低层次的过度消费，促使生产者改进生产工艺技术，开发更环保、低耗能的新颖别致产品。但收入税对消费及创新的影响具有不确定性，这主要是因为资本要素对产出的贡献（f_1k）与因为创新而消耗的时间所带来的产出损失（$-\lambda\phi'f_2$），孰大孰小无法准确衡量，也就是说，$-\lambda\phi'f_2 + f_1k$ 正负无法确定。这个结论和王弟海等学者（2010）的结论不一致，其认为"无论收入税增加还是消费税增加，都会使得均衡状态时的人均消费水平、健康人力资本存量和物质资本存量水平下降"。

五 主要结论和启示

本部分借助马斯洛的需求层次理论,强调了经济发展水平的不同阶段,满足经济个体的变量也将从消费扩展到资本进而到自我创新。在以创新作为关键变量引入拉姆齐模型中,将产生一些不同于传统拉姆齐模型的结论。首先,创新作为资本改进的必要条件,使得经济增长出现了多重均衡点的可能,结果是各个国家或地区经济增长将出现不同的收敛趋势,这就很好地解释了为什么各国或地区的人均收入水平不同的客观现实。其次,本部分借助创新增长模型探讨了国外无偿援助的作用机制和效果。当经济援助以实物资本形式出现时,消费、创新和福利都将提高;而以技术方式出现时,影响效果不确定。除此之外,借助模型分析了消费税和收入税对均衡状态下的消费和资本存量水平的影响,取得了不同于传统拉姆齐模型的结果,即消费税将增加消费和创新。

很显然,本部分尝试用创新来解释经济增长的多重均衡性,这对于中国更好跨越"中等收入陷阱"具有很强的现实意义。首先,通过创新增长模型,明确了中国目前所处的中等收入阶段的特点是机遇和挑战并存。为了防止经济增长停滞不前,甚至可能出现倒退的情况,国家应采取一些政策,鼓励和扶持微观经济主体的创新实践活动,实现高创新、高资本积累和高产出。我们欣喜地看到党中央在2012年的"一号文件"中,明确将"科技兴农"作为主要内容;2012年7月召开的全国科技创新大会,对创新的意义和内涵做了深入阐述;国务院以发布产业振兴规划为契机,强调在2011—2020年,继续深入实施知识创新工程,以技术革命促进产业振兴。其次,引进国外技术与自主创新对中国未来的经济腾飞所发挥的作用不尽相同。虽然一国或地区在早期通过罗丹(1943)的大推进理论,即引进国外资本投资,在短时间内迅速跨越"贫困陷阱",但是这种援助一方面具有不可持续性,解决了"一时",但解决不了"一世";另一方面这种经济援助并非无偿,无论是第二次世界大战后的发展中国家,还是今天身处欧债危机中的一些发达国家,援助从来都是有条件、有代价的。尤其是对中国而言,接受国外资本援助代价将十分巨大。从这个角度上讲，走技术创新道路是经济跨越发展的必由之路。然而随着中国经济的快速发展，国际影响力日渐提升，一些发达经济体对中国的高新技术输出采取了封锁等措施，在"外援"不利的前提下，提升自主创新能力就显得十分重要。其实，从本质上讲，研发具有双重面孔：创造新知识和学习模仿已有知识。通过国家层面的教育体系完善和劳动力培训系统的改进，将显著提高企业的知识创造和知识吸收的能力。正如利德曼（2003）等学者对技术创新要素对处于不同经济增长阶段的经济体的实证研究表明：平均而言，技术创新强度增加一个百分点将带来全要素生产率 0.78 个百分点的提升。同时发现，技术创新对不同的经济体的影响存在较大差异，技术创新的回报与经济增长所处阶段呈反向关系。这就意味着，像中国这样处于中等收入阶段的国家，研发的投资支出所产生的收益将大于发达国家的研发回报。无论是本部分的理论分析，还是有关的实证研究，我们都可以得出明确的结论：创新对中国跨越"中等收入陷阱"举足轻重。但是"东亚奇迹"的发生和拉美经济的衰退等这些现实情况促使我们有必要对创新机制的发挥进行深入的分析，尤其是对中等收入经济体成功跨越的经验和失败教训进行总结。需要着重强调的是，目前的中国更要加强知识产权保护力度、完善金融体系、提供公共研究机构的创新效率；同时国家充分发挥财政、金融、税收和产业政策等手段和工具，给予企业、院校和其他经济主体创新的动力，这必将有助于实现中国经济的二次腾飞。

尽管本部分的创新模型得出了一些有意义结论，但仍有一些问题尚需深入研究，尤其对力求避免进入"中等收入陷阱"的中国而言，如何解决技术创新和技术输入、技术输出的关系迫在眉睫；另外，技术创新不能停留在表面的口号上，还需进一步分析其在农业、工业和服务业的作用机制，同时对于现代的货币经济体而言，如何最大限度发挥金融创新对经济的正向作用至关重要，简言之，创新问题事关中国未来二十年的经济持续增长和全面实现小康社会的宏伟目标。

第二节 从模仿到自主创新：基于中等收入经济体的理论框架

一 引言

在上节中已经通过基于个人效用最大化的跨时视角对技术创新要素导致的经济增长多重均衡进行了论证，在本节中我们重点分析中等收入经济体在模仿创新和自主创新中的理性选择模式，下面我们对 Lin（2010）在《最优技术扩散：中等收入经济体的视角》中所构建的北中南模型进行改进。不同于 Krugman（1979）、Dollar（1986）、Jesen 和 Thursby（1987）提出的北南模型，Lin（2010）将世界经济体分成三类：低收入经济体、中等收入经济体和高收入经济体，其中只有高收入经济体具有技术创新的功能，中等收入经济体具有双重功能，一方面从高收入经济体引进、模仿和吸收技术；另一方面通过对外直接投资（FDI）将这些技术转移到低收入经济体，利用当地的低生产成本获得利润。中等收入经济体在技术模仿和技术转移中选择资源配置的最优组合。但是 Lin 忽略了一个重要事实，即本书前面章节所论述，技术不单单是物质技术，它也包括社会制度在内的一系列革新；同时技术也不仅是突破性和革命性的，其质变背后的量变积累也不容忽视。基于此，中等收入经济体也具有创新的功能，只不过比例相对较低。如果将此变量加入到该模型中，资源配置将发生怎样的变化，政府对 FDI 和国内自主创新的支持政策又将导致怎样的结果呢？

从中国台湾地区和中国香港、新加坡在中等收入阶段的经济增长表现来看，曾经出现过通常所说的"空心化"现象，即这些经济体将过多的生产资源投向其他经济体，导致自身增长乏力。尽管 FDI 可以释放本经济体的生产工人等蓝领资源，但是也造成工程师、职业经理人等"白领"资源的浪费——工厂的迁移使他们失去了创新的平台和空间。因此是否抑制 FDI 就成为摆在政府面前的一道难题。从拉美地区经济增长摇摆不定的状况来说，其采取的进口替代战略曾经一度使得拉美经济超越日韩等国，但是在20世纪80年代的衰落警示我们过度依靠自主创新也将阻碍经济发展。

最后本书对改进的北中南模型进行分析得出由五个非线性微分方程组成的非线性自治系统，由于理论解无法求出，只能借助数值模拟。同样也是假定经济体在处于稳态时，政府对FDI采取抑制政策将会造成经济体如何转向到新的稳态。

二 模型的构建

首先，世界经济仍然由低收入（用"Ⅲ"表示）、中等收入（用"Ⅱ"表示）和高收入经济体（用"Ⅰ"表示）构成。通过观察现实情况，我们不难看到，有许多创新和技术变革都是由中等经济体完成，只是在创新活动的总量中所占份额较低。因此与Lin不同，我们提出高收入经济体和中等收入经济体共同扮演技术革命的角色，只是在中等经济体仍然唯一拥有模仿高收入经济体先进技术的功能基础之上，其创新份额比例从零开始，动态地逐渐增加。低收入经济体由于缺乏直接从高收入经济体获取技术模仿能力，只能依靠外商直接投资（FDI）从中等收入经济体获取相对的先进生产技术。一旦FDI活动减弱或停止，其生产活动只是停留在低端产品领域。

图4-4表示技术在世界范围内的扩散过程。假定创新活动保持连续，$n(t)$ 表示 t 时刻的商品种类，它由三部分组成：ζ^{I} 代表Ⅰ国的商品生产比例，即 $\zeta^{\mathrm{I}} = \dfrac{n^{\mathrm{I}}}{n}$；$\zeta^{\mathrm{II}}$ 代表Ⅱ国的生产比例，即 $\zeta^{\mathrm{II}} = \dfrac{n^{\mathrm{II}}}{n}$，其中 ζ^m、ζ^a 分别表示Ⅱ国的模仿活动和创新活动的产出所占比例，因此 $\zeta^m = \dfrac{n^m}{n}$，$\zeta^a = \dfrac{n^a}{n}$，$\zeta^{\mathrm{II}} = \zeta^m + \zeta^a$；$\zeta^{\mathrm{III}}$ 代表Ⅲ国的生产比例，即 ζ^{FDI}、ζ^{Local}，其中 ζ^{FDI}、ζ^{Local} 分别表示Ⅱ国的投资者在Ⅲ国的FDI活动和Ⅲ国本地厂商的产出所占比例，因此：

$$\zeta^{FDI} = \dfrac{n^{FDI}}{n}$$

$$\zeta^{Local} = \dfrac{n^{Local}}{n}$$

$$\zeta^{\mathrm{III}} = \zeta^{FDI} + \zeta^{Local}$$

图4-4 技术在世界范围内的扩散过程

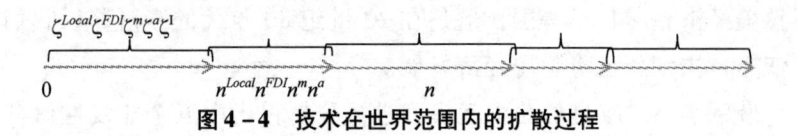

(一) 技术扩散、自主创新和政府干预

假定世界经济活动从零时刻开始,我们可以构造在中等收入经济体的政府对经济活动的干预下,技术创新的扩散过程。

1. 创新

假定Ⅰ国和Ⅱ国的创新活动产出分别为n^I、n^a,其总和的增长速度为常数g,即:

$$n^I + n^a = n_0 e^{gt} = k(t)$$

$$\dot{k} \equiv \frac{dk}{dt} = gk = \dot{n}^I + \dot{n}^a$$

以上两式表示新产品以gn的速率瞬时创造出来,其中Ⅰ国和Ⅱ国的创新速率分别是$\dot{n}^I$、$\dot{n}^a$,Ⅰ国的创新率是$i^I = \frac{\dot{n}^I}{k}$。下文我们对其他变量也使用类似的表达方式,即$\dot{z} \equiv \frac{dz}{dt}$,出于简单考虑,我们将省略时间$t$变量。

2. 模仿

较Ⅰ国的创新活动而言,Ⅱ国的创新产出较少。在这种情况下,Ⅱ国通过模仿Ⅰ国的创新产品进行技术赶超(本书所指商品和技术相同,可以交替使用),其通过模仿所生产的产品取决于Ⅰ国的创新产出n^I、Ⅱ国从事模仿活动的劳动力投入L_n^m和模仿研究生产参数θ,其关系如下:

$$\dot{n}^m = n^I L_n^m / \theta$$

定义模仿率$m^{II} = \dot{n}^m / n^I$,这表示Ⅱ国中从事模仿活动的劳动力越多,则模仿率就越高,这有别于其他学者将m^{II}看作是通过许可证的方式进行技术转移,换句话说,本书的m^{II}是内生变量:

$$m^{II} = \frac{\dot{n}^m}{n^I} = \frac{n^I L_n^m / \theta}{n^I} = \frac{L_n^m}{\theta}$$

3. 自主创新

Ⅱ国不仅仅扮演了技术模仿的角色,同时也是技术创新的领导者,尽管这个作用微不足道。其创新技术由Ⅱ国的创新产出 $n^Ⅰ$、Ⅱ国从事创新活动的劳动力投入 L_n^a 和Ⅱ国创新研究生产参数 θ^a 决定,即

$$\dot{n}^a = kL_n^a/\theta^a$$

Ⅱ国的创新率是

$$i^Ⅱ = \frac{\dot{n}^a}{k} = \frac{L_n^a}{\theta^a}$$

4. FDI 技术转移

为了节省成本,Ⅱ国对Ⅲ国投资,因此其技术(包括自身创新和从Ⅰ国模仿技术)也面临着被Ⅲ国模仿和赶超。其中转移的生产产品取决于Ⅱ国的创新和模仿总产出 $n^Ⅱ$、Ⅱ国从事对外投资活动的劳动力投入 L_n^{FDI} 和 FDI 生产参数 θ^{FDI}:

$$\dot{n}^{FDI} = n^Ⅱ L_n^{FDI}/\theta^{FDI}$$

定义 FDI 技术转移率 $m^{FDI} = \dfrac{\dot{n}^{FDI}}{n^Ⅱ}$,根据上式得

$$m^{FDI} = \frac{\dot{n}^{FDI}}{n^Ⅱ} = \frac{L_n^{FDI}}{\theta^{FDI}}$$

这表示在Ⅲ国中生产的 FDI 公司取代Ⅱ国公司的速率,显然它也是内生变量。

5. 政策干预之一:技术扩散

Ⅱ国政府干预了技术在世界范围内的转移程度,管制程度 φ 可由下式表示:

$$\varphi = \frac{\theta^{FDI}}{\theta}$$

当 $\varphi = 1$ 时,意味着Ⅱ国政府对有关对外投资活动不予管制,技术从Ⅱ国转向Ⅲ国无任何阻力。$\varphi > 1$ 表示政府对 FDI 管制,Ⅱ国技术输出到Ⅲ国的速率相对Ⅰ国技术输入到Ⅱ国的速率较低,表现为净技术流入。

6. 政策干预之二:自主创新

Ⅱ国政府对于本国的创新活动具有影响力,影响程度可由下式

表示：

$$\theta^a = \beta\theta$$

当 $\beta = 1$ 时，意味着 Ⅱ 国政府对自主创新活动不予扶持，来源于 Ⅰ 国的技术模仿和本国的技术创新相当；$\beta < 1$ 表示政府制定相关政策和采取有关措施鼓励创新。

7. Ⅱ 国技术在 Ⅲ 国内的扩散

Ⅱ 国在 Ⅲ 国的 FDI 公司技术将面临被 Ⅲ 国的本土厂商模仿的威胁，模仿的技术可由下式表示：

$$\dot{n}^{Local} = m^{Local} n^{FDI}$$

其中，m^{Local} 表示 Ⅲ 国的本土厂商的技术模仿率，我们假定其为外生变量。这样，在 Ⅲ 国国内生产的总产出 $n^{Ⅲ}$ 为：

$$n^{Ⅲ} = m^{Local} + n^{FDI}$$

至此，我们对创新技术在世界范围内的扩散过程进行了简单概括。下面我们将分析 Ⅰ 国、Ⅱ 国和 Ⅲ 国各国国内的资源配置和价格。

(二) 资源配置和价格

1. 生产

我们假定任何一个国家国内的全部厂商都类似，世界范围内所有厂商都只生产一种产品，因此厂商的数量和产品的数量相等；一单位劳动生产一单位产品，因此基于生产的劳动需求数量为：

$$L_x^i = n\zeta^i x^i, \quad i = Ⅰ, Ⅱ$$

$$L_x^{FDI} = n\zeta^{FDI} x^{FDI}$$

$$L_x^{Local} = n\zeta^{Local} x^{Local}$$

$L_x^{Ⅰ}$ 与 $L_x^{Ⅱ}$ 分别表示在 Ⅰ 国和 Ⅱ 国中的数量为 $n\zeta^{Ⅰ}$、$n\zeta^{Ⅱ}$ 的厂商中从事生产的劳动力数量，并且每一家公司分别生产 $x^{Ⅰ}$、$x^{Ⅱ}$ 个单位的产出；L_x^{FDI} 和 L_x^{Local} 分别表示在 Ⅲ 国中的数量为 $n\zeta^{FDI}$ 和 $n\zeta^{Local}$ 的 FDI 公司和本地公司中从事生产的劳动力数量，并且每一家公司分别生产 x^{FDI}、x^{Local} 单位的产出。

2. 充分就业

$L^{Ⅰ}$、$L^{Ⅱ}$、$L^{Ⅲ}$ 分别表示 Ⅰ 国、Ⅱ 国和 Ⅲ 国中的劳动力数量，假定其为外生变量，并且可在本国内自由流动，但是在世界范围内不可流动。Ⅰ国的劳动力就业状况受创新活动的影响,所以是内生变量;Ⅱ国的劳动力分布在四种活动中:产品生产、自主创新、技术模仿和FDI;Ⅲ国的劳动力分布在两种活动中:FDI 公司的生产和本地公司的生产。

$$L^{\mathrm{I}} = L_x^{\mathrm{I}} = n\zeta^{\mathrm{I}} x^{\mathrm{I}}$$

$$L^{\mathrm{II}} = L_x^{\mathrm{II}} + L_n^m + L_n^a + L_n^{\mathrm{FDI}} = n\zeta^a x^a + n\zeta^m x^m + \theta m^{\mathrm{II}} + \theta^a i^{\mathrm{II}} + \theta^{\mathrm{FDI}} m^{\mathrm{FDI}}$$
$$= n\zeta^a x^a + n\zeta^m x^m + \theta(m^{\mathrm{II}} + \beta i^{\mathrm{II}} + \varphi m^{\mathrm{FDI}})$$

定义

$$M = m^{\mathrm{II}} + \beta i^{\mathrm{II}} + \varphi m^{\mathrm{FDI}}$$

$$L^{\mathrm{III}} = L_x^{Local} + L_x^{\mathrm{FDI}}$$

3. 垄断和竞争性价格

在Ⅱ国和Ⅲ国劳动力一定(外生变量)的情况下,其工资的波动保证了本国劳动市场的均衡。首先对Ⅰ国而言,由于最早掌握先进技术,所以劳动者工资最高,同时掌握垄断价格;当其所垄断的技术被Ⅱ国模仿后,Ⅱ国的劳动者相对Ⅲ国而言,索取较高工资,同时产品拥有一定程度的垄断定价权;最终技术被Ⅲ国所掌握,工资和产品由完全竞争市场确定。正如前文所言,一单位产出需要一单位劳动力,因此工资等于产品的边际成本,于是可得

$$W^{\mathrm{I}} > W^{\mathrm{II}} > W^{\mathrm{III}} \quad (W\text{代表工资率})$$

为了简化分析,我们假定Ⅰ国和Ⅱ国的拥有相等的加价率 $\alpha(\alpha > 1)$,定义

$$\alpha = \frac{\varepsilon}{\varepsilon - 1}$$

ε 是 Dixit – Stiglitz 效用函数商品替代弹性。

$$P^i = \alpha W^i, \quad i = \mathrm{I}, \mathrm{II}$$

$$P^{\mathrm{FDI}} = P^{\mathrm{II}}$$

$$P^{\mathrm{III}} = W^{\mathrm{III}}$$

根据以上分析,我们不难得出

$$P^{\mathrm{I}} > P^{\mathrm{FDI}} = P^{\mathrm{II}} = \alpha W^{\mathrm{II}} > W^{\mathrm{III}} = P^{\mathrm{III}}$$

(三)效用最大化

下面我们通过引入微观经济主体——消费者的效用最大化问题来

求解产品需求、市场均衡和国际贸易条件。

1. 产品需求和均衡

假设在每一个国家里都有一个无限生命期的消费者,其效用函数为:

$$U^i = \int_0^\infty e^{-\rho t} \ln C^i(t) dt, \rho > 0$$

其中,ρ 代表消费者的时间偏好,$C(t)$ 是 CES 消费函数。

$$C^i(t) = \left[\int_0^{n(t)} c^i(j)^{(\varepsilon-1)/\varepsilon} dj\right]^{\varepsilon/(\varepsilon-1)}, \varepsilon > 1$$

其中,ε 是上文提到的两种商品的商品替代弹性,当 $n(t)$ 足够大时,约等于商品的需求弹性。假设没有关税等贸易障碍,这意味着商品可以以相同的价格在世界范围内自由流通,因此每一个国家都有相同的价格总水平 P:

$$P = \left[\int_0^{n(t)} p(j)^{1-\varepsilon} dj\right]^{1/(1-\varepsilon)}$$
$$= n^{1/(1-\varepsilon)} \left[\zeta^{\mathrm{I}}(P^{\mathrm{I}})^{1-\varepsilon} + \zeta^a(P^{\mathrm{II}})^{1-\varepsilon} + \zeta^m(P^{\mathrm{II}})^{1-\varepsilon} + \zeta^{\mathrm{FDI}}(P^{\mathrm{FDI}})^{1-\varepsilon} + \zeta^{Local}(P^{\mathrm{III}})^{1-\varepsilon}\right]^{1/(1-\varepsilon)}$$

众所周知,效用最大化要求在每一时刻,总支出 E^i 根据下面的需求函数分配到每一产品上。该需求函数表示需求与相对价格成反比,与总支出成正比。市场出清意味着总需求等于总供给,因此 $c^{\mathrm{I}}(j) + c^{\mathrm{II}}(j) + c^{\mathrm{III}}(j) = x(j)$,假设世界总支出单位化为1,即 $E^{\mathrm{I}} + E^{\mathrm{II}} + E^{\mathrm{III}} = 1$,则市场出清条件可以变为下式:

$$c^i(j) = \left(\frac{p(j)^i}{P}\right)^{-\varepsilon} \frac{E^i}{P}, j \in [0, n(t)]$$

$$\frac{1}{p^i}\left(\frac{p^i}{P}\right)^{1-\varepsilon} = x^i, i = \mathrm{I}, \mathrm{II}, \mathrm{III}$$

$$\frac{1}{p^i}\left(\frac{p^i}{P}\right)^{1-\varepsilon} = x^m = x^{FDI}, i = \mathrm{II}（这意味 \mathrm{II} 国中的每一模仿企业生产的产品数量与 \mathrm{II} 国在 \mathrm{III} 国的 FDI 企业生产的数量相等）$$

$$\frac{1}{p^i}\left(\frac{p^i}{P}\right)^{1-\varepsilon} = x^{\mathrm{I}} = x^a（这意味 \mathrm{II} 国中的每一创新企业生产的产品数量与 \mathrm{I} 国的每一企业生产的数量相等）$$

由上式反求产品数量:

$$x^{\mathrm{I}} = x(j) = \frac{L^{\mathrm{I}}}{n\zeta^{\mathrm{I}}}, \ j \in [n\zeta^{\mathrm{II}} + n\zeta^{\mathrm{III}},\ n]$$

$$x^{a} = x(j) = x^{\mathrm{I}} = \frac{L^{\mathrm{I}}}{n\zeta^{\mathrm{I}}}, \ j \in [n\zeta^{\mathrm{III}} + n\zeta^{m},\ n\zeta^{\mathrm{II}} + n\zeta^{\mathrm{III}}]$$

$$x^{m} = x^{\mathrm{FDI}} = \frac{L^{\mathrm{II}} - \theta M - n\zeta^{a} x^{a}}{n\zeta^{m}}, \ j \in [n\zeta^{\mathrm{III}},\ n\zeta^{\mathrm{III}} + n\zeta^{m}]$$

$$x^{\mathrm{III}} = x^{Local} = \frac{L^{\mathrm{III}} - n\zeta^{\mathrm{FDI}} x^{\mathrm{FDI}}}{n\zeta^{Local}} = \frac{L^{\mathrm{III}} - (L^{\mathrm{II}} - \theta M - \frac{L^{\mathrm{I}}}{\zeta^{\mathrm{I}}}\zeta^{a})\frac{\zeta^{\mathrm{FDI}}}{\zeta^{m}}}{n\zeta^{Local}}$$

$$j \in [0,\ n\zeta^{Local}]$$

其中，θM 表示 II 国的劳动力从事自主创新、模仿和对外投资活动的数量。

2. 贸易条件

借助上式我们可以得到 II 国的贸易条件：

$$\tau^{\mathrm{I}} = \frac{P^{\mathrm{II}}}{P^{\mathrm{I}}} = (\frac{x^{\mathrm{I}}}{x^{m}})^{\frac{1}{\varepsilon}} = (\frac{L^{\mathrm{I}}\zeta^{m}}{\zeta^{\mathrm{I}}(L^{\mathrm{II}} - \theta M - \frac{L^{\mathrm{I}}}{\zeta^{\mathrm{I}}}\zeta^{a})})^{\frac{1}{\varepsilon}} < 1$$

$$\tau^{\mathrm{III}} = \frac{P^{\mathrm{II}}}{P^{\mathrm{III}}} = (\frac{x^{\mathrm{III}}}{x^{\mathrm{II}}})^{\frac{1}{\varepsilon}} = (\frac{L^{\mathrm{III}}\zeta^{m}}{\zeta^{Local}(L^{\mathrm{II}} - \theta M - \frac{L^{\mathrm{I}}}{\zeta^{\mathrm{I}}}\zeta^{a})} - \frac{\zeta^{\mathrm{FDI}}}{\zeta^{Local}})^{\frac{1}{\varepsilon}} > 1$$

根据上式，可以看到 II 国的贸易条件改善的前提是更多的生产活动从 I 国转移到 II 国（ζ^{m} 的增加），II 国的自主创新活动增强或者是更多的劳动力从事自主创新、模仿和对外投资活动（θM 的增加）；反之，则贸易条件恶化。

3. 静态均衡

到目前为止，我们已经得到三个国家模型的全部静态均衡条件。五个产品市场均衡；四个劳动力市场均衡；三个价格条件；两个贸易条件。利用这 14 个方程，同时借助 8 个结构参数 Ω_1（ε，θ，β，g，L^{I}，L^{II}，L^{III}，φ）和 9 个内生变量可解 14 个内生变量（W^{I}，W^{II}，W^{III}，P^{I}，P^{II}，P^{FDI}，P^{III}，x^{I}，x^{m}，x^{a}，x^{FDI}，x^{III}，τ^{I}，τ^{III}）。下面我们将重点研究动态条件下的内生变量（i^{II}，m^{II}，m^{FDI}，ζ^{I}，ζ^{m}，ζ^{a}，ζ^{III}，ζ^{FDI}，ζ^{Local}）的时间路，进而得到自主创新、模仿和对外投资随着时间的推移对各国产出的影响。

三 动态自治系统

在得到模型的微分自制系统之前,我们来分析总消费和金融市场不存在套利时的条件。

(一) 总消费

通过变形上文中的效用函数可以变形为:

$$U^i = \int_0^\infty e^{-\rho t}[\ln E^i(t) - \ln P(t)]dt$$

预算约束条件:

$A^i(0) = A_0^i > 0$

$\dot{A}^i(t) = W^i(t)L^i + r^i(t)A^i(t) - E^i(t)$

$\lim_{t\to\infty} A^i(t)e^{-R^i(t)} \geq 0; R^i(t) = \int_0^t r^i(s)ds$

其中,$A^i(t)$ 表示 i 国代表性家庭在时刻 t 时拥有的财富;$r^i(t)$ 是名义利息率;$R^i(t)$ 是从 0 到 t 时刻的名义累计折现率。约束条件 1 表示该家庭初始时刻拥有财富 A_0^i;约束条件 2 表示该家庭的财富增加等于工资收入的增加 $W^i(t)L^i$ 利息收入的增加 $r^i(t)A^i(t)$ 和消费支出 $E^i(t)$;约束条件表示家庭财富的现值不能为负值,这排除了庞氏骗局发生的可能。此动态优化方程的求解可借助于庞特里亚金最大值原理。

汉密尔顿现值函数为

$H(E^i, A^i, \mu^i) = e^{-\rho t}[\ln E^i(t) - \ln P(t)] + \mu^i(W^i(t)L^i + r^i(t)A^i(t) - E^i(t))$

必要条件:

$$\mu^i = \frac{1}{E}$$

欧拉方程:

$$\dot{\mu}^i = \rho\mu^i - r\mu^i$$

将必要条件代入欧拉方程得

$$\frac{\dot{E}^i}{E^i} = r^i - \rho, \ i = I, II, III$$

首先假设不允许国际借贷,这样每一国的国际贸易必须平衡。则

根据国民收入恒等式得

$$E^{\mathrm{I}} = P^{\mathrm{I}} L^{\mathrm{I}}$$

$$E^{\mathrm{II}} = P^{\mathrm{II}}(L^{\mathrm{II}} - \theta M - \frac{L^{\mathrm{I}}}{\zeta^{\mathrm{I}}}\zeta^a)(1+\eta) + n\zeta^a x^a P^{\mathrm{I}}$$

$$= P^{\mathrm{II}}(L^{\mathrm{II}} - \theta M - \frac{L^{\mathrm{I}}}{\zeta^{\mathrm{I}}}\zeta^a)(1+\eta) + \frac{\zeta^a}{\zeta^{\mathrm{I}}}L^{\mathrm{I}} P^{\mathrm{I}}$$

$$= P^{\mathrm{II}}(L^{\mathrm{II}} - \theta M - \frac{L^{\mathrm{I}}}{\zeta^{\mathrm{I}}}\zeta^a)(1+\eta) + hP^{\mathrm{I}} \text{ (其中：} h = \frac{\zeta^a}{\zeta^{\mathrm{I}}}L^{\mathrm{I}}, \eta = \frac{\zeta^{\mathrm{FDI}}}{\zeta^m}(1-\frac{1}{\tau^{\mathrm{III}}}))$$

$$E^{\mathrm{III}} = P^{\mathrm{III}} L^{\mathrm{III}}$$

以上三式含义解释如下：第一式表示Ⅰ国的支出等于名义收入（因为一个单位劳动投入得到一个单位的产出）；第二式表示Ⅱ国支出等于包括国内收入和国外收入在内的两部分收入之和；第三式表示Ⅲ国的市场是完全竞争市场，于是支出等于名义收入（FDI的利润属于Ⅱ国）。

对以上三式求全微分并整理得

$$\frac{\dot{E}^{\mathrm{I}}}{E^{\mathrm{I}}} = \frac{\dot{P}^{\mathrm{I}}}{P^{\mathrm{I}}}$$

$$\frac{\dot{E}^{\mathrm{II}}}{E^{\mathrm{II}}} = \frac{\dot{P}^{\mathrm{II}}(L^{\mathrm{II}} - \theta M - h)(1+\eta) + P^{\mathrm{II}}(\dot{L}^{\mathrm{II}} - \theta \dot{M} - \dot{h})(1+\eta) + P^{\mathrm{II}}(L^{\mathrm{II}} - \theta M - h)\frac{\dot{\eta}}{1+\eta} + \dot{P}^{\mathrm{I}} h + h\dot{P}^{\mathrm{I}}}{P^{\mathrm{II}}(L^{\mathrm{II}} - \theta M - h)(1+\eta) + hP^{\mathrm{I}}}$$

$$\frac{\dot{E}^{\mathrm{III}}}{E^{\mathrm{III}}} = \frac{\dot{P}^{\mathrm{III}}}{P^{\mathrm{III}}}$$

其中

$$\dot{M} = \dot{m}^{\mathrm{II}} + \varphi \dot{m}^{\mathrm{FDI}} + \beta \dot{i}^{\mathrm{FDI}}; \quad \dot{h} = \dot{\zeta}^a - \dot{\zeta}^{\mathrm{I}}; \quad \dot{\zeta}^{\mathrm{I}} = \dot{\zeta}^a + \dot{\zeta}^m + \dot{\zeta}^{\mathrm{FDI}} + \dot{\zeta}^{Local}$$

$$\frac{\dot{\eta}}{\eta} = \frac{\dot{\zeta}^{\mathrm{FDI}}}{\zeta^{\mathrm{FDI}}} - \frac{\dot{\zeta}^m}{\zeta^m} + \frac{\dot{\tau}^{\mathrm{III}}}{(\tau^{\mathrm{III}} - 1)\tau^{\mathrm{III}}}$$

从以上三个微分式看出，Ⅰ国和Ⅲ国的总支出增长率等于其国内产品价格增长率；然而在Ⅱ国问题稍显复杂。

(二) 金融市场无套利条件

上文已分析 I 国只从事创新活动，Ⅲ 国只从事生产活动，Ⅱ 国既从事生产活动，也从事自主创新、模仿和对外投资活动。尽管我们假定创新是外生变量，其增长率为 g，所以和金融市场没有联系，但 I 国、Ⅱ 国和Ⅲ 国的金融市场将三国的生产活动联系起来，Ⅱ 国的家庭拥有自主创新、模仿和对外投资活动所建立的股份公司（家庭用储蓄来购买这些公司股份），这些公司价值分别表示为 V^a、V^m、V^{FDI}，所以家庭财富 $A^{Ⅱ}$ 为

$$A^{Ⅱ} = n^m v^m + n^{FDI} v^{FDI} + n^a v^a$$

在无摩擦条件下，所建立的股份公司价值必须等于建立公司成本，即

$$v^m = \frac{w^{Ⅱ} L_n^m}{\dot{n}^m} = \frac{\theta w^{Ⅱ}}{n \zeta^I} = \frac{\theta w^{Ⅱ}}{n \zeta^I}$$

$$v^{FDI} = \frac{w^{Ⅱ} L_n^{FDI}}{\dot{n}^{FDI}} = \frac{\phi \theta w^{Ⅱ}}{n \zeta^m}$$

$$v^a = \frac{w^{Ⅱ} L_n^a}{\dot{n}^a} = \frac{\beta \theta w^{Ⅱ}}{n \zeta^a}$$

同时公司价值等于其在未来所创造的一系列利润贴现之和，因此根据贴现现金流法：

$$v^i(t) = \int_t^\infty \pi^i(s) e^{-(R^i(s)-R^i(t))} ds, i = m, a, FDI$$

$$\pi^m = (P^{Ⅱ} - W^{Ⅱ}) x^m$$

$$\pi^a = (P^I - W^{Ⅱ}) x^a$$

$$\pi^{FDI} = (P^{Ⅱ} - p^{Ⅲ}) x^{FDI}$$

$$x^m + x^a = x^{Ⅱ}$$

其中，π^m、π^a、π^{FDI} 为模仿、自主创新和对外投资活动创造的利润。$R^i(t)$ ($i = m, a, FDI$) 是应用于三类公司的风险调整折现率。对 $v^i(t)$ 微分，得到无套利条件：

$$r^{Ⅱ} = \frac{\pi^m}{v^m} + \frac{\dot{v}^m}{v^m} - m^{FDI}$$

$$r^{Ⅱ} = \frac{\pi^a}{v^a} + \frac{\dot{v}^a}{v^a} - m^{FDI}$$

$$r^{\text{III}} = \frac{\pi^{\text{FDI}}}{v^{\text{FDI}}} + \frac{\dot{v}^{\text{FDI}}}{v^{\text{FDI}}} - m^{Local}$$

以上三个方程含义：第一个方程表示 II 国的技术模仿型公司股权投资回报率包括三部分，即利润率 $\frac{\pi^m}{v^m}$、资本利得率 $\frac{\dot{v}^m}{v^m}$ 和技术输出率 m^{FDI}；第二个方程表示 II 国的自主创新型公司股权投资回报率包括三部分，即利润率 $\frac{\pi^a}{v^a}$、资本利得率 $\frac{\dot{v}^a}{v^a}$ 和技术输出率 m^{FDI}；第三个方程表示 III 国的 FDI 公司股权投资回报率包括三部分，即利润率 $\frac{\pi^{\text{FDI}}}{v^{\text{FDI}}}$、资本利得率 $\frac{\dot{v}^{\text{FDI}}}{v^{\text{FDI}}}$ 和技术输出率 m^{Local}，因为劳动力在 II 国内可以自由流动，所以 $r^{\text{II}} = r^{\text{III}}$。

（三）自治系统

上述方程确定了来自储蓄、投资和金融市场的动态效应，它们确定了利率（r^{II}、r^{III}）和消费支出的动态轨迹。对 ζ^{I}，ζ^m，ζ^a，ζ^{FDI}，ζ^{Local} 进行时间求导：

$$\zeta^{\text{I}} = \frac{n^{\text{I}}}{n}$$

$$\zeta^m = \frac{n^m}{n}$$

$$\zeta^a = \frac{n^a}{n}$$

$$\zeta^{\text{FDI}} = \frac{n^{\text{FDI}}}{n}$$

$$\zeta^{Local} = \frac{n^{Local}}{n}$$

$$\zeta^{\text{II}} = \zeta^m + \zeta^a$$
$$\zeta^{\text{III}} = \zeta^{FDI} + \zeta^{Local}$$

对时间 t 求导（先对变量求自然对数，再对时间 t 求导），我们可以得到一套微分自治系统：

$$\frac{\dot{\zeta}^m}{\zeta^m} = \frac{\dot{n}^m}{n^m} - g = \frac{m^{\text{II}} \zeta^{\text{I}}}{\zeta^m} - g$$

$$\frac{\dot{\zeta}^a}{\zeta^a} = \frac{\dot{n}^a}{n^a} = \tau^{II} - g$$

$$\frac{\dot{\zeta}^{FDI}}{\zeta^{FDI}} = \frac{\dot{n}^{FDI}}{n^{FDI}} - g = \frac{m^{FDI}\zeta^{II}}{\zeta^{FDI}} - g$$

$$\frac{\dot{\zeta}^{Local}}{\zeta^{Local}} = \frac{\dot{n}^{Local}}{n^{Local}} - g = \frac{m^{Local}\zeta^{FDI}}{\zeta^{Local}} - g$$

其中

$$\zeta^{I} = 1 - \zeta^{II} - \zeta^{III} = 1 - \zeta^m - \zeta^a - \zeta^{Local} - \zeta^{FDI}$$

求导：

$$\dot{\zeta}^{I} = -\dot{\zeta}^m - \dot{\zeta}^a - \dot{\zeta}^{Local} - \dot{\zeta}^{FDI}$$

$$\pi^m = (P^{II} - W^{II})x^m = \frac{1}{\varepsilon}\frac{P^{II}(L^{II} - \theta M - h)}{n\zeta^m}$$

$$\pi^a = (P^{I} - W^{II})x^a = P^{II}(\frac{1}{\tau^{I}} - \frac{\varepsilon-1}{\varepsilon})\frac{L^{I}}{n\zeta^{I}}$$

$$\pi^{FDI} = (P^{II} - p^{III})x^{FDI} = P^{II}(1 - \frac{1}{\tau^{III}})\frac{(L^{II} - \theta M - h)}{n\zeta^m}$$

下面我们详细推导 $\dot{M}$ 和 m^{FDI} 和 i^{II}：

$$\frac{\pi^m}{v^m} = \frac{1}{\varepsilon-1}(L^{II} - \theta M - h)\frac{\zeta^{I}}{\zeta^m}$$

$$\frac{\pi^{FDI}}{v^{FDI}} = \frac{\varepsilon}{\varphi(\varepsilon-1)}(1 - \frac{1}{\tau^{III}})(\frac{L^{II}}{\theta} - M - \frac{\zeta^a}{\zeta^{I}}\frac{L^{I}}{\theta})$$

$$\frac{\pi^a}{v^a} = \frac{\zeta^a L^{I}}{\zeta^{I}\beta\theta}(\frac{\varepsilon}{(\varepsilon-1)\tau^{I}} - 1)$$

$$\frac{\dot{v}^m}{v^m} = \frac{\dot{p}^{II}}{p^{II}} - \frac{\dot{\zeta}^{I}}{\zeta^{I}} - g$$

$$\frac{\dot{v}^{FDI}}{v^{FDI}} = \frac{\dot{p}^{II}}{p^{II}} - \frac{\dot{\zeta}^m}{\zeta^m} - g$$

$$\frac{\dot{v}^a}{v^a} = \frac{\dot{p}^{II}}{p^{II}} - \frac{\dot{\zeta}^a}{\zeta^a} - g$$

$$r^{II} = \frac{\pi^m}{v^m} + \frac{\dot{v}^m}{v^m} - m^{FDI}$$

$$= \frac{1}{(\varepsilon-1)}(\frac{L^{II}}{\theta} - M - \frac{\zeta^a L^I}{\zeta^I \theta})\frac{\zeta^I}{\zeta^m} + (\frac{\dot{p}^{II}}{p^{II}} - \frac{\dot{\zeta}^I}{\zeta^I} - g) - m^{FDI}$$

$$r^{II} = \frac{\pi^a}{v^a} + \frac{\dot{v}^a}{v^a} - m^{FDI} = \frac{\zeta^a L^I}{\zeta^I \beta \theta}(\frac{\varepsilon}{(\varepsilon-1)\tau^I} - 1) + (\frac{\dot{p}^{II}}{p^{II}} - \frac{\dot{\zeta}^a}{\zeta^a} - g) - m^{FDI}$$

$$r^{III} = \frac{\pi^{FDI}}{v^{FDI}} + \frac{\dot{v}^{FDI}}{v^{FDI}} - m^{Local}$$

$$= \frac{\varepsilon}{\varphi(\varepsilon-1)}(1 - \frac{1}{\tau^{III}})(\frac{L^{II}}{\theta} - M - \frac{\zeta^a L^I}{\zeta^I \theta}) + (\frac{\dot{p}^{II}}{p^{II}} - \frac{\dot{\zeta}^m}{\zeta^m} - g) - m^{Local}$$

$$\frac{\dot{P}^{III}}{P^{III}} = \frac{\varepsilon}{\varphi(\varepsilon-1)}(1 - \frac{1}{\tau^{III}})(\frac{L^{II}}{\theta} - M - \frac{\zeta^a L^I}{\zeta^I \theta}) + (\frac{\dot{p}^{II}}{p^{II}} - \frac{\dot{\zeta}^m}{\zeta^m} - g) - m^{Local} - \rho$$

所以：

$$\frac{\dot{\tau}^{III}}{\tau^{III}} = \frac{\dot{P}^{II}}{P^{II}} - \frac{\dot{P}^{III}}{P^{III}} = (\rho + g + m^{Local}) - \frac{\varepsilon}{\varphi(\varepsilon-1)}(1 - \frac{1}{\tau^{III}})(\frac{L^{II}}{\theta} - M - \frac{\zeta^a L^I}{\zeta^I \theta})$$

$$+ \frac{\dot{\zeta}^m}{\zeta^m}$$

又因为

$$\tau^{III} = (\frac{L^{III} \zeta^m}{\zeta^{Local}(L^{II} - \theta M - h)} - \frac{\zeta^{FDI}}{\zeta^{Local}})^{\frac{1}{\varepsilon}}$$

令

$$x = \frac{L^{III} \zeta^m}{\zeta^{Local}(L^{II} - \theta M - h)} - \frac{\zeta^{FDI}}{\zeta^{Local}}$$

则

$$\frac{\dot{\tau}^{III}}{\tau^{III}} = \frac{1}{\varepsilon}\frac{\dot{x}}{x}$$

简单变形得

$$\dot{x} = \frac{L^{III}}{(L^{II} - \theta M - h)^2}(-1)(-\dot{\theta M} - \dot{h})\frac{\zeta^m}{\zeta^{Local}} + \frac{L^{III}}{L^{II} - \theta M - h}$$

$$\frac{\zeta^{Local}\dot{\zeta}^m - \dot{\zeta}^{Local}\zeta^m}{(\zeta^{Local})^2} - \frac{\zeta^{Local}\dot{\zeta}^{FDI} - \dot{\zeta}^{Local}\zeta^{FDI}}{(\zeta^{Local})^2}$$

所以

$$\frac{\dot{\tau}^{\text{III}}}{\tau^{\text{III}}} = \frac{1}{\varepsilon} \frac{\theta L^{\text{III}} \zeta^m}{(L^{\text{II}} - \theta M - h)(L^{\text{III}} \zeta^m - (L^{\text{II}} - \theta M - h)\zeta^{\text{FDI}})} \dot{M}$$

$$+ \dot{h} \frac{1}{\varepsilon} \frac{L^{\text{III}} \zeta^m}{(L^{\text{II}} - \theta M - h)(L^{\text{III}} \zeta^m - (L^{\text{II}} - \theta M - h)\zeta^{\text{FDI}})} -$$

$$\frac{1}{\varepsilon} \frac{\dot{\zeta}^{Local}}{\zeta^{Local}} + \frac{1}{\varepsilon} (\frac{L^{\text{III}} \dot{\zeta}^m - (L^{\text{II}} - \theta M - h)\dot{\zeta}^{\text{FDI}}}{L^{\text{III}} \zeta^m - (L^{\text{II}} - \theta M - h)\zeta^{\text{FDI}}})$$

两式相等得

$$\frac{\dot{M}}{\varepsilon} (\frac{\theta L^{\text{III}} \zeta^m}{(L^{\text{II}} - \theta M - h)(L^{\text{III}} \zeta^m - (L^{\text{II}} - \theta M - h)\zeta^{\text{FDI}})})$$

$$= (\rho + g + m^{Local}) - \frac{\alpha}{\varphi}(1 - \frac{1}{\tau^{\text{III}}})(\frac{L^{\text{II}}}{\theta} - M - \frac{h}{\theta}) +$$

$$\alpha \frac{\dot{\zeta}^m}{\zeta^m} - \frac{1}{\varepsilon} (\frac{L^{\text{III}} \dot{\zeta}^m}{(L^{\text{III}} \zeta^m - (L^{\text{II}} - \theta M - h)\zeta^{\text{FDI}})}) \frac{\dot{\zeta}^{\text{FDI}}}{\zeta^{\text{FDI}}} +$$

$$\dot{\zeta} \frac{1}{\varepsilon} (\frac{(L^{\text{II}} - \theta M - h)\dot{\zeta}^{\text{FDI}}}{(L^{\text{III}} \zeta^m - (L^{\text{II}} - \theta M - h)\zeta^{\text{FDI}})}) \frac{\dot{\zeta}^{\text{FDI}}}{\zeta^{\text{FDI}}} + \frac{1}{\varepsilon} \frac{\dot{\zeta}^{Local}}{\zeta^{Local}}$$

$$- \dot{h} \frac{1}{\varepsilon} (\frac{L^{\text{III}} \zeta^m}{(L^{\text{II}} - \theta M - h)(L^{\text{III}} \zeta^m - (L^{\text{II}} - \theta M - h)\zeta^{\text{FDI}})})$$

因此

$$\dot{M} = A_1 + A_2 \frac{\dot{\zeta}^m}{\zeta^m} + A_3 \frac{\dot{\zeta}^{\text{FDI}}}{\zeta^{\text{FDI}}} + A_4 \frac{\dot{\zeta}^{Local}}{\zeta^{Local}} + A_5 \frac{\dot{\zeta}^a}{\zeta^a}$$

其中

$$A_1 = \varepsilon((\rho + g + m^{Local}) - \frac{\alpha}{\varphi}(1 - \frac{1}{\tau^{\text{III}}})(\frac{L^{\text{II}}}{\theta} - M - \frac{h}{\theta})$$

$$(1 - \frac{(L^{\text{II}} - \theta M - h)}{L^{\text{III}}} \frac{\zeta^{\text{FDI}}}{\zeta^m})$$

$$A_2 = \varepsilon(\frac{L^{\text{II}}}{\theta} - M - \frac{h}{\theta})(\frac{1}{\alpha} - \frac{(L^{\text{II}} - \theta M - h)}{L^{\text{III}}} \frac{\zeta^{\text{FDI}}}{\zeta^m}) - \frac{\zeta^m}{\theta}$$

$$A_3 = (\frac{L^{\text{II}}}{\theta} - M - \frac{h}{\theta}) \frac{(L^{\text{II}} - \theta M - h)}{L^{\text{III}}} \frac{\zeta^{\text{FDI}}}{\zeta^m} - \frac{\zeta^{\text{FDI}}}{\theta}$$

$$A_4 = (\frac{L^{\text{II}}}{\theta} - M - \frac{h}{\theta})(1 - \frac{(L^{\text{II}} - \theta M - h)}{L^{\text{III}}} \frac{\zeta^{\text{FDI}}}{\zeta^m}) - \frac{\zeta^{Local}}{\theta}$$

$$A_5 = -\frac{2\zeta^a}{\theta}$$

因为 $r^{II} = r^{III}$，
所以

$$m^{FDI} = m^{Local} + (\frac{L^{II}}{\theta} - M - \frac{h}{\theta})((\alpha-1)\frac{\zeta^{I}}{\zeta^{m}} - \frac{\alpha}{\varphi}(1-\frac{1}{\tau^{III}}))$$

$$+ \frac{\dot{\zeta}^{m}}{\zeta^{m}} - \frac{\dot{\zeta}^{I}}{\zeta^{I}}\frac{\zeta^{m}}{\zeta^{m}} - \frac{\dot{\zeta}^{I}}{\zeta^{I}} = \frac{\dot{\zeta}^{m} + \dot{\zeta}^{a} + \dot{\zeta}^{FDI} + \dot{\zeta}^{Local}}{\zeta^{I}} + \frac{\dot{\zeta}^{m}}{\zeta^{m}}$$

$$= (M - \varphi m^{FDI} - \beta i^{II})(1 + \frac{\zeta^{I}}{\zeta^{m}}) + m^{FDI}\frac{\zeta^{II}}{\zeta^{I}} + m^{Local}\frac{\zeta^{FDI}}{\zeta^{I}} - g\frac{1}{\zeta^{I}} + i^{II}\frac{\zeta^{a}}{\zeta^{I}}$$

根据 r^{II} 的另一等式，所以 $r^{II} = r^{III}$，可得

$$m^{FDI} = m^{Local} + \frac{h}{\beta\theta}(\frac{\alpha}{\tau^{I}} - 1) - \frac{\alpha}{\varphi}(1-\frac{1}{\tau^{III}})(\frac{L^{II}}{\theta} - M - \frac{h}{\theta}) + \frac{\dot{\zeta}^{m}}{\zeta^{m}} - \frac{\dot{\zeta}^{a}}{\zeta^{a}}$$

$$\frac{\dot{\zeta}^{m}}{\zeta^{m}} - \frac{\dot{\zeta}^{a}}{\zeta^{a}} = (\frac{m^{II}\zeta^{I}}{\zeta^{m}} - g) - (i^{II} - g) = (M - \varphi m^{FDI} - \beta i^{II})\frac{\zeta^{I}}{\zeta^{m}} - i^{II}$$

综合以上分析，可以得到含有 m^{FDI}、i^{II}（将 M 看作是已知数）的两个方程，并可求其解。

最后我们可以得出由五个微分方程组成的非线性自治系统，即

$$\dot{\zeta}^{m} = m^{II}\zeta^{I} - g\zeta^{m}$$

$$\dot{\zeta}^{a} = i^{II}\zeta^{a} - g\zeta^{a}$$

$$\dot{\zeta}^{FDI} = m^{FDI}\zeta^{II} - g\zeta^{FDI}$$

$$\dot{\zeta}^{Local} = m^{Local}\zeta^{FDI} - g\zeta^{Local}$$

$$\dot{M} = A_{1} + A_{2}\frac{\dot{\zeta}^{m}}{\zeta^{m}} + A_{3}\frac{\dot{\zeta}^{FDI}}{\zeta^{FDI}} + A_{4}\frac{\dot{\zeta}^{Local}}{\zeta^{Local}} + A_{5}\frac{\dot{\zeta}^{a}}{\zeta^{a}}$$

其中：

$z(t) = (\zeta^{m}, \zeta^{a}, \zeta^{FDI}, \zeta^{Local}, M)$；$\Omega_{2} = (\rho, \varepsilon, \theta, \beta, m^{Local}, L^{II}, L^{III}, \varphi, \alpha)$，$A_{1}$、$A_{2}$、$A_{3}$、$A_{4}$、$A_{5}$ 依赖于 $(z(t), \Omega_{2})$；$m^{II} = M - \varphi m^{FDI} - \beta i^{II}$；

同时 m^{FDI}、i^{II} 需要满足

$$m^{FDI} = m^{Local} + (\frac{L^{II}}{\theta} - M - \frac{h}{\theta})((\alpha-1)\frac{\zeta^{I}}{\zeta^{m}} - \frac{\alpha}{\varphi}(1-\frac{1}{\tau^{III}})) + \frac{\dot{\zeta}^{m}}{\zeta^{m}} - \frac{\dot{\zeta}^{I}}{\zeta^{I}}$$

$$m^{FDI} = m^{Local} + \frac{h}{\beta\theta}(\frac{\alpha}{i^{I}} - 1) - \frac{\alpha}{\varphi}(1 - \frac{1}{\tau^{III}})(\frac{L^{II}}{\theta} - M - \frac{h}{\theta}) + \frac{\dot{\zeta}^{m}}{\zeta^{m}} - \frac{\dot{\zeta}^{a}}{\zeta^{a}}$$

自治微分系统有四个状态变量 ζ^{m}、ζ^{a}、ζ^{FDI}、ζ^{Local} 和一个状态变量 $M(t)$，该自治系统非线性并存在边界值，这比初始值问题较难求解，用一套结构参数 $\Omega_{2}(\rho, \varepsilon, \theta, \beta, g, m^{Local}, L^{I}, L^{II}, L^{III}, \varphi)$。用 $\bar{z} = (\bar{\zeta}^{m}, \bar{\zeta}^{a}, \bar{\zeta}^{FDI}, \bar{\zeta}^{Local}, \bar{M})$ 表示系统的稳态均衡状态，此时

$$0 = m^{II}\zeta^{I} - g\zeta^{m} \qquad 0 = i^{II}\zeta^{a} - g\zeta^{a}$$

$$0 = m^{FDI}\zeta^{II} - g\zeta^{FDI}$$

$$0 = m^{Local}\zeta^{FDI} - g\zeta^{Local}$$

$$0 = A_{1} + A_{2}\frac{\dot{\zeta}^{m}}{\zeta^{m}} + A_{3}\frac{\dot{\zeta}^{FDI}}{\zeta^{FDI}} + A_{4}\frac{\dot{\zeta}^{Local}}{\zeta^{Local}} + A_{5}\frac{\dot{\zeta}^{a}}{\zeta^{a}}$$

通过 Matlab 工具尝试求解，结果微分自治系统在转型和稳态中，没有闭型解。下面我们通过尝试对八个变量赋初始值，进行数值模拟计算和简单分析模型的意义：

令

$\zeta^{m} = y_{1}(t)$；$\zeta^{a} = y_{2}(t)$；$\zeta^{FDI} = y_{3}(t)$；$\zeta^{Local} = y_{4}(t)$；$M = y_{5}(t)$；$m^{FDI} = y_{6}(t)$；$i^{II} = y_{7}(t)$；$\zeta^{I} = y_{8}(t)$

这样可以尝试求解八个未知变量的解：$y_{1}(t)$、$y_{2}(t)$、$y_{3}(t)$、$y_{4}(t)$、$y_{5}(t)$、$y_{6}(t)$、$y_{7}(t)$、$y_{8}(t)$，这些解包含变量 t（假设变量 t 已知），也就是说，这些解的形式是 t 的函数式。$\dot{y}_{1}$ 意味着对变量 t 求导，即 $\dot{y}_{1} = \frac{dy_{1}}{dt}$；其他变量 $\dot{y}_{2}$、$\dot{y}_{3}$、$\dot{y}_{4}$、$\dot{y}_{5}$、$\dot{y}_{6}$、$\dot{y}_{7}$、$\dot{y}_{8}$ 意义类似；初始时 $t \geq 0$；最后解的结果可以是实解、复数解。

结果简单讨论：与 Lin 的结论不同，当政府采取限制性的对外直接投资政策时，中等收入经济体的资源被迫从低收入经济体撤回，从而增加了国内资源的投放，在技术创新无法转移的情况下，国内创新者放慢了自主创新的步伐（见图 4-5），而将资源用于对发达经济体的模仿和吸收（见图 4-6），因此尽管 FDI 变得困难了，但是模仿创新的大量增加开始还是能够增加 FDI，随后严格限制政策将发挥效应，FDI 将逐渐下降（见图 4-7），同时低收入经济体的本地化生产产出

呈现下降趋势（见图4-8）。我们从图中可以清楚地看到这个结果。

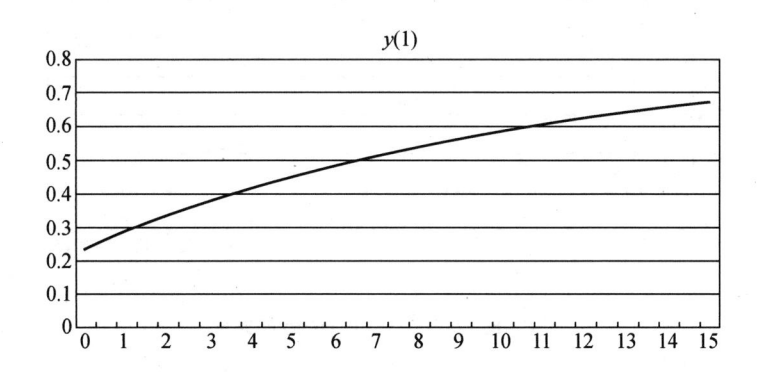

图4-5 $\zeta^m = y_1(t)$ 的时间路径

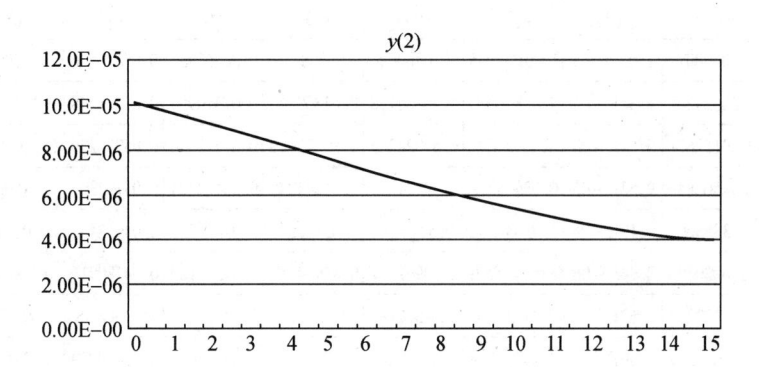

图4-6 $\zeta^a = y_2(t)$ 的时间路径

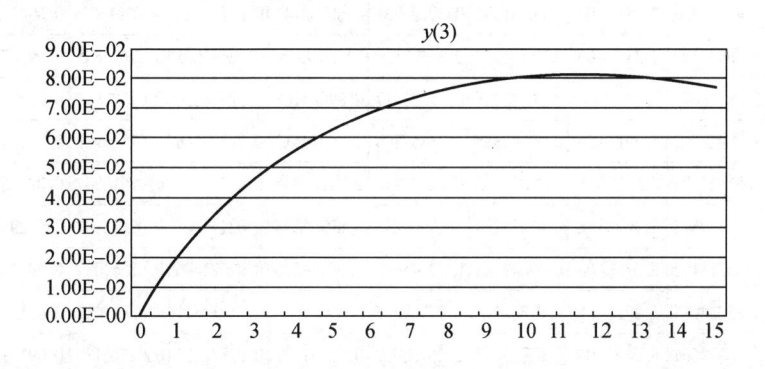

图4-7 $\zeta^{FDI} = y_3(t)$ 的时间路径

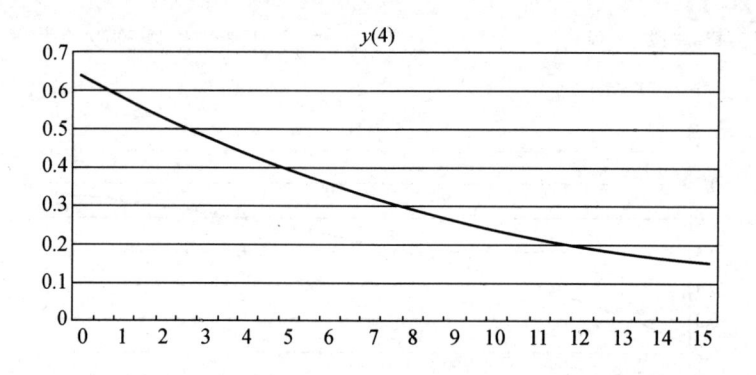

图 4-8 $\zeta^{Local}=y_4(t)$ 的时间路径

表 4-2　　　　　　　八个变量在初值既定时的离散点

时间	$y(1)$	$y(2)$	$y(3)$	$y(4)$	$y(5)$	$y(6)$	$y(7)$	$y(8)$
0	0.240007	1.00E-05	1.00E-025	0.640002	0.8	0.08763933	0.06877606	0.119971
0.5	0.26624247	9.38E-06	0.0099186	0.60883728	0.81808346	0.07370954	0.06371698	0.11499182
1	0.29152671	9.64E-06	0.0186884	0.57928205	0.83223049	0.06292034	0.05781226	0.11049319
1.5	0.31564846	9.63E-06	0.02645279	0.55124882	0.84344848	0.05462704	0.05192303	0.1066405
2	0.33853601	9.19E-06	0.03334566	0.5246523	0.8525	0.04820841	0.04652437	0.10345491
2.5	0.36020696	8.94E-06	0.039458579	0.49941962	0.85994349	0.04317189	0.04180916	0.1008787
3	0.38072293	8.67E-06	0.04497214	0.47547182	0.86618293	0.03902257	0.3795448	0.09882444
3.5	0.40016237	8.40E-06	0.04988585	0.4527434	0.87150687	0.03567679	0.03470979	0.09719998
4	0.4186098	8.13E-06	0.05429624	0.43116808	0.87613724	0.03297112	0.3196696	0.09591775
4.5	0.43614273	7.85E-06	0.05828934	0.41068477	0.88023625	0.03050924	0.02994798	0.09490531
5	0.45282936	7.58E-06	0.06181982	0.39123732	0.88392446	0.02858614	0.0281385	0.09412592
5.5	0.46873192	7.31E-06	0.06501677	0.37277101	0.887299984	0.02671035	0.02696895	0.09347299
6	0.48390479	7.04E-06	0.06788253	0.35523417	0.89044168	0.02526036	0.02590881	0.09297147
6.5	0.4983951	6.79E-06	0.07044318	0.33857894	0.89314417	0.02379566	0.02538921	0.09257599
7	0.51224584	6.54E-06	0.07272052	0.32275937	0.89627355	0.02254019	0.02510961	0.09206774
7.5	0.52549573	6.30E-06	0.07473199	0.3077328	0.89906874	0.02142345	0.02512107	0.09203354
8	0.53818152	6.07E-06	0.07649222	0.29345618	0.90184706	0.02021406	0.02567089	0.09186402
8.5	0.55033685	5.85E-06	0.07801171	0.27989217	0.90464869	0.01931811	0.02629482	0.09175343
9	0.56199664	5.64E-06	0.07929849	0.26700087	0.90751507	0.01832153	0002746183	0.09169836
9.5	0.57318769	5.44E-06	0.08035686	0.25475161	0.91047614	0.01723674	0.02916444	0.09169741

续表

时间	$y(1)$	$y(2)$	$y(3)$	$y(4)$	$y(5)$	$y(6)$	$y(7)$	$y(8)$
10	0.58394319	5.25E-06	0.08119011	0.24311131	0.91356711	0.01642072	0.03101334	0.09175014
10.5	0.59429628	5.08E-06	8.18E-02	0.23204265	0.91681718	0.01547524	0.03349832	0.09185729
11	0.60427406	4.91E-06	0.08218155	0.22151958	0.92024489	0.01439534	0.036542	0.0920199
11.5	0.61391072	4.76E-06	0.08233598	0.251150889	0.92386843	0.01351951	0.03985983	0.09223964
12	0.62322876	4.63E-06	0.08225938	0.20198993	0.92768785	0.01268382	0.043597	0.0925173
12.5	0.63226167	4.50E-06	0.08194777	0.19293202	0.93170209	0.01160863	0.04805321	0.09285404
13	0.64103494	4.39E-06	0.08139886	0.18431265	0.93589008	0.01051174	0.05295007	0.09324916
13.5	0.64957577	4.30E-06	0.08061025	0.17610781	0.94022883	0.00963016	0.5798471	0.09370187
14	0.65791111	4.21E-06	0.07958313	0.16829332	0.94466907	0.00870849	0.06337025	0.09420822
14.5	0.66606106	4.14E-06	0.07831853	0.16085109	0.94917349	0.00757131	0.06924665	0.09476518
15	0.674047	4.08E-06	0.076822018	0.15376058	0.095368277	0.00661637	0.07508109	0.09536632

注：初值选择：$y_1=0.24007$；$y_2=1.00E-05$；$y_3=1.00E-05$；$y_4=0.640002$；$y_5=0.8$；$y_6=0.0876$；$y_7=0.0688$；$y_8=0.1199$。

第五章　金融深化、技术创新和经济跨越增长：来自中国的经验

第一节　引言

目前已经有大量文献探讨了技术要素对经济增长的贡献，无论是基于何种角度，其结论基本都一致，即技术创新对经济增长越发重要，这一点无论是从美国超越英国成为世界经济总量第一，还是战后的日本和亚洲"四小龙"所创造的东亚奇迹，都无一例外地向我们展示了技术的力量。但无论是以拉姆齐—卡斯—库普曼斯为代表的新古典经济增长模型，还是以卢卡斯和罗默为代表的内生增长模型都是建立在阿罗—德布鲁范式基础上，摩擦成本为零假设下的实体经济根本不需要考虑金融等中介组织，这显然严重脱离现实，我们注意到发达的经济体基本上都拥有完善的金融体系。金融中介对于经济增长的作用相关文献很多，这里面尤为引人注目的是早在1912年熊彼特就从技术创新和劳动生产率的角度探讨了银行等金融机构对于企业新发明、新技术的信贷支持的积极作用。希克斯于1969年在研究英国工业革命的产生原因时，发现包括金融制度、金融产品和金融组织在内的金融体系变革有力地促进了先于工业革命产生的技术在英国全国范围内落地开花，进而导致了工业革命在英国而不是在其他国家发生。默顿和博迪1995年提出与传统的金融机构观点相反的金融服务观，强调要围绕金融体系的经济功能建立各种金融机构组织，以便完成金融服务功能。技术发明和创新涉及从提出设想到研究开发再到实验室

的产品雏形最后到商品化、产业化等一系列复杂程序，其主要特点是人财物的高投入、高收益和高失败概率。因此金融体系服务技术创新的途径是为创新企业提供资金，分散风险，降低企业的交易成本和创新成本，解决信息不对称和委托代理，减少逆向选择和道德风险的发生概率。由于技术创新中存在大量的不确定性，所以充分分散非系统性风险是发达的金融体系必须具备的条件。根据马科维茨的投资组合理论，在不同投融资主体之间进行风险转移的确可以进行横截面风险有效分散，这一点也为 King 和 Levine（1993）所证实；除此之外，金融深化可以有效促进技术创新风险跨期分散，在代际有效分担。金融体系越是完善，其处理信息的能力就越强，作为金融体系重要组成部分的金融市场通过价格信息引导资源合理配置到技术创新水平高的企业中；同时，金融中介组织可以充分发挥信息甄别能力强的特点，不断筛选择优，将稀缺的信贷资源配置到产出效率最高、承担风险最小的项目中。当前，中国正处于由中等收入阶段向高收入阶段的转变过程中，如何快速和稳定地实现这种跨越是摆在我们面前的一道难题，依靠过去高投资的模式是否可以完成这种跨越呢？技术引领模式在经济增长中扮演了何种角色呢？为了防止金融危机对经济增长造成的巨大损失，又该如何准确定位金融的角色？政府在金融效率提升中又该发挥什么样的作用呢？

本部分讨论了劳动生产率和金融深化对经济增长的作用机制。在经济增长的影响因素中，借助因素分解法，确定了技术要素对经济增长的决定性作用；在寻找影响技术水平的金融角色时，通过一个简单动态一般均衡模型证明了银行经营管理效率的改进和政府管制的放松都对资本劳动比有积极的影响，并基于中国 1999 年到 2011 年的时间序列数据和基于 31 个省（市、自治区）的面板数据进行了实证分析和检验。组织结构如下：第二节模型，即资本劳动比和经济增长关系以及金融深化和资本劳动比关系；第三节是中国时间序列数据和省际面板数据的实证分析；第四节结论。

第二节 模型的构建

一 劳动生产率对经济增长的作用

一个国家或地区的经济增长 y 如果用人均 GDP 表示的话,那么我们通过将其分解来分析影响经济增长的关键因素。

n 表示总人口,l 表示劳动人口,x 表示潜在最大劳动人口,k 表示资本。

$$y = \frac{\text{GDP}}{n} = \frac{\text{GDP}}{l} \cdot \frac{l}{x} \cdot \frac{x}{n} \tag{5-1}$$

$$\frac{\text{GDP}}{l} = \frac{\text{GDP}}{k} \cdot \frac{k}{l} \tag{5-2}$$

从(5-1)式可以看出经济增长可以分解为劳均产出($\frac{\text{GDP}}{l}$)、劳动就业率($\frac{l}{x}$)和人口红利($\frac{x}{n}$)。其中第一个因素——人口红利是由一国的社会制度和相关生育政策决定的。改革开放以来,中国经济持续30多年的经济增长有很大一部分归因于适龄劳动人口的大量增加,随着20世纪70年代末生育政策的基本国策的确立,三口之家成为中国绝大多数家庭的基本结构,这一点在城市中反映最为明显,这也意味着人口红利的优势在未来经济增长中的贡献将逐渐消退。第二个因素——劳动就业率与经济增长密切相关,根据奥肯定律,经济增长每增加一个百分点,将减少失业率两个到三个百分点,但是在一定时期内,劳动就业率大体保持在一个稳定的水平上,尤其在中国由中等收入阶段向高收入阶段跨越时,经济增长也将由高速增长转向低速增长,就业率的提升更多地反映在就业结构和就业质量的提升上。最后一个因素——劳均产出代表了劳动生产率,同(5-1)式我们将其分解为两部分:资本产出($\frac{\text{GDP}}{k}$)和资本劳动比($\frac{k}{l}$)[见(5-2)式],显然这里面资本劳动比表示了技术深化在经济增长中的关键性作用。

二 金融深化对劳动生产率作用的一般均衡模型

在以上劳动生产率对经济增长作用的简单分析基础之上,下面我们通过建立一个包括家庭、厂商、银行和政府在内的经济体一般均衡模型来分析金融深化对劳动生产率的影响机制,在这个简单经济体模型中,我们假设家庭生活无限期、本质相同,大量厂商的本质相同以及大量的银行类似。家庭提供劳动要素给厂商,同时获得工资作为报酬;同时家庭的金融资产包括购买厂商和银行的股份以及存储在银行的活期存款,其回报是厂商和银行赚取的利润,为了简化分析,假定只有活期存款这一种储蓄方式,利率为i_1。厂商使用劳动要素和资本要素完成生产任务,其中购买资本要素的资金来源于银行,而银行贷款给厂商要求的资金使用代价为i_2。政府作为外生变量,一方面通过提供有关厂商的信息给银行来获得报酬,另一方面将报酬全部转移给家庭。

1. 家庭

假设消费品是唯一能够给家庭带来效用的物品,当然许多学者认为休闲、财富、社会地区、资本主义精神、货币以及创新也能够给家庭带来极大的效用,并将其放入到效用函数中,为了简化,只分析消费品产生的效用水平,这样家庭在寻求最优的消费系列来实现效用最大化目标。消费者的偏好可以用如下的效用函数表达式表示:

$$u = u(c(t)), \quad R^2 \to R$$

其中,c表示人均消费,t表示时间,效用函数表示消费品给消费者带来效用。假设效用函数u是连续可微、严格递增、严格凹的函数,并满足稻田条件,即

$$\lim_{c \to 0} u'(c) = \infty, \quad \lim_{c \to \infty} u'(c) = 0$$

u'中的"'"表示一阶导数,并且假设c是正常品。代表性家庭的具体效用函数采用了固定跨期替代弹性效用函数形式,即

$$\max_c \int_{t=0}^{\infty} e^{-\rho t} \frac{c(t)^{1-\theta} - 1}{1 - \theta} dt$$

其中,ρ是家庭的主观时间偏好率,也可看作是市场的均衡利率,$\frac{1}{\theta}$为固定的跨期替代弹性。

假定家庭消费通过活期存款这种货币形式完成，其所需要的货币量 d 为

$$d(t) = \delta c(t), \ 0 < \delta < 1$$

家庭预算约束条件为

$$\lim_{n \to \infty} \{z_{0,h}(t) + \int_{t=0}^{n} e^{-\rho t}(w(t)l(t) + D_f(t) + D_b(t) + g(t) - c(t) - (i_2 - i_1)d(t))dt\} \geq 0$$

其中，$z_{0,h}$、w、D_f、D_b、g 分别表示家庭初始时刻的财富、工资、厂商股份、银行股份、政府转移支付，该预算条件意味着家庭一生收入的现值必须大于等于一生支出的现值。

定义汉密尔顿现值函数为

$$H(t) = e^{-\rho t}\frac{c(t)^{1-\theta} - 1}{1 - \theta} + \lambda(t)(w(t)l(t) + D_f(t) + D_b(t) + g(t) - c(t) - (i_2(t) - i_1(t))d(t)$$

λ 是家庭财富的影子价格。根据庞特里亚金原理，在家庭预算约束条件下，家庭一生效用最大化的充要条件是

$$\frac{\partial H(t)}{\partial c(t)} = 0$$

$$\frac{d\lambda(t)}{d(t)} = -\frac{\partial H(t)}{\partial z_h(t)}$$

$$\lim_{t \to \infty} \lambda(t) z_h(t) = 0 \qquad (5-3)$$

解得

$$e^{-\rho t} c(t)^{-\theta} = \lambda(t)(1 + \delta(i_2 - i_1)) \qquad (5-4)$$

其中 (5-3) 式表示横截性条件，意味着家庭在实现效用最大化的最优路径上，其一生收入的现值只能等于一生支出的现值。(5-4) 式表示在效用最大化时，家庭消费的边际效用水平与家庭财富的边际效用存在一个比例为 $(1 + \delta(i_2 - i_1))$。

2. 厂商

假定代表性厂商使用两种生产要素：资本 (k) 和劳动 (l)，$y(t) = f(k(t), l(t))$ 并假定函数形式为柯布—道格拉斯生产函数：$y(t) = k(t)^{1-\alpha} l^{\alpha}$。厂商除了支付劳动和资本生产要素成本以外，还要支付有关的融资成本：

$k(t)(i_2(t) - i_1(t))$

厂商的利润函数：

$\pi_f = k(t)^{1-\alpha} l^\alpha - w(t)l(t) - \rho k(t) - k(t)(i_2(t) - i_1(t))$

厂商的动态优化路径要求厂商每一期选择劳动和资本要素数量使得利润最大化，因此一阶条件为

$\alpha k(t)^{1-\alpha} l(t)^{\alpha-1} = w(t)$

$(1-\alpha) k(t)^{-\alpha} l(t)^\alpha = \rho + i_2(t) - i_1(t)$

以上两式相除得到最优的资本劳动比：

$$\frac{k(t)}{l(t)} = \frac{1-\alpha}{\alpha} \frac{w(t)}{\rho + (i_2(t) - i_1(t))}$$

3. 银行

代表性银行的收益为 $qi_2(t)$；银行的成本分为三部分：首先是吸收存款付出的利息成本；其次是银行在挑选贷款对象以及发放贷款时的监督管理成本 $m(q)$；最后是政府的管制成本 $am(q)$，后两项成本可以合并为银行经营管理成本，这项成本与贷款规模相关。为了简化问题分析，假设银行吸收的存款在满足政府的存款准备金要求后，剩余部分都将贷出，以便获得最大利润。

$H(t) = R(t)d(t)$

其中 R 表示存款准备金率，H 表示存款准备金。

因此贷款资金数量为

$q = d(t) - H(t)$

银行利润函数：

$\pi_b = qi_2(t) - H(t)i_1(t) - (d(t) - H(t))i_1(t) - m(q)(1+a)$

银行通过控制贷款规模 q 来决定银行的最大化利润，故一阶条件为

$i_2(t) = i_1(t) + \frac{d(m(q))}{d(t)}(1+a)$

上式表示银行对厂商的要求的贷款利率为银行吸收存款付出的成本加上银行的经营管理成本。

4. 政府

这里政府只是作为外生变量进入模型，银行付出的监管成本

$am(q)$ 就是政府的收入，同时政府再通过转移支付的方式分配给家庭，即 $g=am(q)$。

5. 一般均衡

整个经济体的约束条件为家庭、厂商和银行的初始财富加上每一期的净产出就是家庭、厂商和银行的财富积累：

$$\frac{dz_h(t)}{d(t)}+\frac{dz_f(q)}{d(t)}+\frac{dz_b(t)}{d(t)}$$
$$=\rho(z_{0,h}(t)+z_{0,f}(t)+z_{0,b}(t))+y(t)-c(t)-\rho k(t)$$

其中，$z_{0,f}(t)$、$z_{0,b}(t)$ 表示厂商、银行的初始财富。至此，模型建立完毕。下面我们将银行最优贷款规模的一阶条件代入厂商利润最大化时的均衡条件，化简变形得

$$\frac{k(t)}{l(t)}=\frac{1-\alpha}{\alpha}\frac{w(t)}{\rho+\frac{d(m(q))}{d(t)}(1+a)}$$

显然上式中的资本劳动比和银行的经营效率以及政府的监管有密切关系，表现在如果银行对厂商监督更具效率，即 $\frac{d(m(q))}{d(t)}$ 降低，则资本劳动比增加；同时如果政府对银行管制越小，即 a 变小，则资本劳动比也将增加；另外如果整个金融市场竞争更为激烈，交易成本更低，即存贷利差（$i_2(t)-i_1(t)$）幅度减小，同样使得资本劳动比增加。简言之，以上三种因素的改变都将导致劳动生产率提升。下面我们通过中国的实际数值来检验这些结论。

第三节 实证分析

一 金融深化、技术创新和经济跨越增长的时间序列分析

（一）研究变量的选择和数据说明

根据上文的理论分析，下面我们首先以中国 1990 年到 2011 年的数据进行时间序列分析，这里经济增长指标选取通常的 GDP，为了消除劳动人口数量 K 的影响，采用劳均 GDP（GDP/L），技术创新的效果

表现为劳动生产率,用劳均资本(K/L)表示,金融深化程度通常采用戈德史密斯的金融相关比率或者对它变形等相关指标表示,这里我们选用金融业增加值占 GDP 比重(f/GDP)代表,其原因是:存贷款以及其他金融资产存在中央政府和其他金融机构控制的可能,尤其是对中国这类以储蓄和银行贷款为主的经济体而言。2012 年中国 M2/GDP 比重为 1.88,不仅远高于美国,而且也比日本、欧元区以及其他"金砖国家"高,具体来说,2001 年,中国 GDP 为 10.8 万亿元,2010 年达到 40.12 万亿元,十年增长了 2.7 倍;而货币供应量则由期初的 15.8 万亿元激增到 2010 年年末的 72.59 万亿元,是当初的 4.59 倍,而金融业增加值占 GDP 比重更体现了经济活动的真实效果。

本部分样本数据来源于 1991—2012 年各年《中国统计年鉴》等数据库,并进行了简单整理。为了剔除价格指数变化的影响,GDP 与资本形成额 K 进行了价格指数的调整,即 GDP 和 K 用消费价格指数进行平减。因为时间序列对数化可以消除异方差问题,而且取对数不会改变时间序列的性质,所以对 GDP/L、K/L 及 f/GDP 取自然对数变为 lnGDP/L、lnK/L 及 lnf/GDP。因篇幅限制,简略初步处理数据,整理后的数据如表 5-1 所示。

表 5-1　　国内劳均 GDP、劳均资本和金融业增加值占 GDP 比重的时间序列数值(1990—2011 年)

年份	lnGDP/L	lnK/L	lnf/GDP
1990	7.235699	6.217996	-0.19938
1991	7.350086	6.331829	-0.11837
1992	7.499565	6.517745	-0.05816
1993	7.63766	6.827604	-0.01294
1994	7.742147	6.879476	-0.0268
1995	7.827322	6.957341	-0.00071
1996	7.912928	7.007615	0.066817
1997	7.996422	7.027446	0.141701
1998	8.077618	7.086096	0.213578
1999	8.157963	7.156785	0.290426

续表

年份	lnGDP/L	lnK/L	lnf/GDP
2000	8.264523	7.218085	0.305099
2001	8.362682	7.348439	0.367163
2002	8.462158	7.491038	0.430133
2003	8.57791	7.69125	0.48782
2004	8.706244	7.868375	0.463342
2005	8.8386	7.973454	0.479609
2006	8.980922	8.136294	0.468559
2007	9.145085	8.271321	0.41725
2008	9.251357	8.431428	0.414128
2009	9.342036	8.613125	0.575654
2010	9.471544	8.742119	0.592106
2011	9.583202	8.840487	0.588261

（二）单位根检验

由表5－2可知：各变量原始序列的 ADF 值在显著性水平为5%时都不显著，证实这些序列都存在单位根；但是所有序列（除 GDP/L 外）的一阶差分序列的 ADF 值都在10%的显著性水平下拒绝了存在单位根的原假设，以上分析得出各变量都是 I（1）系列（这里需要说明的是劳均 GDP 的一阶差分在21%的显著性水平下显著，其实这是为了方便说明存在协整关系，其实资本劳动比和金融业增加值比重的一阶差分以及劳均 GDP 之间存在和下面类似的协整关系）。

（三）协整检验

根据恩格尔（Engle）、格兰杰（Granger）于1987年提出的协整理论，单整阶数相同的非平稳变量之间的线性组合可能是平稳变量，下面使用基于回归系数的约翰逊（Johansen）协整检验方法对多元变量进行协整检验。表5－3协整检验结果证实，残差的单位根检验的 AEG 检验值在5%的显著性水平上通过检验，因此经济增长、技术创新和金融深化三个变量之间存在一个协整关系，表明各变量之间存在长期稳定的均衡关系，即

$$GDP/L = 0.902 \times K/L + 0.169 \times f/GDP + 1.104$$

表5-2　　　　　　　　各变量ADF单位根检验结果

变量	ADF检验值	检验类型(c, t, p)	临界值 1%	临界值 5%	临界值 10%	结论
GDP/L	-3.259	(0, 0, 3)	-4.571	-3.690	-3.28	非平稳
D(GDP/L)	-2.207***	(c, 0, 2)	-3.808	-3.020	-2.650	平稳
K/l	-1.767	(c, t, 1)	-4.498	-3.658	-3.268	非平稳
D(k/l)	-2.897**	(c, 0, 2)	-3.808	-3.020	-2.650	平稳
f/GDP	-0.416	(0, 0, 1)	-2.685	-1.959	-1.607	非平稳
D(f/GDP)	-3.064*	(0, 0, 1)	-2.685	-1.959	-1.607	平稳

注：(1)检验类型(c, t, p)中，c为常数项，t为趋势项，p为滞后期；(2)滞后期p的选择标准是以AIC和SC值最小为准则；(3)D为变量系列的一阶差分；(4)*、**、***分别表示在1%、10%、21%的显著水平上拒绝有单位根的原假设。

表5-3　　　　　　　　协整方程回归结果

变量	回归系数	标准差	T检验值	概率值
K/L	0.902	0.017	50.307	0.000
f/GDP	0.169	0.098	-1.717	0.102
截距项	1.104	0.325	3.393	0.000
调整的可决系数	0.991	F检验值	1282.116	

残差的单位根检验					
变量	AEG检验值	检验类型(c, t, p)	临界值	结论
残差的原系列	-2.125	(0, 0, 2)	-1.958 (5%)	平稳

从协整检验结果可发现技术创新和金融深化对经济增长表现出正相关关系，其中技术创新增加一个百分点拉动经济增长约0.9个百分点，远远高于金融深化对经济增长的贡献。下面我们再通过中国省际面板数据，具体分析各省的技术创新效率和金融深化情况。

二　技术创新产出和投入的关系——基于省际面板数据的实证分析

（一）研究变量的选择和数据说明

根据上文的理论分析，下面我们以中国31个省（市、自治区）

作为实证研究的样本，以 1999 年到 2011 年作为时间区间，面板数据的样本总数为 403 个。这里技术创新的产出用各省的专利申请授权数（$p_{i,t}$），其原因是中国的专利保护机制对成果保护存在一定问题，这种情况下，很多研发人员采取专利予以法律保护，同时这种数据较易获得。技术创新投入的要素包括时间、资金，可以采取技术研发投入时间变量（$l_{i,t}$）和技术研发投入的资金变量（$s_{i,t}$），本书分别用各地区研究与试验发展（R&D）人员全时当量和各地区研究与试验发展（R&D）经费内部支出代表；正如前文理论模型所证实，金融体系的作用对生产效率具有很大影响，同时考虑到中国金融体系特征是以间接融资为主，故金融体系效率变量（$e_{i,t}$）用贷款与存款的比重代表。

本部分样本数据来源于历年《中国统计年鉴》、《中国科技统计年鉴》、《中国金融年鉴》、各省份国民经济和社会发展统计公告等数据库，并进行整理与计算得出。由于因为时间序列对数化可以消除异方差问题，而且取对数不会改变时间序列的性质，所以对 $p_{i,t}$、$l_{i,t}$、$s_{i,t}$ 和 $e_{i,t}$ 取自然对数。因篇幅限制，简略初步处理数据。

（二）影响中国各省级地区的技术创新的要素

1. 模型选择

首先我们仍然使用 F 统计检验量检验是选择混合回归模型还是个体固定效应：

$$F = 49.42 > F_{(30,371)} = 1.5$$

由结果可知选择个体效应。

其次我们使用 Hausman 统计检验量判断应选择混合回归模型还是个体固定效应。Hausman 统计检验量的值是 0.16，相对应的概率为零，表示检验结果拒绝了随机效应模型原假设，应建立个体固定效应模型。

2. 面板数据的单位根与协整检验

单位根检验有两种方法：一种是假设面板数据各截面系列具有相同的单位根过程，例如 LLC 检验；另一种是假设面板数据各截面系列不具有相同的单位根过程，例如 LPS、Fisher – ADF 和 Fisher – PP 检验，因此 LLC 原假设为不存在同质单位根；LPS 和 Fisher – ADF 原假设为存在异质单位根，Fisher – PP 原假设为不存在异质单位根。对小样本进行单位根检验,如何提高可信度呢?我们尝试四种方法(见表5-4),从表中得到变量 $p_{i,t}$、$l_{i,t}$、$s_{i,t}$ 和 $e_{i,t}$ 都是非稳定系列,存在单位根;对其一阶差分进行单位根检验发现都为平稳系列,这说明从长期来看这些变量之间可能存在某种稳定关系,下面我们对这些变量进行协整检验。在这里,我们分别使用了 Pedroni 检验和 Kao 检验两种方法来提高检验的可靠程度(见表5-5和表5-6)。结果表明,Kao 检验在5%的置信水平下拒绝原假设,而 Pedroni 检验结果出现了一些矛盾,在七个检验统计量中,根据 Panel v、Panel rho 和 Group rho 这三个统计量判断不存在协整关系,但是根据 Panel PP、Panel ADF、Group PP 和 Group ADF 则可得出存在协整关系的结论。根据 Pedroni 的实验结果表明,当时间维度是大于100的样本,七个统计量检验结果不会出现这种问题,它们的结论将保持一致且稳定,但是当时间维度小于20时,统计量 Group ADF 在七个统计量中更有发言权,根据本书检验结果,统计量 Group ADF 在1%的置信水平下显著,因此可得出存在协整关系的结论。综合这两种方法,可以得出这四个变量不存在"伪回归"。

表5-4　　　　　　　　面板模型变量单位根检验结果

	LLC	LPS	Fisher-ADF	Fisher-PP
$p_{i,t}$	11.5965(1.0000)	14.9990(1.0000)	2.8934(1.0000)	2.3852(1.0000)
$d(p_{i,t})$	-10.7676(0.0000)	-5.9828(0.0000)	139.84(0.0000)	158.672(0.0000)
$l_{i,t}$	0.3929(0.6528)	5.8423(1.0000)	23.5804(1.0000)	32.3319(0.9993)
$d(l_{i,t})$	-23.7410(1.0000)	-19.0300(0.0000)	352.498(1.0000)	387.29(1.0000)
$s_{i,t}$	0.6663(0.7474)	7.1291(1.0000)	25.6794(1.0000)	60.0232(0.5475)
$d(s_{i,t})$	-27.4525(0.0000)	-21.2702(0.0000)	381.46(0.0000)	444.693(0.0000)
$e_{i,t}$	-3.8121(0.0001)	-1.0068(0.1570)	67.9155(0.2828)	116.933(0.0000)
$d(e_{i,t})$	-28.3624(0.0000)	-20.8378(0.0000)	369.524(0.0000)	407.916(0.0000)

表5-5　　　　　　　　**Pedroni 面板协整检验结果**

	Panel v	Panel rho	Panel PP	Panel ADF	Group rho	Group PP	Group ADF
统计量	0.0703	1.7758	-4.2537	-1.8881	4.6592	-5.6768	-3.7147
Prob.	0.4720	09621	0.0000	0.0300	1.0000	0.0000	0.0001

表 5-6　　　　　　　　　　Kao 面板协整检验结果

T 统计量	-1.9451	0.0259

3. 估计结果讨论

对于小样本而言，完全修正 OLS（FM）协助估计方法中的 FM 估计量比 OLS 估计量有效性较差，而由于被解释变量技术水平几乎不影响其他三个解释变量，故动态 OLS（DOLS）并不比 OLS 法优异，所以最终选择了 OLS 法对存在协整关系的变量系列进行估计。估计结果如表 5-7 所示。技术研发投入的时间变量 $l_{i,t}$ 的系数和技术研发投入的资金变量 $S_{i,t}$ 的系数都在 1% 的置信水平下显著，该参数分别为 0.3421 和 0.5886，这意味着技术研发投入的时间和资金分别增加一倍，将使得研发水平分别提高 0.3421 和 0.5886；对于金融体系效率变量 $e_{i,t}$ 而言，其在 12% 的置信水平下显著，该参数为 0.1453，意味着当金融体系效率增加一倍时，研发水平提高 0.1453，显然这与研发投入的时间和资金相比，金融体系效率对技术水平提高的作用较小，从各省实际数据来看，资金投入研发较高的省份，专利授权量也较多。

表 5-7　　　　　　　　　　面板数据 OLS 回归结果

变量	统计量	Prob.
c	-3.0267	0.0000
$l_{i,t}$	0.3421	0.0000
$s_{i,t}$	0.5886	0.0000
$e_{i,t}$	0.1453	0.1167

第四节　结论

本部分在对经济增长进行因素分解后得出经济增长的动力来源于劳动生产率的提高，同时通过建立一个包括家庭、厂商、银行和政府在内的经济体一般均衡模型来分析金融深化对劳动生产率的影响机制。在这些理论框架上，通过以1990—2011年中国的时间序列数据以及1999—2011年中国31个省（市、自治区）面板数据为基础的实证研究证实了理论模型的结果，其主要结论是：技术创新和金融深化对经济增长有显著的正向作用；各地区研究与试验发展（R&D）人员全时当量、各地区研究与试验发展（R&D）经费内部支出和各地区存贷比对专利申请授权数都有显著促进作用，其中技术创新的资金和人力投入比金融体系的效率更为有效。

第六章　中国跨越"中等收入陷阱"路径之一：农村现代化

第一节　农业现代化与新农村建设

每一个社会发展的根本基础是农业。如何巩固中国农业的基础地位，提高农业的生产效率呢？进入 21 世纪后，党中央和国务院先后提出一系列有关"三农"问题的新思路和实行了一些重大举措。2005 年，党的十六届五中全会指出，"建设社会主义新农村是中国现代化进程中的重大历史任务"，并从"积极推进城乡统筹发展，推进现代农业建设，全面深化农村改革，大力发展农村公共事业，千方百计增加农民收入"五个方面，论述了"三农"工作战略思路。十六届五中全会首次明确提出建设社会主义新农村的战略构想，并且提出要把建设现代农业放在推进社会主义新农村建设的首位，为中国农村今后的发展指明了方向。

一　农业现代化内涵及发展现状

（一）农业现代化特征

（1）现代农业以现代科技作为支撑。西方发达国家农业和科技有机融合的经验为中国农业现代化发展提供借鉴和参考。科研院所和农场密切联系，为农业发展提供基因技术、生物技术等高新技术，农作物产出数倍增加；节水灌溉设施和现代科技装备技术广泛应用，使传统农业具备技术密集型和资本密集型产业特征。在美国和以色列等一些国家现代农业明显表现出高度工业化特征，农业生产仿照工业生产方式进行生产和管理。尤其近年来精准农业技术和遥感遥测技术在农业生产过程中普遍应用，使得农业生产和经营的科学化、机械化、电气化程度空前提高。农业发展的基本趋势体现在流通领域，就是对农产品进行规范化运作，通过提供标准化的商品信息和产品质量，使得农产品质量信息可以追本溯源，有利于企业开展属地质量管理、标准化生产，创建产品品牌。

（2）绿色、低碳、可持续发展农业。目前，欧盟已经放弃农业产量的提高，而转向农业产品质量的控制，发展循环农业，提高资源重复使用效率。打造农业生产清洁化、农业废弃物利用化、种养结合（种植业和养殖业）的一体式生产系统。世界各国在发展现代农业中要求降低碳排放，更加注重生态环境的维护，追求经济、生态和社会效益三位一体的农业可持续发展战略。重视土地、肥料、水资源、农药和动力等生产资源投入的节约和利用，减少土壤贫瘠、生态恶化。

（3）现代农业是专业化高度集中、产业链条不断延伸的一体化经营的农业。农业生产中的社会分工日益深化，通过利益或产权等联结，不断延长农业生产链，使得农业生产各个环节联结为一个完整的生产体系，形成联系密切的经济利益共同体，为形成完整的农业社会化服务体系打下坚实基础。

（4）现代农业对农业劳动者农民提出了更高要求。如上所述，农业现代化要求以科学技术为基础，而农业劳动者是科学技术的载体，因此农业劳动者必须掌握现代化的农业知识以适应现代农业需求。

（二）中国现代化农业发展现状

新农村建设必须坚持走有中国特色的农业现代化道路。现代农业的发展过程实际上就是改造传统农业，转变农业增长方式，不断提高农村生产力的过程。与发达国家相比，中国农业差距非常明显，表现在农业科技进步较慢和农业技术推广体系薄弱等方面。

（1）农业综合生产能力增速放缓。近年来，中国通过坚持最严格的耕地保护制度稳定发展粮食生产、提高农业科技创新和转化能力，使得农业综合生产能力较以往有了显著提高。但是表6-1显示这种能力在"十一五"期间并不稳定，其占国内生产总值的比重连年下降，反映了中国农业综合生产基础薄弱，成为制约经济增长的一块短板。

表6-1　　　　"十一五"期间第一产业增加值变化情况

年份	增长速度（%）	占国内生产总值的比重（%）
2006	5.0	11.8
2007	3.7	11.7
2008	5.5	11.3
2009	4.2	10.6
2010	4.3	10.2

资料来源：2006—2010年中国国民经济和社会发展统计公报。

（2）农村生产条件改善还需提高。自1978年农村改革以来，中国政府为改革传统农业生产方式，提高农业生产效率，不断加大投入，改善农业生产条件，主要农业生产条件变化情况见图6-1。三十多年来，农业生产条件有了很大改善，表现最为明显的是农业机械总动力从1亿千瓦增加到2011年年末的10亿千瓦，乡村办水电站装机容量在2007年后有了质的飞跃，超过了0.6亿千瓦，与此对应的是农村用电量也得到了大幅增长；化肥施用量也从先前的1000万吨迅

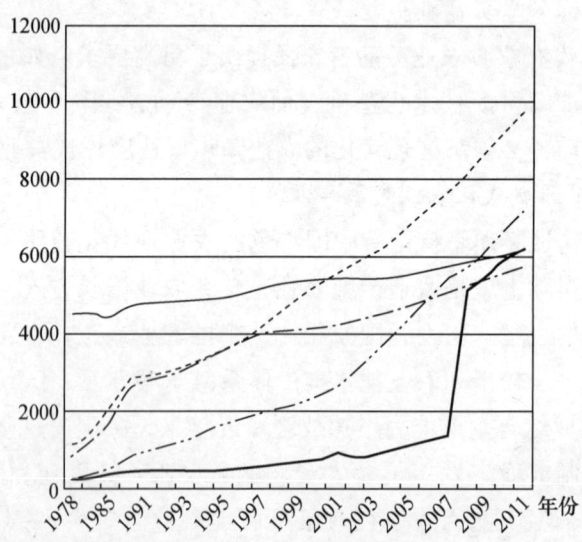

------ 农用机械总动力(十万千瓦)　　—— 有效灌溉面积(万公顷)　　-·- 化肥施用量(万吨)
—— 乡村办水电站装机容量(万千瓦)　　-··- 农村用电量(亿万千瓦)

图6-1　1978—2011年农业主要生产条件变化情况

猛增加到接近 6000 万吨。相比以上各生产条件的改善，是水利基础设施仍然较为薄弱，这表现在有效灌溉面积增长缓慢。

（3）农业科技支撑体系亟待加强。目前中国农技推广与服务体系由三部分组成：全国农技推广中心、县级农技推广中心和乡级农技推广站分别负责指导和实施，而农业科研部门负责相关农业技术人员的培养。在此体系下，农业科技要素对经济增长的贡献有了一定程度提高。但从 2009 年农林牧渔业课题数量、投入人员和投入经费实际情况来看，较 2008 年出现了非常明显的下降。

二　正确理解新农村建设

在"十一五"规划中，党中央对新农村建设的要求概括为"生产发展、生活富裕、乡风文明、村容整洁、管理民主"，这个重要方针其实涵盖了新农村的本质含义。社会主义下的新农村是以社会全面发展为标志，以增加农民收入，农村社会经济快速发展为基础。建设社会主义新农村不是改造农村的一场运动，也不是追求短期快速致富的短期化行为，而是事关农村未来长期可持续发展的一项重大战略选择。新农村建设是有关农村经济、政治、文化的全面建设。它不仅要发展农村生产力，还要调整目前僵化的农村生产关系；不仅强调农村经济增长，还要加快农村各项社会事业发展；不仅强调物质文明建设，还要注重精神文明建设。

三　农业现代化和新农村建设关系

作为由传统农业演进和发展的一种新的产业形态——现代农业，将自然再生产和经济再生产的能力的提高看作是根本目标；而新农村是对现有乡村进行建设使之成为新型聚居地的农村社区，新农村建设是在生产建设基础上重视农村社区人文生态的改善，二者关系是发展上的相互促进和资源配置上的优势互补。

四　加快农业现代化、促进新农村建设的有关措施

（一）以科技引领农业现代化进程，推进新农村建设

加速农业科学技术进步是发展现代农业的根本途径。发达国家现代化农业发展历程表明，农业科技的竞争是农业国际化竞争的前提。由于中国耕地和水资源对农业形成了刚性制约，所以中国必须以科技进步作为动力，大力提高劳动生产率和资源利用率。一方面要积极消

化和吸收国外的先进生产技术；另一方面要形成政府和企业主导的研究体系，主要是利用科研院所、大专院校雄厚的研究资源优势，加强和农业企业的横向联系，加快农业科技进步。

作为农业科学技术的强力支撑——农业技术推广是加速科技进步的重中之重。目前中国农业科技成果转化率仅为发达国家的一半。主要原因是政府投入不足，推广理念和管理体制陈旧，基层推广队伍流动频繁等。进一步发展现代农业，必须坚持走市场化和社会化之路，构建以乡（镇）农技推广站为主体的农业科技推广体系。

上海市一直重视农业科技引领农业现代化建设，这些年通过大力推进科技兴农，取得了一批重大成果和积累了宝贵经验。目前科技要素对农业发展的贡献率已经超过60%，居全国领先地位，具体措施包括以"四大工程"（即种子工程、绿色工程、生物技术工程和"菜篮子"工程）为主体，围绕高效生态农业推广使用集约化农业生产技术，加强农产品质量安全标准体系建设和标准化生产技术推广，培养和壮大绿色食品、有机食品产业。科技支农的模式总结有以下几种：高校主动参与新农村建设、非农企业介入农业科技服务、龙头企业带领、地方政府主导、地方政府和科研机构合作等，并没有强制使用某一单一模式，这有助于发挥市场选择和淘汰机制。

（二）加强农民教育培训，培养高素质的新型农民

培养有文化、懂技术的新型农民，是发展现代农业、推进新农村建设的内在动力。目前中国农业在国民经济中的比重约为10%，乡村人口7亿人，乡村劳动力4亿人，与美国和日本相比，中国农业劳动力所占比重很高，分别是它们的25倍和5倍，并且中国剩余农村劳动力有1.5亿人，除此之外每年还新增剩余农村劳动力600多万人，这些农业劳动者以老、弱、残、妇为主体。受国际国内宏观经济因素影响，农村剩余劳动力吸收困难重重。但通过对现代农业的产业链延伸和扩展，可以将农村大量的剩余劳动力转变为现代农业产业工人。与日本相比，中国农民素质普遍较低。刘战平和蒋和平指出："2001年统计，农民平均受教育年限不足7年，农民小学以下的文化程度及半文盲的比例为40.31%，初中占48.07%，高中以上仅占11.6%；

而日本农民75%受过高中教育，受过大学教育占7%左右。"① 现代农业需要高素质的农民。因此要坚持"农民是建设新农村的主体"指导思想，政府加大对农村教育的投入，尤其是重点加强农业技术培训以及提升农业职业教育水平，加快将低素质的传统农民改造为符合新农村建设需要的高素质新型农民。

（三）大力发展龙头企业

龙头企业一方面与市场紧密联系，另一方面与农户保持联系，它是以农户为单位的农业生产组织者。作为农业产业化的载体，龙头企业依靠现代农业发展壮大，反过来农业现代化的实现也需要靠龙头企业推动。政府应对其进行政策支持，鼓励其做大做强，扩大产品交易规模，带动农民收入增加，使农民不离土、不离乡也能富裕。

第二节 金融支持农村经济增长实证分析——基于结构的视角

一 问题的提出

30多年波澜壮阔的中国农村改革究竟是哪些因素发挥了作用，金融等虚拟经济因素作用的程度如何？下面我们通过计量实证模型尝试探寻问题的本源，期望找到中国成功跨越"中等收入陷阱"和全面进入小康社会之正确道路。

二 文献回顾

关于金融发展和经济增长的关系，国外学者已经取得了一系列丰富的理论和实践成果。最早的是戈德史密斯（1969）提出的金融结构论，表明一国或地区的经济增长与金融发展是同步进行，经济快速增长的时期一般都伴随着金融发展的超常水平；后来麦金农和肖（1973）等通过研究指出，发展中国家对利率实行的严格管制，加剧了信贷资源的紧张，导致信贷配给现象的出现；King 和 Levine

---

① 刘战平、蒋和平：《现代农业是新农村建设的基础工程》，《农业现代化研究》2006年第5期。

（1993）等学者提出"金融约束"论，指出政府通过制定相关政策，在金融部门和生产部门创造"租金机会"，从而促进经济增长。帕特里克（1966）深入研究了金融发展与经济增长两者的因果关系，明确了"需求跟随型"和"供给引导型"两种金融发展路径。

目前，许多学者从结构的视角研究经济增长。这里面归纳起来主要有产业结构、需求结构和经济增长的互动关系。产业结构与消费结构是经济学的两个范畴。反映居民消费需求的消费结构与反映供给方面的产业结构存在一种内生的相互关系。产业结构既是经济增长的动力，又是消费结构改善的保证。而关于产业结构和经济增长的论述主要有两类：经济总量变化是经济结构变化的结果（罗斯托，1960）；经济结构变化是经济总量变化的结果（库兹涅茨，1950）。后来的Peneder（2002）进一步指出经济增长得以持续增长的原因是存在"结构红利"。

毫无疑问中国学者由于研究较晚，成果较国外学者而言较少，而且主要集中在中国的经验研究领域。马智力、周翔宇（2008）发现中国产业结构升级和金融发展之间存在长期均衡关系。王展祥（2009）借助面板模型证实中国不存在农业相对劳动生产率倒"U"形曲线，中国结构变化滞后于经济增长。除了传统的居民收入影响消费行为外，在中国这独具特色的国家中，体制性因素及政府行为也会极大地影响居民消费行为。针对农村消费水平长期偏低问题，通过对中国省级面板数据的研究发现，政府财政支农政策可以大大增进农村消费水平（吕炜、孙永军、范辉，2010）。叶德珠和陆家骝（2009）在行为经济学双曲线贴现模型框架下，从时间偏好的角度讨论了中国农村居民由于受长期传统文化的影响而存在过度自我控制偏差，导致消费时"重未来，轻现在"，导致持续消费不足。中国人民银行上饶中心支行课题组（2006）对江西上饶市农业产业的内部结构进行分析，发现第一产业中狭义农业占比偏高，且产业内部存在结构性矛盾。张萃（2011）从产业的构成视角，就经济增长论题进行了实证分析。干春晖等学者（2011）指出现阶段中国产业结构合理化对经济增长的作用要明显大于产业结构高级化。

需要注意的是，以上研究一个最大的问题是这些研究都是将金融或结构变量独立和经济增长进行比较和分析,也就是说缺乏从供给和需求整体的角度来考虑问题。因此本书试图在供求框架体系内对农村经济增长进行实证研究,尝试打开金融赖以发挥作用的"黑匣子",探寻金融究竟是通过何种机制作用于经济增长。

三 实证研究

(一) 研究变量的选择与数据说明

根据相关理论分析,并且在数据可得前提下选取了一系列指标对结构优化和新农村建设进行计量。

1. 新农村建设指标(A)

新农村建设的本质仍然是着眼于提高农村经济发展水平,因此选择名义第一产业总产值(包括农林牧渔)作为新农村建设指标,为了消除人口因素的影响,采取全国乡村就业人员从事第一产业的人数作为除数,即:

A = 第一产业总产值/全国乡村就业人员从事第一产业的人数

2. 结构指标

本书提出三个结构指标分别是:农村就业结构(X);农村产业结构(Y);农村需求结构(Z)。需要说明的是许多学者通常使用传统的农村第一产业、第二产业和第三产业之间的结构比例作为农村结构指标,考虑农业的跨越发展必然由农业粮食生产的"一粮独大"转向农林牧渔的"百花齐放",同时考虑到数据的可得性,特选取农业总产值和第一产业总产值的比例作为农村结构指标。

X = 全国乡村就业人员从事第一产业的人数/全国乡村就业人员数

Y = 农业总产值/第一产业总产值

Z (农村居民家庭恩格尔系数) = 农村居民的食品支出/农村消费的总支出

3. 金融指标

这里的金融事实上是大金融概念,既包含新农村建设的银行信贷资金,同时也包括了国家财政(包括中央和地方)资金。一般来说,银行信贷资金可以占到新农村建设资金的40%左右,这里我们用农业贷款指标(L)表示银行对农村经济的信贷资金支持,这也是和第一产业总产值代表农村经济增长相对应。除信贷力量外,国家财政资金

（G）在新农村建设中也发挥着不可或缺的作用。

本书样本数据来源于历年《中国统计年鉴》、《中国农村统计年鉴》和《中国金融年鉴》等数据库，经过简单整理后得出。为了消除异方差的影响，对 A、L、Z 取自然对数。1989 年全国乡村就业人数无法查证，采取移动平均法得出；1978 年和 2010 年的农业贷款数据没有，根据这两年的年末贷款余额数 1890 亿元和 479196 亿元，分别乘以 0.06 计算得到，整理后的数据如表 6-2 所示。

表 6-2　　　　结构优化和新农村建设的相关变量数据

年份	农村就业结构（X）	农村产业结构（Y）	农村需求结构（Z）	人均第一产业总产值（A）（万元）	农业贷款指标（L）	国家财政用于农业的支出（G）
1978	0.92	0.80	0.68	0.05	113.4	150.66
1980	0.91	0.76	0.62	0.07	175.88	149.95
1985	0.84	0.69	0.58	0.12	416.63	153.62
1989	0.88	0.63	0.55	0.20	895.05	265.94
1990	0.82	0.65	0.59	0.20	1038.08	307.84
1991	0.81	0.63	0.58	0.21	1209.48	347.57
1992	0.80	0.62	0.58	0.23	1448.72	376.02
1993	0.78	0.60	0.58	0.29	1720.23	440.45
1994	0.75	0.58	0.59	0.43	1143.9	532.98
1995	0.72	0.58	0.59	0.57	1544.8	574.93
1996	0.71	0.61	0.56	0.64	1919.1	700.43
1997	0.71	0.58	0.55	0.68	3314.6	766.39
1998	0.72	0.58	0.53	0.70	4444.2	1154.76
1999	0.73	0.58	0.53	0.69	4792.4	1085.76
2000	0.74	0.56	0.49	0.69	4889	1231.54
2001	0.75	0.55	0.48	0.72	5711.5	1456.73
2002	0.76	0.55	0.46	0.75	6884.6	1580.76
2003	0.76	0.50	0.46	0.82	8411.4	1754.45
2004	0.74	0.50	0.47	1.04	9843.1	2337.6
2005	0.83	0.50	0.46	1.03	11529.9	2450.3

续表

年份	农村就业结构（X）	农村产业结构（Y）	农村需求结构（Z）	人均第一产业总产值（A）（万元）	农业贷款指标（L）	国家财政用于农业的支出（G）
2006	0.70	0.53	0.43	1.28	13208.2	3173
2007	0.69	0.50	0.43	1.59	15429	4318.3
2008	0.69	0.48	0.44	1.94	17629	5955.5
2009	0.68	0.51	0.41	2.09	21623	7253
2010	0.67	0.53	0.41	2.48	28751.76	8571.4

（二）结构优化和农村经济增长的实证分析

1. 单位根检验

我们首先利用迪克（Dickey）和福勒（Fuller）于1981年提出的考虑残差项序列相关的 ADF 单位根检验方法，对数据进行平稳性检验。使用 Eviews 6.0 检验的结果见表6-3。

表6-3 各变量 ADF 单位根检验结果

变量	ADF检验值	检验类型 (c, t, p)	临界值 1%	临界值 5%	临界值 10%	结论
A	-2.172	(c, t, 2)	-4.441	-3.633	-3.255	非平稳
D(A)	-2.8***	(c, t, 0)	-3.753	-2.998	-2.639	平稳
X	-2.2	(c, 0, 0)	-3.738	-2.992	-2.636	非平稳
DX	-7.488*	(c, t, 0)	-4.416	-3.622	-3.248	平稳
Y	-4	(c, 0, 0)	-3.738	-2.992	-2.636	非平稳
DY	-4.03**	(c, 0, 1)	-4.441	-3.633	-3.255	平稳
Z	-3.59	(c, t, 5)	-4.532	-3.674	-3.277	非平稳
DZ	-4.513*	(c, t, 0)	-4.416	-3.622	-3.248	平稳

注：(1) 检验类型 (c, t, p) 中，c 为常数项，t 为趋势项，p 为滞后期；(2) 滞后期 p 的选择标准是以 AIC 和 SC 值最小为准则；(3) D 为变量系列的一阶差分；(4) *、**、*** 分别表示在1%、5%、10%的显著水平上拒绝有单位根的原假设。

由表6-3可知：各变量 X、Y、Z 和 A 的 ADF 值在显著性水平为

10%时都不显著,证实这些系列都存在单位根;但所有这些变量的一阶差分系列的ADF值都在10%的显著性水平下拒绝了原假设的存在单位根,因此以上分析得出各变量都是一阶单整I(1)系列。这就意味着无论是就业、产出和消费结构,还是农业产出都是非平稳的,但它们各自经过一阶差分后都变成平稳系列,这说明它们之间在长期中可能存在稳定关系。为了确定是否存在这种长期稳定关系,下面我们进入协整检验。

2. 协整检验

本书采用回归残差的协整检验法进行多变量单方程检验。设A为被解释变量,而X、Y和Z为解释变量,进行OLS估计并检验残差系列是否平稳,显然1%的显著性水平下协整的ADF检验临界值为-2.665,其检验值为-4.042,因此拒绝存在单位根的假设,说明残差项是稳定的,可以认为这些变量间存在(1,1)阶协整,说明变量A、X、Y和Z间存在长期稳定的均衡关系(见表6-4)。

表6-4　　　　　　　协整方程回归结果

变量	回归系数	标准差	T检验值	概率值
X	-6.14	0.84	-7.3	0
Y	-4.20	1.16	-3.61	0.0016
Z	-4.67	1.06	-4.41	0.0002
C	8.92	0.41	21.7	0.0000
调整的可决系数	0.97	F检验值	254.97	
残差的单位根检验				
变量	AEG检验值	检验类型 (c, t, p)	临界值	结论
残差的原系列	-4.042	(0, 0, 0)	-2.665 (1%)	平稳

3. 格兰杰因果关系分析

以上协整关系只能说明农村经济增长和就业结构、产业结构和需求结构之间存在显著的相关关系,但不表明它们一定具有确切的经济含义,是否构成因果关系还需进一步验证。我们对VAR(1)模型用比较常见的格兰杰因果检验方法检验各变量之间的因果关系,滞后阶数由 VAR 模型的最佳滞后阶数确定(见表 6-5)。从表 6-6 中的检验结果看:

表 6-5　　　　　　格兰杰因果检验滞后阶数的确定

Lag	LogL	LR	FPE	AIC	SC	HQ
0	71.95603	NA	2.03e-07	-6.895603	-6.746244	-6.866447
1	141.5837	111.4043	4.81e-10	-12.95837	-12.36093	-12.84174
2	150.5625	11.67240	5.20e-10	-12.95625	-11.91073	-12.75215
3	160.3151	9.752653	5.91e-10	-13.03151	-11.53791	-12.73995
4	168.2498	5.554245	1.04e-09	-12.92498	-10.98330	-12.54594
5	222.4267	21.67077*	3.20e-11*	-17.44267*	-15.05291*	-16.97616*

注:*表示在 1% 的显著水平上拒绝有单位根的假设。

表 6-6　　　　农村经济增长和农村产业结构、
　　　　　　　农村消费结构的格兰杰因果关系

原假设	样本数	F 统计量	相伴概率
X does not Granger Cause A	21	0.67259	0.6235
A does not Granger Cause X	21	0.47374	0.7544
Y does not Granger Cause A	21	3.07120	0.0587
A does not Granger Cause Y	21	0.94602	0.4709
Z does not Granger Cause A	21	2.39812	0.1080
A does not Granger Cause Z	21	5.07960	0.0125
Y does not Granger Cause X	21	1.51020	0.2606
X does not Granger Cause Y	21	1.73443	0.2070
Z does not Granger Cause X	21	1.37445	0.3002
X does not Granger Cause Z	21	4.03297	0.0268
Z does not Granger Cause Y	21	1.84374	0.1854
Y does not Granger Cause Z	21	2.62247	0.0877

(1)农村产业结构和消费结构是农村经济增长的格兰杰原因,而农村就业结构不是农村经济增长的格兰杰原因。以上结论有力地回答

了结构变化和经济增长的因果关系问题，即无论是从供给角度还是从需求角度考虑问题，结构变化都将促进经济增长。其中的缘由不难理解，当劳动力从农业部门转向林牧渔业部门，提高了整个第一产业的社会平均劳动生产率；农村居民从日常的柴米油盐消费生活境况中摆脱，转向冰箱、彩电等日常耐用消费品将显著带动国内疲软的需求，国内经济的改善引致农村劳动力离开农业，连同农业现代机械的采用将有力改进农业生产效率；与此同时，第一产业所扮演的为工业提供重要的原料供应角色有效发挥出来，其农产品价值得到体现，这也有力拉动第一产业的快速增长。

（2）农村产业结构和农村经济增长是消费结构改善的格兰杰原因，而消费结构不是农村产业结构的格兰杰原因。进一步对传统的观点提出质疑，即消费结构通过产业结构促进经济增长。农村消费结构和农村经济增长的互动因果关系为我们启动农村消费市场，扩大内需打开了广阔思路。进一步证实了朱绍格、王元凯（2009）提出自2004年新的中央一号文件支农惠农政策实施后，农户消费能力水平大幅提升，"农户边际消费水平MPC，由1994—2003年样本数据的0.288提高到了2004—2006年样本数据的0.342"。同时也证实了文启湘、冉净斐（2005）提出的消费结构和产业结构要保持协调的观点。

（3）农村产业结构和农村就业结构并无确定的格兰杰因果关系。我们已经分析了农村经济增长和农村产业结构、农村消费结构之间存在长期均衡关系，而且农村产业结构、农村消费结构都对农村经济增长有显著的因果影响。下面通过构造VAR模型，找到脉冲响应函数，进而对农村产业结构、农村消费结构对农村经济增长影响的动态过程和特征进行详细刻画。

在以上单位根检验中，我们知道第一产业总产值、农村产业结构与农村消费结构三个变量的一阶差分是平稳的，因此可以建立这三个变量VAR（5）模型，于是有如下向量矩阵：

$$\begin{bmatrix} A_t \\ Y_t \\ Z_t \end{bmatrix} = \begin{bmatrix} 3.99 \\ -0.14 \\ 0.7 \end{bmatrix} + \begin{bmatrix} 1.03 & -2.19 & -7.12 \\ 0 & -0.07 & -0.16 \\ 0.06 & -0.61 & -0.83 \end{bmatrix} \begin{bmatrix} A_{t-1} \\ Y_{t-1} \\ Z_{t-1} \end{bmatrix}$$

$$+\begin{bmatrix} -0.22 & 2.25 & 3.23 \\ 0.08 & 0.13 & 0.71 \\ -0.12 & -0.13 & 0.71 \end{bmatrix} \begin{bmatrix} A_{t-2} \\ Y_{t-2} \\ Z_{t-2} \end{bmatrix}$$

$$+\begin{bmatrix} -0.13 & -0.76 & 2.34 \\ -0.01 & 0.56 & 0.22 \\ 0 & 0.20 & 0.36 \end{bmatrix} \begin{bmatrix} A_{t-3} \\ Y_{t-3} \\ Z_{t-3} \end{bmatrix} + \begin{bmatrix} -0.49 & 1.7 & 3.28 \\ 0 & 0.35 & 0.39 \\ 0.01 & 0.29 & 0.07 \end{bmatrix} \begin{bmatrix} A_{t-4} \\ Y_{t-4} \\ Z_{t-4} \end{bmatrix}$$

$$+\begin{bmatrix} 0.03 & -5.65 & 1.55 \\ -0.02 & 0.14 & -0.26 \\ -0.09 & -0.93 & 0.38 \end{bmatrix} \begin{bmatrix} A_{t-5} \\ Y_{t-5} \\ Z_{t-5} \end{bmatrix}$$

在 VAR 模型的右侧没有内生变量，因此该模型并未明确变量之间当期相关关系，实际上这些当期相关关系隐藏在随机扰动项（μ_t）中。下面我们根据上述 VAR（5）对模型进行脉冲响应函数和预测方差分解分析。

4. 脉冲响应函数分析

脉冲响应函数分析方法（IRF）考察随机扰动项的一单位标准差冲击或变化对内生变量当期值和未来值的影响，并且 IRF 跟踪这种冲击在将来若干时期里所起的影响，表明任意一个内生变量的随机扰动，如何通过系统影响所有其他内生变量，最终又反馈到自身的动态过程。本书采用 Cholesky 方法进行脉冲响应实验。

图 6-2 与图 6-3 是基于模型的一单位标准差冲击所模拟的脉冲响应函数曲线，横轴表示时间，纵轴表示第一产业总值所受到的影响程度，即冲击的力度。虚线表示脉冲响应函数值加减两倍标准差的置信带。

图 6-2 显示，单位新息（innovation）的农村产业结构冲击开始逐渐增加，在第三期作用达到最大，以后这种影响开始逐渐减弱，到第八期基本消失；从图 6-4 可以看到第一产业总值对农村消费结构单位新息冲击开始出现了负效应，并且从第一期到第十期不断正负摆动。

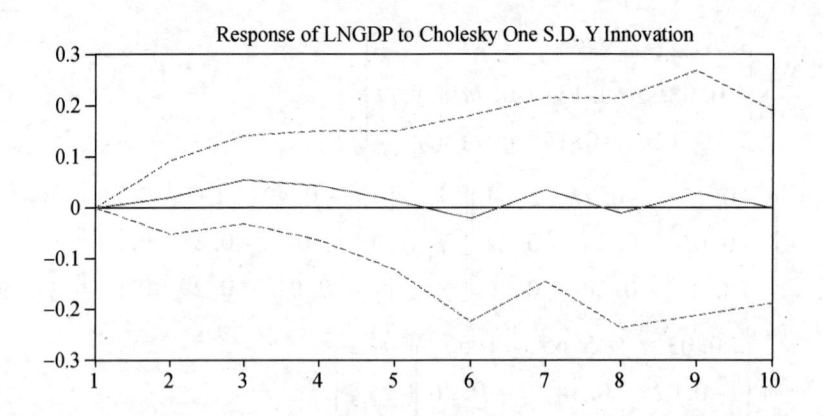

图 6-2 农村经济增长对农村产业结构的脉冲响应

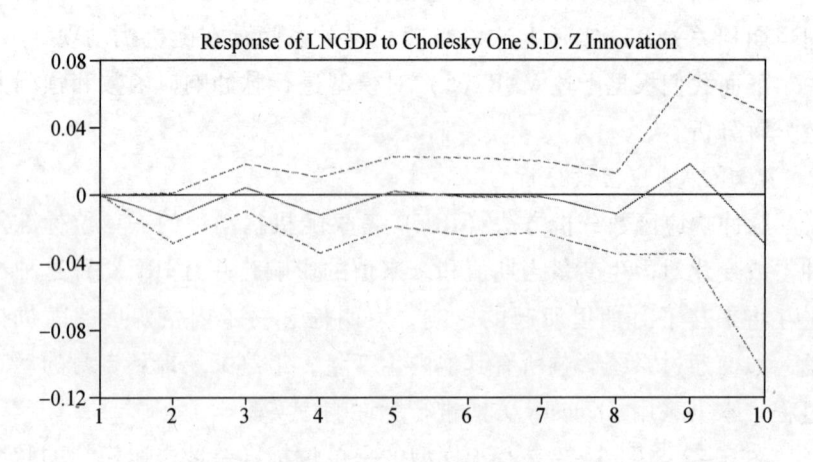

图 6-3 农村经济增长对农村消费结构的脉冲响应

5. 预测方差分解分析

以上脉冲响应函数定性地说明了随着时间的延续,各变量对于冲击的反映情况。下面借助西姆斯(Sims)于 1980 年提出的方差分解法(variance decomposition)来定量分析每一随机扰动项的冲击对内生变量变化的贡献率,从而了解不同随机扰动项的冲击对模型内生变量的相对重要性。

表 6-7 是第一产业总产值方差分解结果。其排列顺序为第一产业总产值、农村产业结构与农村消费结构。在第一期时,第一产业总

产值水平全部是外生的，反映农村产业结构与农村消费结构对于城镇化水平的提高存在时间差。随着时间的推移，第一产业总产值水平的外生性逐渐减弱，被其他一些变量所解释。

表 6-7　　　　　　　　　第一产业总产值方差分解结果

时期	标准差	A	Y	Z
1	0.075108	100.0000	0.000000	0.000000
2	0.093792	93.37255	4.409899	2.217547
3	0.121174	75.40498	23.14162	1.453396
4	0.138493	70.68972	27.41696	1.893321
5	0.139198	69.98093	28.12503	1.894044
6	0.142027	68.85548	29.31503	1.829499
7	0.147898	65.60154	32.70342	1.695044
8	0.165818	71.71465	26.45064	1.834713
9	0.173795	70.52280	26.71247	2.764738
10	0.176303	68.59760	25.95873	5.443676

Cholesky 顺序：AYZ

从表 6-7 可以看出，在第四期时，第一产业总产值被自己解释的部分已经下降到 70.69%，而农村产业结构与农村消费结构对其波动的贡献率之和达到了 30% 左右，其中农村产业结构贡献占主导地位，达到了 27.42%。随着时间的延续，消费结构冲击的贡献率逐渐上升，但是与产业结构相比，仍处于较小比例；而第一产业自身冲击引起变化的贡献率基本在 70% 左右（见图 6-4）。

（三）金融财政对供求结构的调节作用

1. 变量平稳性检验

从数据上看，经济活动的时间序列数据往往表现为一致性的上升或下降，即它们主要是非平稳时间序列，此时即使它们之间没有任何经济关系，在进行回归时也将表现出较高的拟合程度。这样使用通常的分析方法——假设经济数据和产生这些数据的随机过程是稳定随机过程，进行分析，结果失去意义。因此，我们首先需要对数据进行平

%
Variance Decomposition of LNGDP

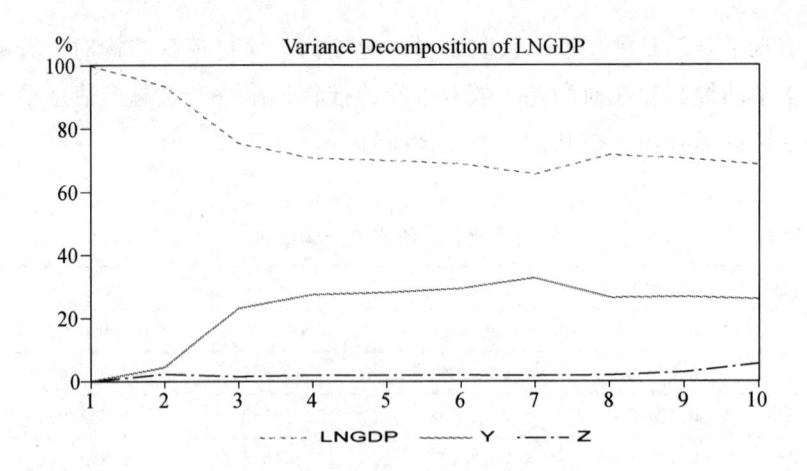

图 6-4　第一产业冲击贡献变化率

稳性检验和处理，然后才能进一步进行因果分析，否则就会造成伪回归。我们仍然利用 ADF 单位根检验方法，检验变量的平稳性。使用 Eviews 6.0 检验的结果见表 6-8，由该表可知：G 变量以 99% 的概率保证是 I（1）过程，而农业贷款是以 95% 的概率保证平稳是 I（0）过程，即不含有单位根。

表 6-8　　　　　各变量 ADF 单位根检验结果

变量	ADF 检验值	检验类型（c, t, p）	临界值	结论
L	-4.311	(c, t, 0)	-3.6581（5%）	平稳
G	-2.282	(c, t, 0)	-3.243（10%）	非平稳
D（G）	-5.879	(c, t, 0)	-4.416（1%）	平稳

注：(1) 检验类型（c, t, p）中，c 为常数项，t 为趋势项，p 为滞后期；(2) 滞后期 p 的选择标准是以 AIC 和 SC 值最小为准则；(3) D 为变量序列的一阶差分。

2. 协整检验和协整方程分析

因为 G 是平稳变量，而 L 和 Y、Z 都是一阶单整序列，说明 Y、L 和 G 三者之间可能存在协整，同理 Z、L 和 G 三者之间也可能存在协整。参照前文我们依旧使用基于回归残差的协整检验，主要应用于单方程变量检验，本书采用此法进行多变量单方程检验。设置 Y、Z 分别为被解释变量,而 L、Z 为解释变量,进行普通最小二乘估计并检验残差系列是否平稳。首先对于 Y、L 和 G 而言,显然 1% 的显著性水平下协整的 ADF 检验临界值为 -2.2669,其检验值为 -3.27,因此拒绝存在单位根的假设,说明残差项是稳定的,可以认为这些变量间存在协整,说明变量 Y、L 和 G 之间存在长期稳定的均衡关系。其次对于 Z、L 和 G 来说,其检验值 -2.243 小于 5% 的显著性水平的临界值 -1.956,因此可以认为这三者之间长期来看也存在稳定关系。另外我们同时得到的回归方程就是协整方程:

$$Y = -0.081 \times L + 0.0379 \times G + 0.978 \quad (6-1)$$
$$Z = -0.033 \times L - 0.018 \times G + 0.912 \quad (6-2)$$

回归结果如表 6-9 和表 6-10 所示,发现调整后的拟合优度超过 90%,这说明模型总体拟合程度较高。首先从 (6-1) 式可发现农村产业结构优化和政府财政资金表现出负相关关系,而和信贷资金呈现出正相关关系,这充分说明信贷资金对调整产业结构的作用远大于财政资金,其实财政资金在农村民生改善等非经济领域发挥了积极作用,而信贷资金在生产等市场竞争领域具有明显提高生产率的效果。其次从 (6-2) 式中得到信贷资金、财政资金的支持对农村消费结构调整具有正面积极作用,并且信贷资金的作用力度也大于财政资金。结合前文格兰杰因果分析,这启示我们金融等虚拟经济因素通过

表 6-9   农业贷款、国家财政支农资金和农村产业结构的协整方程回归结果

变量	回归系数	标准差	T 检验值	概率值
L	-0.081	0.012	-6.319	0.0000
G	0.0379	0.016	2.42	0.0242
截距项	0.978	0.027	35.66	0.0000
调整的可决系数	0.921	F 检验值	128.3	
残差的单位根检验				
变量	AEG 检验值	检验类型 (c, t, p)	临界值	结论
残差的原系列	-3.27	(0, 0, 1)	-2.669 (1%)	平稳

产业结构和农村消费结构等中介渠道对农村经济增长等实体因素发挥积极作用。这也为帕特里克（1996）提出的金融发展路径理论提供了强有力的案例支持。中国仍然处在经济发展的早期，供给引导型的金融发展占据主导地位，即金融服务对于实体经济的快速发展至关重要。

表6-10　　　农业贷款、国家财政支农资金和农村消费结构协整方程回归结果

变量	回归系数	标准差	T检验值	概率值
L	-0.032934	0.012764	-2.580300	0.0171
G	-0.018315	0.015499	-1.181653	0.2500
截距项	0.911899	0.027175	33.55652	0.0000
调整的可决系数	0.91		F检验值	110.63
残差的单位根检验				
变量	AEG检验值	检验类型 (c, t, p)	临界值	结论
残差的原系列	-2.243	(0, 0, 0)	-1.956（5%）	平稳

3. 误差修正模型（ECM）

尽管我们已经证实农村产业结构和信贷资金、财政资金之间存在长期稳定关系，然而这种关系是在短期动态过程的不断调整下得以维持的，即现实中的变量之间是短期非均衡的。根据 Engle 和 Granger（1987）提出的 Granger 表述定理，我们可对农村产业结构和金融变量建立自回归分布回归模型（ADL模型），误差修正方程为：

$$D(Y) = -0.05 \times D(L) - 0.0006 \times D(G) - 0.6043 \times RESID(-1)$$

在上述误差修正方程中，差分项反映了短期波动的影响，这种短期经济波动分为短期金融的影响和偏离长期经济均衡的影响。当下一年短期波动偏离长期均衡时，本年非均衡误差将以 -0.6043 的调整力度将农村产业结构从非均衡状态拉回到均衡状态。

四　简短结论

本节运用中国1978年到2010年的年度数据，重点研究了金融支

持、结构优化与新农村建设的关系,通过计量模型的动态分析,可以得到如下结论(见图6-5):

(1)农村经济水平提升与农村产业结构优化、农村消费结构改善密切相关。通过单位根、协整检验后发现,它们之间存在着长期的均衡关系,而且格兰杰因果检验证实农村产业结构和农村消费结构均对农村经济增长有显著正向作用,同时农村产业结构和农村经济增长均是农村消费结构改善的格兰杰原因,简言之,农村消费结构的改善和农村经济增长实际上是一种良性互动机制,而农村产业结构的优化有助于这种双向反馈机制的完善和提高。

(2)从动态角度分析,脉冲响应实验证实农村经济增长对来自农村产业结构的随机扰动具有很大正效应,而农村消费结构随着时间的延续,对经济增长的效应不断增强;进一步通过方差分解结果可以看出,农村产业结构对农村经济增长将起到越来越重要的作用。

(3)信贷资金和财政资金通过农村产业结构和农村消费结构作用于农村经济增长。银行信贷资金对农村产业结构优化升级和农村消费结构改善更有显著作用,与此相反的是国家财政资金无助于农村产业结构的改善,但有力地优化了农村消费结构。

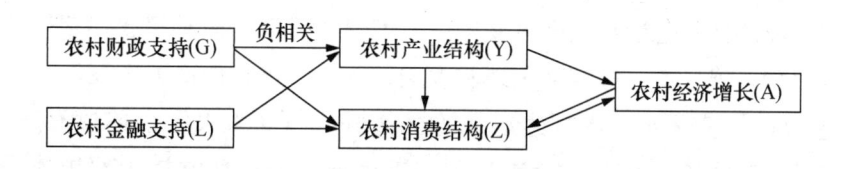

图6-5 金融财政对农村经济增长的作用

注:图中箭头未注明负相关的,均表示正相关作用。

第三节 新型城镇化——中国农村未来之路

中国农村的发展变迁波澜壮阔,是一部绝无仅有的伟大画卷。作为传统的农业大国,历史上,农业、农民和农村一直是中国经济、社会、文化发展的核心，探究中国农村的历史演变，乃是研究中国当前经济社会文化发展诸多问题，尤其是在未来十年全面建成小康社会的重要本源。

新中国成立后，中国农村发展进入一个与之前根本不同的阶段，这种不同在于作为农村制度基石的土地所有者形式发生了彻底变化，而并非指生活状况或习俗方面的扭转。土地由私有转为国家所有，在农村地区则为集体所有，农民都是农村集体的一员。从此中国开始进入农村建设和发展的社会主义探索时期，在摸索中前行，经历了跃进、曲折，但并没有脱离发展为民的本质。2006 年中央的一号文件提出了新农村建设，明确新时期农村发展的方向。在经济发展具备一定积累基础上，加速农村现代化进程，缩小城乡差距，提升农村物质与精神发展水平，扭转"以农补工"的历史留痕，标志着中国农村发展进入全新的历史阶段。2012 年十八大报告中明确提出工业化、信息化、城镇化和农业现代化是全面建成小康社会的载体，从十七大报告中的"区域协调发展"到全面建成小康社会的载体，我们不难看出城镇化在实现全面建成小康社会中的关键性地位。

一　1949—1957 年：新中国成立后农村土地第一次"分"和"合"

从 1949 年新中国成立到 1957 年第一个"五年计划"结束，是中国的经济恢复时期与社会主义经济制度建立时期。面对解放初期严峻的农村发展形势，国家从土地制度改革入手，进行两次大的变革：一是 1949—1952 年，将封建地主的土地所有制变为农民个体所有制，极大地解放了生产力；二是 1953—1957 年，第一次尝试土地集体经营，并建立了人民公社的集体经营组织形式。广大农村地区发展先后经历了第一次土地经营权的"分"和"合"。

二　1958—1978 年：人民公社限制农村生产力发展

1957 年随着第一个五年计划的完成，虽然农村地区的合作化过程执行中出现诸多问题，且亦未达到计划的发展目标，但农业产值和农村地区的生产力发展仍然在波折发展中达到了一个新的高度。但在随后的 20 年，由于种种复杂的原因交织，导致"大跃进"运动对国内经济，尤其是农村地区生产力造成了极大损害，农村生产一度倒退。这一时期，"人民公社"——这一当时领导层认为的农村发展的理想模式，造成了农业生产力的直接倒退。

1966年以后，出于国家安全的战略考虑，国内发展战略从"解决'吃穿用'"转变为"三线建设"。在此期间，在国家基本建设投资中，重工业、国防工业、交通运输共628亿元，占74%；农业120亿元，由原来的20%下降为14%；轻工业37.5亿元，占4.4%。原定的4.5亿亩稳产高产农田目标被留置到"四五"计划（1971—1975年）考虑，这再一次凸显了农业在国家发展战略中的次要地位。实际上，改革开放以前，中国农村发展始终处于次要的地位。在农村被置于次要地位的情况下，1967年至1977年，中国农业总产值年均递增速度仅为2%，在1968年、1972年、1977年农业生产还出现了负增长的情况。1968年农业总产值比上年下降2.45%，粮食减产4%；1972年农业总产值比上年减少1%；1977年农业总产值比上年减少0.4%。"大跃进"的盲目探索不仅损害了农村生产力、打击了农民积极性，而且不断强化的"以农补工"导向，更进一步造成了城乡收入差距扩大，成为时至今日仍难解决的重要难题。

三 1979—2005年：改革中的农村——农村土地的第二次"分"

1978年及之前的发展实践证明，农民集体生产模式不仅无法实现农业生产力的有效提高，而且会造成农业生产、住房饮食和教育医疗等多方面的限制和拖累。1978年，中国农村土地开始探索第二次"分"散，赋予农民长期土地经营权，为农民架起了由"脱贫"到"致富"的关键桥梁，是中国农业真正走上高效发展之路和农村良性发展的转折。这一时期的探索和实践主要分为两个阶段：一是农村改革与市场化探索时期的农村发展（1979—1991年），该时期的发展奠定了农业生产力发展的基础；二是面向市场经济过渡时期的农村发展（1992—2005年），该时期进一步理顺了市场经济条件下农村发展（思路），协调工农业发展关系，推动农业发展全面转型。

第一阶段的有益实践和探索主要包括：一是农村微观组织形式改革。1983年10月12日，恢复乡人民政府体制，规定公社为集体经济组织。二是农产品流通体系改革。1985年的中央一号文件《关于进一步活跃农村经济的十项政策》，规定以合同定购制度代替统购派购制度，意味着"以农补工"体制开始发生松动。三是乡镇企业异军突起。1985年5月，国家科委提出和实施"星火计划"，推动乡镇企业的技术进步，随后乡镇企业步入发展的"黄金时期"。乡镇企业的发展为国家整体经济发展、税收增长、财政收入增加、农民收入提高和农村社会安定与精神文明建设都做出不可忽视的重要贡献。

第二阶段的农村发展则是全面向市场经济的过渡时期。这一时期，农村社会矛盾有所凸显。从经济因素方面分析来看，原因在于：一是农业生产情况出现波动，而市场化改革因素又致使农民的收入增长缓慢；二是农民的负担逐年增加，除了农业税和"三提五统"的征收外，农村基层组织还存在着乱收费的现象。为此，出现了部分要求增加农民收入、减轻农民负担及农村发展变革的要求。这种调整和变革以2001年4月国家决定在少数县（市）进行农村税费改革试点为标志，随后在全国范围内推进。2005年12月29日，农业税的取消，被认为是现代社会与封建告别的历史分野，是中国现代化最为强劲的动力支点，从根本上启动了中国社会的公平发展之路。

以党的十一届三中全会为标志，中国的农村发展进入了一个崭新的时期。家庭联产承包责任制赋予了农民多年来梦寐以求的土地使用权利，尽管土地所有权利暂时还未能实现，但是十五年承包权不变，以及后来的土地使用权续延期等措施还是给广大农民注入了一颗定心丸。农村生产力得到极大解放的同时，中国农村迎来了黄金发展时期，这一直持续到十六届五中全会。在农村大发展的同时，我们也要看到城市和工业的更加快速扩张是基于对"三农"剩余的提取。其实从新中国成立以来，中国长期奉行的是农村支援城市、农业支持工业的政策。农村的剩余劳动力在改革开放后，成为城市建设和工业发展取之不尽的廉价劳动生产要素，第一代和第二代农民工的前仆后继就是典型案例；农村的金融资源也被各种金融机构源源不断地抽干，无论是信用社还是商业银行都以较低的利率吸收资金，再用于城市和工业发展。通过比较分析，城乡差距呈显著扩大趋势，贫富分化较为明显，城乡良性互动关系始终未能确立。

四　2006—2011年：社会主义新农村建设

2006年的中央一号文件《中共中央国务院关于推进社会主义新农村建设的若干意见》，正式提出新时期中国农村发展的方向是"社会主义新农村",并通过《"十一五"规划纲要建议》,提出要按照"生产发展、生活宽裕、乡风文明、村容整洁、管理民主"的要求,扎实推进社会主义新农村建设。如果说中国的"贫困陷阱"的摆脱是建立在以农补工的基础之上,那么新世纪的中国"中等收入陷阱"的跨越就需要实行"以工补农"、"城市反哺农村"的带有补课性的政策。从这个角度理解"新农村"的"新"含义才能找到建设农村和经济跨越发展的动力源泉。因此十六届五中全会明确提出的"新农村"五个方面内容,即新房舍、新设施、新环境、新农民、新风尚,它们共同构成小康社会"新农村"的范畴,成为弥补城乡鸿沟的具体内容和标准。社会主义"新农村"与建设和谐社会、小康社会息息相关。

此后,2007年《关于积极发展现代农业扎实推进社会主义新农村建设的若干意见》、2008年《关于切实加强农业基础设施建设的若干意见》、2009年《关于促进农业稳定发展农民持续增收的若干意见》和2010年《关于加大统筹城乡发展力度进一步夯实农业农村发展基础的若干意见》等一系列纲领性文件的颁布,涉及农村经济社会的各个方面,包括现代农业建设、农民收入、农村基础设施、农村社会事业、农村民主政治等农村经济社会生活的方方面面。经过五年的建设,农村的整个面貌焕然一新,获得农村发展、农民安居、农业稳定增长的局面。

五 2012年：中国农村踏上新征程——新型城镇化

(一) 新型城镇化的特点

新型城镇化要以服务在此居住和生活的人为中心,以产业吸引人才居住。新型城镇化和传统的城镇化有很大的不同,表现在六点：一是效率更高;二是质量更高;三是资源更节约;四是生态更环保;五是规模更小;六是成本更低。这主要体现在经济发展的不同阶段。当中国处于工业化早期和中期时,在工业的有力推动下,城镇的规模扩大和质量内涵得到了提升,人民的工作和生活得到了较大改善。而全面建成小康社会在过去脱贫致富的基础上对城镇化提出了更高要求。

(二) 新型城镇化意义：破解中国二元经济结构

二元结构的概念和理论最初是由荷兰社会学家 J. 伯克于1953年

在其专著《二元社会的经济学和经济政策》提出。他通过调查印度尼西亚的社会经济状况,发现传统的农业社会遍布于广大乡村,而殖民地下的城市已经进入了工业化的现代社会,从前的一元同质性经济社会结构裂变为二元异质性。各国经济发展过程中,都会经历从一元到二元的转变过程,随着经济的快速发展,资源稀缺引发的增长掣肘凸显,因此城市以其空间集聚、节省交易成本、增加生产效率和提高生活品质而成为替代农村的发展模式。在社会组织方式出现重大变革中,传统农业因其低效率和劳动力过剩必将被高效率的工业生产所取代,农民由"面朝黄土背朝天"转向工厂工人。工业化的生产方式促进了社会化的分工协作,促进了传统社会向现代社会的转变。通过机器大工业生产方式,农民转变为工人,现代工业社会逐步占主导地位。现代工业部门扩张的同时,也为传统农村农业的现代化改造提供了技术和设备上的保障,在现代化的生产组织方式和规模经济的双重作用下,传统低效率的农业生产部门迅速实现了现代化的改造和发展,减少了同现代工业部门的生产效率差距。通过工业部门和农业部门的良性互动,二元经济结构又将转为一元结构,只不过此时一元结构较先前的效率更高,社会文明程度也不可同日而语,这实际上是螺旋桨式的社会发展轨迹。美国经济学家 H. 钱纳里,通过对 101 个发达国家和发展中国家或地区的二元经济结构问题进行分析,提出经济结构转型是否顺利将决定经济发展程度,而经济结构华丽转型成功的标志是传统农业主导的经济结构转变为现代工业主导的经济结构。和发达国家相比,发展中国家的二元结构问题更突出,在资源转移和再配置过程中,不确定因素多,市场变化大,产业结构和经济结构的转变空间余地也更充分。

中国作为中等收入国家,处于经济发展的十字路口。根据经济增长多重均衡点理论,此时中国的经济均衡是一个不稳定均衡状态。一方面以往的经济增长模式在城乡对立凸显现实下,难以为继,增长动力不足;另一方面解决好国内城乡二元经济结构矛盾,经济就可实现二次腾飞,进入新的均衡稳定状态。追本溯源,早在 1950 年,由于城市建设需要和苏联对中国的大规模设备投资,促使中国农村劳动力向城市转移,在"三通一平"等基础设施工作完成以后以及 1957 年中苏关系恶化，苏联撤资，更为重要的是农业劳动力的减少直接造成了农业产出无法满足城市需求，这些因素的叠加，造成了城市的劳动力大规模向农村迁移。这样基于农业剩余劳动力的农业剩余通过城乡"剪刀差"和国家计划调拨的方式进入城市，支撑国家工业化发展，二元结构由此形成。在中共十二大后，中共连续五年的一号文件对长期困扰经济增长的城乡二元结构开始尝试破冰之旅，"开通城乡，打破城乡二元结构"虽然已经成为共识，但时至今日，城乡对立更明显、更突出，这其中主要原因是城市中既得利益集团为了保护自己的利益，千方百计阻挠城乡协调发展。最具代表性的就是农民工在不断为城市奉献和不断被榨取剩余价值后，又要像候鸟一样回到故土，除了一亩三分薄田外，无依无靠，没有像城市功能先进的生活服务设施和完善的社会养老保障措施。只有解决"三农"问题中的农民主体地位和农民利益问题，城乡二元结构困境才有可能破解。当然由于历史欠账较多，城市还暂时无法容纳新增大量人口，农村城镇化建设可以成为破解之道，这既可拉动国内投资需求（因为农村基础设施非常薄弱），又可实现农民"离土不离乡"的梦想。至于传统农业发展何去何从，美国经济学家 T. 舒尔茨认为应该走传统农业的现代化之路。其中最关键的是在农业生产中引入现代生产要素，表现为掌握现代农业知识的农民、农地的机械化水平。农民现代知识的掌握来自对农民的投资，这种人力资本投资成为农业经济增长的源泉。美国农业经济的现代化过程中，主要还是政府通过对农村初等教育不断投入，在美国南部农村，对初等教育投资10%，农业产出增加高达30%。今天的美国，农民数量不到2%，不但养活了3亿美国人，而且使美国成为世界最大的农产品出口国，这一切都来源于高科技。美国农民中20%有大学学历，愚昧、落后已经不再属于现代农民，其和城市居民的差别更多地表现在居住方式和从事的产业，但共同点是都有知识和技能，对信息和科技具有一定程度的了解和掌握。反思中国的农业发展，最主要问题还是土地流转复杂和艰巨使得农地经营规模有限，限制了农民对学习农业科技知识的渴望，同时也限制了现代化的农业机械的普遍应用。

(三) 新型城镇化要解决的几个问题

1. 核心问题：农民和土地关系问题

家庭联产承包经营制的确立保证了农民拥有自己的土地，土地从高度集中到高度私有，农民的收入有了一定的提高，似乎土地问题得到彻底解决，但这仅仅是万里长征第一步，中国的现实情况注定土地部分权利属于农民，国家依然掌控土地这个最大资源要素。国家的强大与农民的弱小不仅引发了各种利益纠纷，例如农村土地经常以远低于市场价格被政府收回，更为严重的是农业生产效率始终难以匹配工业生产效率，导致工农收入分配差距拉大，内需始终启而不动。城镇化不可避免涉及土地征用问题，当前土地征用制度存在很多瑕疵，完善包括土地调节机制、价格调节机制、资金筹措机制和税收调节机制在内的土地征用制度，允许农民以手中掌握的土地权利参与分享城镇化的利益。但是在土地制度改革中，警惕农民因为缺乏资金和农机设备或者其他因素将手中的土地出售给大户后成为"失地农民"，在城镇中形成类似拉美等国的"贫民窟"；同时也要防止在农民中产生类似新中国成立初期的土地集中化的误解，将进城务工农民的土地流转错误理解为家庭联产承包经营的重大改变，是新中国成立以来的所谓"第二次土地'合'"的发展阶段。

2. 城镇产业发展

工业化创造了供给，城镇化创造了需求。工业化和城镇化的良性互动是城镇化的重要保证。新型城镇化既不是缺乏产业载体的空中楼阁和"有城无市"、"有城无业"、"有镇无人"的"空城计"，更不能重蹈20年前东南沿海地区经济发展出现的"先污染，后治理"的老路。"既要金山银山，更要绿水青山"应该成为城镇产业发展理念。因此按照"雁型理论"，中国广大中小城镇在承接发达国家或国内先进地区的产业转移时，注重产业结构转型升级和节能环保。传统工业化和新型工业化对城镇的要求有很大区别。低层次、低附加值的工业向高层次、高附加值的现代工业转变。在产业变迁的过程中，诞生出许许多多新技术、新思想、新产品和新商业模式，创新将始终伴随着城镇化的发展。这里有必要强调一下城镇工业在吸纳劳动力方面的作用。在20世纪乡镇企业蓬勃发展之际，这些企业基本都属于劳动密

第六章 中国跨越"中等收入陷阱"路径之一：农村现代化

集型，既解决了剩余农村劳动力就业问题，又增加了农民收入，反过来，农民的储蓄增加又为乡镇工业持续发展提供了资金保障，同时这些工业带动了周边小城镇的繁荣发展。这些宝贵经验在新型城镇化建设中值得借鉴。

3. 打造现代化农业和创新农业组织形式

作为农业现代化的重要引擎——城镇化将有效带动和引领农村劳动力转移、人口转移和产业升级，促进农业适度规模经营和农业专业化、标准化、规模化、集约化生产，而农业现代化是城镇化的重要基础和根基。一般来说，农业产出效率和生产规模呈反向关系，这意味着大农场的单位面积产量小于以家庭农场为代表的小农场。从这个角度讲，人均拥有成百上千亩土地的资本主义大农场不是中国农业的发展方向；而以拥有几十亩地的家庭农场才是中国农业现代化的不二选择。反过来说，如果仍然坚持目前的人均土地不足二三亩土地的传统农业模式，由于科技含量不高，规模经济难以发挥等因素影响，难以提升产品质量、打造品牌、提升劳均产出以及为工业供给剩余劳动力，从而制约整体经济的增长。由于城镇化的一个直接结果是大量剩余劳动力进城，这要求粮食生产必须得到保障，这也符合农业现代化的发展方向。家庭农场和大农场相比，存在明显不足：一是外部的环境、气候的变化对家庭农场的打击更大，其个体风险通常无法分散；二是贷款难和信息少限制其生产的扩大；三是生物技术和有机技术获取费用较高。鉴于这些严峻的挑战，可以通过制度创新减轻或规避，使得家庭农场从"新型农业"中获益。例如可以采取成立各种合作社，降低交易成本，有效分散非系统性风险；通过纵向结合的订单农业使农民融入高价值产品的供应链中。

4. 注重小城镇发展和城镇化的质量提升

21世纪的前十多年，中国的城镇化发展速度惊人，城镇化率几乎以每年一个百分点的速度增加，截至2011年年末，城镇化率已达到51%，城镇人口首次超过农村人口，为6.9亿人，同时城市规模也在不断膨胀。但这也造成了中国城镇发展的新二元结构，表现在城镇化发展呈现哑铃型分布：即大者恒大，小者恒小。对于大城市而言，几十个大中型城市明确提出要超英赶美，建设成国际大都市，在建摩天大楼 300 多座，还有 500 多座在规划中。城镇化的发展进入了奢侈化，与此形成鲜明对比的是居住在城镇中的居民，尤其是进城务工的农民只能过过眼福，无法享受城镇的本应同步增加的教育、医疗、养老等各种社会公共福利。统计意义上，在城镇居住连续六个月就可成为城镇人口。以上海为例，目前城镇化率已接近 90%，但是其中 1000 万人作为非上海户籍人员，得到的城市公共福利大打折扣。根据经济学的边际报酬递减规律，当城镇规模达到一定程度时，随着城镇的扩大，其成本将会凸显，收益转向负值。对于三四线城市以及县域城镇而言，以北上广深为效仿对象，追求大马路、大路灯、大广场的城镇形象工程，但是由于人口不足，未能充分发挥出城镇集聚经济效应。简言之，新型城镇化不是城镇面积的扩大和人口数量的增加，需要剔除过去赋予其拉动经济增长的重任，改变传统增长导向型城镇化模式，应以民生改善为目的，关注城镇化中居民的生活质量改善，切实实行人居环境、就业方式和社会保障从"乡"到"城"的转变，让居民找到城市的归属感和幸福感。城镇化的发展战略按照费孝通先生提出的"小城镇、大战略"，着重发展县城和县域中心镇，让农民在"离土不离乡"中提高收入，感受幸福。

5. 政府治国理念和职能转变

一方面，在不同的经济发展阶段需要不同的治国理念。当 20 世纪七八十年代东亚威权主义带领本国或本地区创造"东亚奇迹"之时，受到了包括中国在内的瞩目。当然这种威权主义是一种以补充性社会政策作为修补的"精英治理模式"，防止社会不平等对经济增长的干扰。诚然，在东亚追赶先进发达国家时，在一个善于学习、效率较高和强有力政府的领导下，朝着前方明确的目标，是可以成功跨越"中等收入陷阱"和赶追上发达国家的。但是当它们从追赶者变成领跑者时，政府已经看不清前方发展之路，无法领导企业前进，此时政府就需要从主导者撤出，让更多的、更有竞争力的充满创新激情的企业家施展才能。正如吴敬琏所言：中国不能再走新加坡式威权主义道路。需要警惕的是我们也要防止拉美"民粹主义模式"产生的社会福利过度化带来的经济衰退。另一方面，在新型城镇化过程中，政府需将视线从经济增长转移到社会服务。回归市场竞争的本质，以市场主导代替政府主导的城镇化模式，合理界定政府和市场的边界，政府的作用是弥补市场的失灵和解决外部不经济的问题。如果按照目前城镇化率一年一个百分点的速度，未来十年中国城镇化率的提高也就意味着，至少一亿农村富余劳动力转移到城镇，那么如何将这些劳动力变成城镇发展所需要的多层次人力资源呢？例如，加强进城农民的培训，提高他们的就业竞争能力；完善市场秩序，保证农民务工时的权益；建立完善的社会保障体系，解除其后顾之忧。从长远来看，当一国进入到后工业化时期，教育资源的平等化将决定其经济增长的持续性，因此在土地资源均等化完成后，政府的最大职责是保证教育要素，尤其是中小学教育要素的合理均衡配置，给所有人提供公平的发展机会。

6. 效率和公平

取消了农业税，理顺了新时期农村发展脉络，宣告了"以农补工"时代的终结；"新农村建设"开启了"工业反哺农业"之门。工业和农业在新中国成立60多年的社会经济发展中，相互扶持，相互支援，体现了效率和公平的博弈。经济"蛋糕"做大的同时需要公平的分割，而要想公平分享经济增长的"蛋糕"需要以生产效率提升作为根本保证。过去的十年，中国以年均近10%的速度飞速发展，其中城镇化率就贡献了3个百分点。当前中国经济已经进入了一个上中等收入阶段，未来十年人均GDP要从目前的5000美元跨越到10000美元，同时人均收入也要翻一番。这个阶段能否成功跨越，取决于以城镇化为变迁路径的结果。当更多的农民选择进城时，实际意味着一场广泛的利益分配格局的开启。如果片面从静态的角度来讲，似乎这是一场你多我少的总量不变的零和博弈。但是当我们将视线从时点拉长到时期，"蛋糕"的分配在"蛋糕"的做大中趋于分配合理，"滴漏效应"就是在告诉我们城镇化推动经济增长和扩展，使得包括进城农民在内的各阶层受益。

总之，在1978年的小岗村拉开中国改革开放的序幕和2006年的中央一号文件以新农村建设为主题掀开了"三农"问题系统化解决的新篇章基础之上，十八大报告中提出的"新型城镇化"注定成为新中国成立以来农村发展的一个新里程碑，是中国未来十年全面建成小康社会宏伟目标的重要保证。

第七章 中国跨越"中等收入陷阱"路径之二：制造业升级

综观第二次世界大战以来世界制造业的转移过程，基本可以分为三次。第一次发生在20世纪50年代，其标志是美国曾是重要产业但利润较低的国内低端制造业，例如纺织工业、耐用消费品工业、简单机械和冶金工业等向日德等国开始转移，在60年代美国半导体、通信、电子计算机等新兴产业发展之后，这种转移加速，一直到80年代信息技术革命之后，转移完成。第二次是从60年代开始，日本、德国在吸收了美国的一般制造业技术后开始向亚洲和拉美国家或地区转移轻工、纺织和机电等劳动密集型加工产业，在此过程中，既出现了亚洲"四小龙"20多年的经济增长奇迹，也将拉美一些国家从经济贫困陷阱中解放出来。第三次发生在20世纪80年代，美国、欧洲等发达经济体以及日本、韩国等亚洲"后起之秀"继续将低技术型产业不断向亚洲和非洲其他国家转移，尤其是中国在实行改革开放的方针后，基于中国庞大的消费市场和价格低廉的要素，它们不约而同达成了向中国转移劳动密集型产业、加工制造业和电子信息产品制造业共识，而新兴工业化国家（地区）重点发展技术密集型产业，美、日、欧等发达国家重点发展知识密集型产业。

在第三次世界制造业转移过程中，中国的制造业在30多年的快速发展中先后经历了三个阶段。首先是起步阶段，从20世纪80年代初到90年代初，中国的制造业发展先从深圳等沿海地区尝试。此时中国已经认识到发展商品经济是走向富强的必由之路。"三来一补"的贸易加工模式使得轻工业率先发展。其次是加速阶段。在1992年邓小平南方谈话之后，中国的改革开放开始进入深水区，走市场经济改革之路已经成为旗帜，整个中国从沿海到内陆，从城市到农村，开始了一场轰轰烈烈的经济复兴运动,这表现在工业园区的遍地开花和招商引资的红红火火,FDI 的快速增加就是最好的证明,1997 年爆发的亚洲金融危机加速了日韩等国向中国转移旧技术和旧设备的过程,中国在内需不振的情况下,只有承接这些技术设备,开展对外加工贸易,增加出口来维持经济增长和最大限度减少失业率。最后是冲刺阶段。进入新世纪的第一年,中国成功完成入世谈判,逐渐成为第三次世界制造业转移的最大承接地。中国充分发挥了后发优势,通过制造业大规模吸收外资,以加工贸易方式承接了大量工业制成品的外包,一跃成为全球制造业的中心和世界第二大制成品出口国。得益于第三次世界制造业转移的中国,蓬勃发展了 20 多年,尤其是伴随着新世纪初的成功入世,美日等发达国家和亚洲"四小龙"加大了对中国的制造业转移步伐,促使十年来中国经济增长率保持在 9%。

然而始于 2008 年夏的美国次贷危机给依靠外需拉动经济增长的中国泼了一盆冷水,以珠三角和长三角为代表的中国制造业,尤其是加工制造业面临订单不足,工厂开工率骤降的压力。正所谓"福不双行,祸不单至",一年后,欧洲的债务危机又接踵而来,寄希望于扩大欧洲市场来填补美国市场的空缺化为乌有,同时欧美的财政紧缩政策和对中国商品出口的各种限制政策令中国制造业难以喘息。与此同时,世界范围内的第四次制造业转移已经开始,一方面是美日等国的再工业化呼声渐起,并且一些跨国公司已经付诸行动;另一方面是要素成本的高企迫使外商直接投资迁移到成本更低的国家,在这种双重夹击下,中国制造业是引领者还是淘汰者,中国的制造业何去何从已经是刻不容缓、亟待解决的重要课题。

第一节 制造业的内涵

制造业的本意是指对制造资源(物料、能源、设备、工具、资金、技术、信息和人力等),按照市场要求,通过制造过程,转化为可供人们使用和利用的生产消费品与生活消费品的行业,对中国而言,其包括扣除采掘业、公用业后的所有 30 个行业。从此定义中,我们一方面可以看出制造业是一个系统工程，包括产品设计、原料采购、产品制造、仓储运输、订单处理、批发零售六个环节，产品制造仅仅是其中一个环节而已，绝不能将制造业和制造环节等同起来。另一方面我们要注意制造业中所蕴含着的制造能力丰富内涵。制造的产品多不等于制造能力强，听制于人、受制于人的生产仅仅是一时吹起的泡沫和表面的繁荣，难以持续和长久；相反拥有自主创新技术和知识产权代表了先进的制造业。因此制造业核心是品牌和核心技术（或称之为知识产权、专利）。

一 制造业产业链体系

产品设计、原料采购、产品制造、仓储运输、订单处理、批发零售六个环节所创造的利润总和是整个制造业的价值体现。目前的国际分工已经不再是原来的产品间简单横向分工，产品内的基于价值链基础上的纵向垂直分工已经占据主导地位，这意味着传统的以国际贸易为主体的国际分工向以国际生产为主体的国际分工转变。国际分工的深化标志着国际生产一体化网络的逐步形成。在国际生产一体化过程中，跨国企业加速了国际分工与专业化生产，依据最低成本原则，它们将产品的不同生产环节在全球范围内合理配置，实现技术开发、产品生产、销售环节跨地区分布和整合，有助于发达国家和发展中国家利用自身技术优势，发展劳动力密集型、资本密集型、知识密集型等不同的产业。美、日、韩等国利用自身的技术与资本优势发展半导体、电子信息等新兴产业，中国与其他东南亚国家利用劳动力资源优势发展加工、装配等制造产业，均取得了明显成就。

正如我们看到不仅仅是通用公司、IBM公司的扩大，我们也发现宝洁等日产用品行业的主宰。在发达国家轻重工业垄断的今天，值得思考的是它们垄断的根源在哪里。其实通过分析制造业产业链体系，就可寻觅到垄断利润源头。当产品从发展中国家输出到世界各地时，利润源源不断地汇集到发达国家手里，其背后实质就是整条产业链竞争。

中国作为生产大国，给人的错觉就是制造业大国，其实是代工生产大国而已。曾几何时，中国生产的芭比娃娃主导了美国玩具市场。但是在美国沃尔玛超市所售的价格为9.99美元，而中国创造的价值仅为 1 美元，这其中的将近 9 美元的差距来自哪里呢？显然是两头在外的设计和品牌等环节。尽管许多中国外贸企业从事两头在外的加工和组装生产，解决了就业等问题，并且加工贸易已占中国出口总额的 60%，但是 90% 的利润还是被跨国公司拿走。

二 制造业的组成：被动的制造和主动的创造

制造业从要素贡献角度讲可以分成两大部分：知识要素和其他要素。知识要素也就是我们所说的创新或创造能力；其他要素则包括资源、资本和劳力等。2012 年，美国提出制造业回流和再工业化。这是基于何种考虑？是解决国内日益增加的失业率还是想做整条产业链每个环节上的"巨无霸"？众所周知，美国已经是创造性大国，新技术和新产品连续从美国诞生。中国是制造业大国，贴着"Made in China"和跨国公司的商标的产品流向世界每一个角落。这里面我们需要认真思考的是"Made in China"和跨国公司的商标两者的含金量。无论是绝对比较优势理论还是相对比较优势理论，任何一国都应专注于最能发挥其优势的某一产业、产品或环节。但需要特别注意的是这种分工前提是没有国家威胁存在。在当今丰富多彩的世界里，国家与国家之间仍然千差万别，利益纷争不断涌现，在考虑国家经济命脉风险后，美国确实需要制造业的回流，这是其一；其二，更为重要的是，知识要素和其他要素在产品的贡献率上是否存在一个黄金固定比例，或者说制造业中的制造环节和其他五个环节可能存在某种内在的关联。基于以上两点考虑，"国内研发，国外生产"（invent it here，manufacture it there）的制造业经济发展模式将不可持续，这就引发了我们对于美国等发达国家既是制造型大国又是创造型大国的关注。

第二节 第二次世界大战后世界制造业转移过程特点和各国经验

一 第二次世界大战后世界制造业的三次大转移

从产业转移所波及的国家（地区）和转移方式看，第一次和第二次制造业转移是以简单国际贸易和产业的水平分工方式完成，第三次产业转移朝纵深化方向发展，其垂直分工方式是通过世界范围内的生产要素资源配置实现，价值链延伸到世界范围内。杨文芳和方齐云提出："国际生产分工模式正由过去的产品间国际生产分工逐渐转为产品内国际生产分工，即分工由产品层面不断向工序层面细化和深化，其间以跨国界的垂直贸易链相连接。在此模式下，各国将本国的要素禀赋比较优势、人力资本比较优势或技术比较优势分别加入到原材料生产、产品研发设计、零配件生产或整件组装等各个生产环节中去，从而极大地促进了国际产业转移。"[①] 国际产业分工体系组成见图7－1。

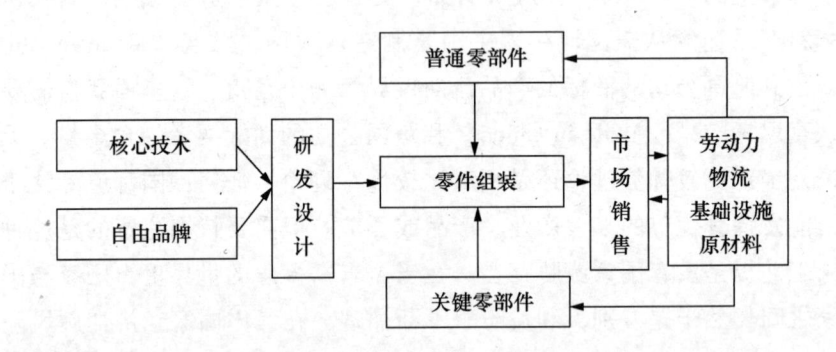

图7－1 国际产业分工体系

伴随着世界产业结构的调整，发达国家将制造业从重化工业逐渐转向以高附加值加工业为特征的制造业核心，同时新兴工业化国家或地区按照雁型模式承接西方发达国家的调整，加快向工业化过渡。尤其是日本和亚洲"四小龙"表现最为突出，它们推动制造业从劳动密集型转向资本、技术密集型。以中国台湾地区为例，其工业发展策略是选择"二高"（附加值高、技术含量高）、"二大"（产业关联效果大、市场潜力大）、"二低"（能源系数低、污染程度低）进行产业升级。另外通过仿效美国斯坦福科学园，建立了新竹科学园区，以引进和扶植尖端技术产业。简单来说中国台湾地区的经验就是大力推进高

[①] 杨文芳、方齐云：《产品内国际生产分工对中国的劳动需求效应分析——基于制造业转移承接国的视角》，《财贸研究》2010年第10期。

新技术产业。再比如新加坡于20世纪七八十年代通过吸引外国资本和外国先进技术,成功地建立起以电子电器、石油提炼、造船为代表的机械制造的制造业,建立起门类相对齐全、结构相对合理、以资本和技术密集型的重化工业为中心的产业结构。正如上文所言,日本是以技术创新完成产业升级。日本装备制造业的振兴过程,既非完全自力更生的播种方式,也非拉美的全套引进设备的技术引进方式,而是采用了在目前已掌握的技术基础之上引进关键技术和设备的嫁接方式,最终完成了消化吸收、模仿创新、自主创新。

自1992年市场改革大幕拉开,中国通过改革开放,不断融入经济全球化中。截至2012年年末,中国连续20年成为利用外资最多的发展中国家,并且成功在制造业低端融入世界制造业价值链体系中,从而真正成为"世界工厂"。

二 第四次转移的动向和原因

伴随着2008年金融危机,世界第四次制造业迁移也正式开始。中国的"世界工厂"地位岌岌可危。在服装等轻工业的厂商,例如耐克、阿迪达斯相继将在中国的自有生产工厂"外迁"到越南或缅甸之际,星巴克、佳顿、福特汽车也将全部或部分产能"回巢"美国本土,同时苹果公司宣布将把部分Mac电脑生产线迁回美国。进入2012年以来,"逃离"中国已经成为外资企业的共同选择。仔细分析第四次制造业的转移,主要原因是:

首先是中国的生产成本增加较快。

2008年以来,中国劳动者的工资水平快速增长,这背后的因素主要是国家加大了劳动者薪酬保护力度,先后出台了保护劳动者最低工资水平的《劳动合同法》,同时要求外资企业按照法律法规给劳动者上缴各种保险金。外资企业面对产品价格逐渐降低而劳动成本逐渐提高的困境,开始将制造业的接力棒从中国转移到成本更低的"东盟七国"手里,即泰国、菲律宾、越南、印度尼西亚、老挝、柬埔寨和缅甸。在过去几年里,越南、柬埔寨纺织品和服装等劳动密集型产业的出口增速都超过了中国。不难预测,随着中国人口红利的高峰逐渐减退,劳动供求的逆转将推动工资大幅上涨。"以美元计的中国工资预计将每年增长15%至20%,超过生产率增速。在考虑美国的生产率后，中国沿海地区与美国部分低成本的州之间曾经巨大的劳动力成本差距，到2015年将缩减至目前水平的40%以下。"① 由于中国制造成本上涨，不可否认的事实是：中美两国制造成本的差异正在缩小。这意味着，以往以低成本吸引外资的"中国制造"，其吸引力不断衰减。正如华南美国商会会长、美国商会亚太理事会中国事务副主席哈利·赛亚丁所言："企业总是被吸引到成本最低的区域，因此他们搬迁到其他地区以获取更低成本，是自然而然的事情。"②

2011年10月8日，《华尔街日报》发表专栏文章《准备好了，美国：中国正在变贵》写道："以前在中国制造在美国销售的家具，价格优势曾高达50%，现在这一优势只剩下10%至15%，部分原因是中国的工资水平大幅上升，某些地区一年的涨幅高达15%或以上。同时，和几年前相比，运输成本也增长了一倍。"波士顿咨询公司也从它们的调查中看到了中美制造业成本差距的缩小，其高级合伙人希尔金指出："2005年，中国劳动力成本只有美国的22%；到2010年，这个数字上升到31%。2010年，中国工厂工人每小时的报酬是8.62美元，美国南部是21.21美元；到2015年，预计长三角中国工厂工人每小时的报酬将上升到15.03美元，而美国南部则是24.81美元。"③

制造环节的成本不仅仅是劳动成本，包括电力、煤炭、天然气在内的动力能源成本增幅也不容小觑。中国电力企业联合会2012年3月发布《电力工业"十二五"规划滚动研究报告》称，中国电价水平偏低，2015年合理的平均销售电价应在728.7元/千千瓦时，较2010年上涨27.6%，年均增长5%。另外，中国工业用地价格上涨明显，而商业用地价格早已超过美国等发达国家。另外水资源越发稀缺，用水成本也在不断攀升。中国的600多个城市中，其中400多个

---

① 张茉楠：《中美制造业竞争核心：全球价值链位置》，《上海证券报》2012年12月13日第7版。

② 李青：《外资仍看重"中国制造" 制造业迁回美国比例很低》，《羊城晚报》2011年11月1日第6版。

③ 刘斌：《中国沿海城市制造业成本正在速度向美国靠拢》，《南方都市报》2011年11月3日第16版。

城市缺水，110个城市严重缺水。在发达国家，水费支出一般占到家庭支出的2.5%—3%，工业中，水的成本约占制成品总成本的3%。但在中国，这个比例分别为0.5%和0.6%。水价严重偏低的中国面临价格回归的强烈预期。

其次是美国凭借技术革新既提升了生产效率又降低了能源成本，从而相对降低了整体生产成本。

2010年8月，美国总统奥巴马签署《制造业促进法案》，试图重塑制造业竞争优势，但这也引起我们对"美国制造"的产品能够保持"中国制造"的价格优势的疑问。Sleek Audio耳机迁回美国生产后，通过重新设计产品和降低次品率，售价保持不变就是最好的反驳。他们通过重新设计耳机，使得零部件需求量大大降低，再加上严格的质量控制，残次品率出现的概率降低，这些都可以抵消回迁美国国内增加的人工成本。借用希尔金的解释："由于当前中国劳动力工资增长的速度正远远大于生产力的增长速度，所以中国经济增长的转折点正在显现。虽然中国劳动力成本很便宜，但在影像制造业等很多产业，其劳动力成本仅占总体生产成本的7%左右，机器设备成本占25%，此外还有物流、关税、汇率等其他成本。"①

自从索洛等学者利用全要素生产率对经济增长进行解释后，各国学者对本国的技术要素在经济增长的作用进行了实证分析，并得到一致结论：在资本、劳动和自然资源有限的前提下，通过技术带动经济跨越发展是各国走向繁荣的必由之路。在十年内国民收入翻番的目标指引下，粗略估计，中国工资预计将以每年20%的速度增长，中美两国的劳动力成本差距到2015年将减少到目前水平的40%；同时在注意到高企的航运成本以及世界范围内的垂直管理成本后，中国的成本优势将难以显现。因此随着中国廉价劳动力的消失，"残次品率"在美国企业家眼中正变得越来越"刺眼"。"美国制造"先进的生产技术和生产效率保证了"美国制造"能够提供"中国价格"。

美国先进的技术还体现在近年来以页岩气为代表的非常规油气的

---

① 刘斌：《中国沿海城市制造业成本正在速度向美国靠拢》，《南方都市报》2011年11月3日第16版。

成功开发,成为美国石油对外依存度出现拐点的重要突破口。该技术已经使美国页岩气产量高速增长,从 2007 年的 366.2 亿立方米提高到 2011 年的 1800 亿立方米,预计到 2035 年,美国页岩气产量将占到本国天然气总产量的 45%。现在,美国已经超过俄罗斯成为全球天然气第一大资源国和生产国,在满足自身需求的同时,还可以对欧洲市场输出液化天然气,削弱俄罗斯、委内瑞拉、伊朗和沙特等能源大国控制力。充裕的页岩气供应,使美国燃气价格直线下降,从 2005 年的 9 美元/mmBtu,降至 2011 年的 4 美元/mmBtu,而当前气价则仅为 2.4 美元/mmBtu(大致相当于 0.6 元/立方米,远远低于中国的天然气价格)。

Charles Fishman 在《大西洋月刊》杂志中的"内包促进繁荣"一文中,以通用公司(GE)在肯塔基的工业园区的兴衰为例,剖析了最近美国制造业回流的根源。该工业园区始建于 20 世纪 50 年代,在 1973 年鼎盛时期,园区有 23000 名工人;到 80 年代,随着美国制造业衰落,园区工人数量又回到 1955 年的水平,这种萧条状况一直持续到 21 世纪初。曾几何时,先后几任的 GE 总经理考虑出售这食之无味又弃之可惜的生产线。但令人惊讶的是 2012 年以来,该园区连续上马新的生产线:其中 2 月投产的新生产线,其用途是专门组装最新一代低能热水器,以此代替 GE 在中国的外包商。究竟是哪些因素促使 GE 放弃了曾经视为掌上明珠的外包生产而转向看似成本昂贵的内包制造呢?正如上文所言,首先是丰富和廉价的页岩气降低了制造的能源成本,同时石油价格增加了运输成本。其次技术创新大大提高了生产效率。当复杂的 Geospring 热水器控制板运抵肯塔基生产线后,自由工作的气氛和团队的密切合作改变了以往的设计,新设计的控制板减少了 20% 的零件数,从而原料成本下降 25%,同时装配时间从中国的 10 小时减到 2 小时,最终产品抵达销售点的价格从 1599 美元降到 1299 美元。正如托马斯·萨金特所言:虽然美国在劳工技术工种方面的综合资源无法与中国相媲美,但是创新将是美国制造业重铸辉煌的驱动力。

第三节　中国在国际制造业转移过程中的角色定位

一　中国制造业发展的特点

毫无疑问，作为世界第三次产业转移主要承接地的东南沿海地区，现在已成为第四次产业转移主动力源。在过去的30多年，东南沿海地区在低劳动成本和土地成本以及完善的基础设施支持下，通过"三来一补"方式嵌入到全球价值链体系中。这期间主要经历了三个阶段：一是从1979—1991年，香港地区轻工业和传统加工业等以加工贸易方式开始转移进来，而跨国公司对大陆投资仍然比较谨慎，采取小规模、试验性的投资。二是从邓小平南方谈话后招商引资进入快速发挥阶段。主要是中国台湾地区以及日本、韩国的电子、通信、计算机产业的低端加工和装配大规模转移。1996—2001年，年均FDI年规模在400亿美元左右。三是从2002年至今，开始进入承接产业转移的高速增长阶段。欧、美、日以IT、汽车为主导的产业，以跨国公司研发和采购中心为代表的高端服务业转移，此时东南沿海地区已集中了全国80%左右的加工装配工业。

二　在世界第四次产业转移中面临的挑战

世界制造业转移的基本特点是制造业的发展刺激了对当地生产要素的需求，随后生产要素价格上涨迫使产业向外转移。21世纪的前十年，中国的珠三角和长三角等沿海地区相当数量的企业开始走出国门，初现了世界第四次制造业转移。但在世界第四次产业转移中中国面临严峻挑战，主要是资源和环境承载能力逐渐降低——智能制造业回流美国等发达国家。

最近十多年，中国经济增长保持了年均9%的高速增长态势，其背后的巨大隐性代价是资源的日益枯竭和环境污染日趋严重，这对下一步中国持续发展构成了严峻挑战。当前中国人均土地面积和资源储量都远低于世界平均水平，我们必须像日本那样，利用先进的科学技术提高资源的使用效率，同时大力发展循环经济。

第四节　中国如何加快制造业创新步伐

人类历史上曾发生过四次产业革命,每一次产业革命都与科技革命有相当密切的联系,每次科技革命既推动了生产力大发展,也推动了经济的全球化。第一次是在18世纪下半叶开始的以蒸汽机革命为代表的第一次科技革命,在使生产力成百倍提高的同时,将工业与农业彻底分离。第二次是19世纪末的电力革命给重化工业注入了一股强心剂,国际化生产初步确立。第三次是20世纪60年代电子技术在生产和生活的广泛应用使得生产转向高附加值深加工方向。第四次是20世纪70年代开始出现的现代信息技术和生物技术的新一轮高科技革命,对世界制造业带来的影响一直延续至今。

基于此考虑中国制造业的创新可以从两个方面入手:一方面,抓住高技术创造出新生产领域,扩大制造业范围不断。另一方面,对传统产业进行高技术化改造。当前要充分利用新一轮高科技革命广泛传播和综合性强等特点,用高技术对传统产业加强渗透与改造,促使生产方式、工艺流程发生革命性变化,随着生产管理的智能化、数字化、弹性化,不仅提高了产品质量和增加了新品种,也使工业生产更加满足低成本、低耗能、低污染生产的可持续发展要求。另外我们要抓住经济全球化的时机。随着技术进步的加速,产品生命周期逐渐缩短,制造业技术损耗风险越来越大,为给发展新经济腾出空间,发达国家不断将传统制造业向国外转移,这就为发展中国家充分利用国际信息资源和先进科学技术加快本国制造业技术升级和制度创新提供有利条件。

一　利用政府资源和金融资源加快中国制造业创新步伐

与主要依赖于市场和企业,在市场竞争的试错中一步步发展的西方模式不同,日韩等东亚各国或地区利用政府的政策促进、贸易开放和投资的跨国(跨经济体)转移而实现经济奇迹。日本、韩国和新加坡等国利用"威权主义"和补充性社会政策发展经济,这有别于拉美实行的"精英管理模式"或"民粹主义管理模式"。日本政府面对本国自然资源稀缺的现实,通过制定产业政策,诱导企业将资金投向重点产业,将有限的生产要素配置到效益较高的部门。例如通产省在20世纪60年代初重化学工业发展导向和70年代初的知识密集型产业发展设想等。而在东亚奇迹第二波中的韩国、新加坡等看到了后进国家的政府在促进学习和发展经济方面的潜力,仿效日本,遵循了同样的政府政策路径。

二 发挥知识资本在创新中的基础作用

企业等微观经济主体在投资、生产、生活活动中,进行有意识的研究和开发活动的结果是产生了知识资本,这种资本随着生产和投资活动的积累而逐渐增加,尤其知识的外溢作用,知识资本具有规模经济和边际规模报酬递增的特点。当自然资源等物质资本随着经济活动的增加而大量消耗时,知识资本这种无形资本具有的无限容量的特点表现出优越性,制造业不再仅仅是规模物质的加工和制造,而更多地被赋予了技术、灵感和思想,加工对象实际变成了信息的处理。知识资本的产生不仅来源于企业,也来源于基础知识。这就涉及政府在创新中的作用。正如前文所论,基础研究由于投入大、成果不确定、周期长、风险高等因素导致私人企业不愿意介入,但是这些研究是一国的科研基础,它们作为大厦地基的深度决定了整个国家创新的高度。此时,政府对于这类研发的支持具有导向性,必不可少。

三 增加研发投入

在新世纪中,企业研发支出所占比重持续增加,成为企业发展的动力源泉。没有创新投入,就谈不上技术创新。虽然中国已涌现出一批有国际竞争力的创新型企业,但从总体上看,企业创新能力依然薄弱,许多领域缺乏具有自主知识产权的核心技术,企业还没有真正成为创新决策、研发投入、科研组织和成果应用的主体。研发投入强度反映一个国家或地区科技创新潜力和经济发展后劲。从国家或地区看,研发投入强度是指国家或地区研发投入总量与国内或地区生产总值之比,是国际上通用的反映一个国家或地区科技投入水平的核心指标,高水平的研发投入强度被认为是提高国家或地区自主创新能力的重要保障。研发投入强度与工业化发展阶段关系紧密。研发投入强度在工业化发展初期时小于1.5%;在工业化发展中期,研发投入强度一般为 1.5%—2.5%；工业化后期的研发投入强度一般超过 2.5%（见图 7-2），比如 1995 年成功跨越"中等收入陷阱"的韩国，其研发经费为 122 亿美元，占 GDP 比例为 2.69%，超过英美等国，接近日本的 2.96%。近七年来，中国全社会研发经费支出实现每年 20%以上的增长，研发投入强度从 2006 年的 1.39%持续提高到 2011 年的 1.84%，与中国处于工业化中期相匹配。

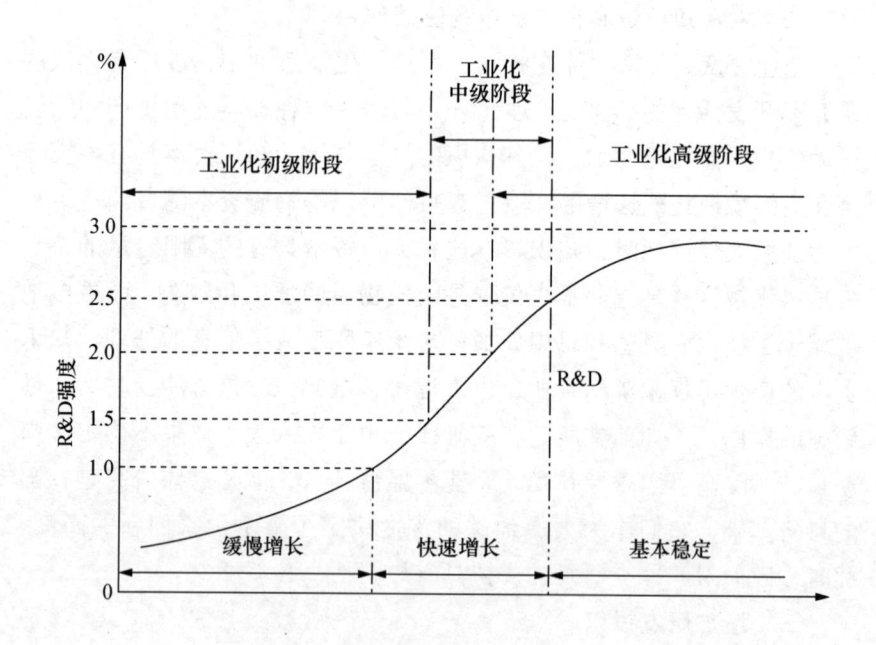

图 7-2 国际研发强度变化的一般规律

资料来源：谭文华、曾国屏：《R&D 强度的"S"曲线与实现中国投入稳定增长的若干思考》，《中国软科学》2005 年第 1 期，第 94—98 页。

从企业层次看，研发投入强度是指企业研发投入总量与产品销售收入之比。企业的研发投入强度可以反映企业在提高自主创新能力方面所做的努力。根据 2011 年全国科技经费投入统计公报，2011 年中国规模以上工业企业研发（R&D）经费支出为 5994 亿元，仅占主营业务收入的 0.71%，其中制造业研发支出为 5695 亿元，研发强度为 0.78%（其中仪器仪表及文化、办公用机械制造业，通信设备、计算机及其他电子设备制造业，医药制造业，专用设备制造业，电器机械及器材制造业,交通运输设备制造业的研发强度居前六名,分别是1.62%、1.48%、1.46%、1.48%、1.40%、1.25%),这与发达国家2.5%—4%的研发强度明显存在差距。即使2013年2月国务院办公厅出台的《关于强化企业技术创新主体地位全面提升企业创新能力的意见》明确到2015年,国内大中型工业企业平均研发投入占主营业务收入比例提高到1.5%,但是距离发达国家的差距仍然很大。

四 改进研发资金来源和支出结构

第一,从研发经费来源方面看,中国源于政府的研发资金偏少。尽管随着国家财政拨款的增长,政府对研发的投入也在增加,但增速较慢。从世界大部分国家研发资金的发展历程看,主要有政府主导型、企业主导型和政府企业双主导型的三种模式,并且大多数国家研发资源投入模式的变迁路径与一国的工业化进程密切相关,基本上是按照政府主导型、政府企业双主导型、企业主导型的顺序依次发展。以韩国为例(见图7-3),其在中等收入跨越阶段,明显经历了由政府主导向企业主导的研发投入模式转换,到1994年,私人企业投入的研发经费占全部研发经费的84%。最近几年,中国企业研发投入比重增长很快,从数据结构上看,企业投入比例已接近80%,已经明显具有工业化高级阶段末期的特征(见图7-4)。当然考虑到中国近些

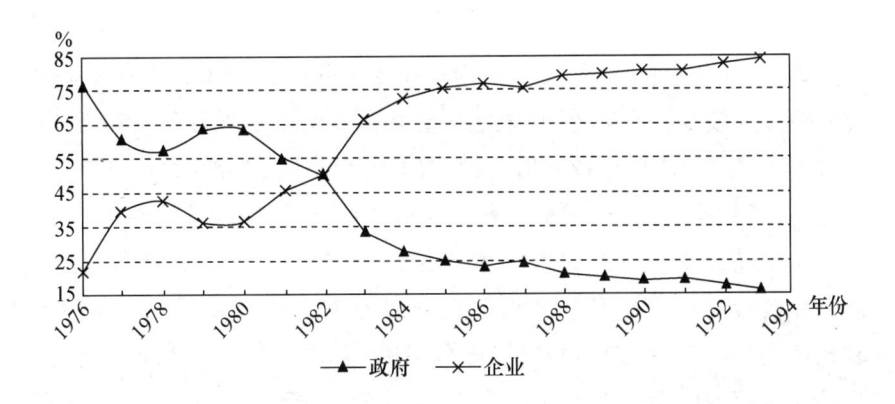

图7-3 1976—1995年韩国研发经费来源结构推移示意

资料来源:范保群、张晶:《R&D经费来源结构转变的国际比较与中国转变模式选择》,《研究与发展管理》1999年第4期,第5—39页。

年大量政府科研机构转企和政府科研支出对企业配套资金的强制规定后，企业投入占比将大大降低。

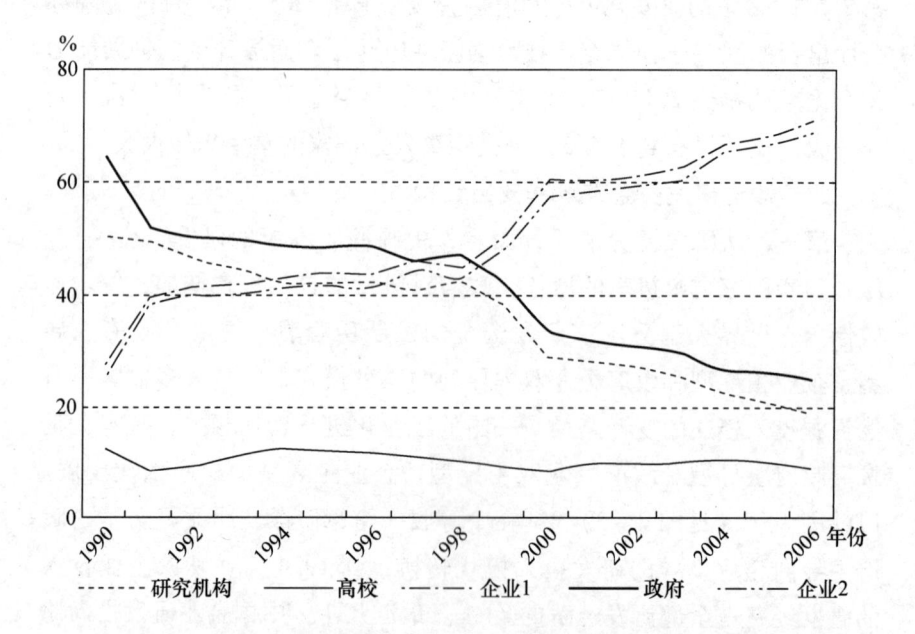

图7-4 中国R&D经费按执行部门和资金来源（含推算）分组的比重

资料来源：钟卫：《中国R&D经费投入模式分析及建议》，《统计研究》2010年第2期，第23—27页。

第二，中国研发经费支出结构存在较大问题，突出表现在基础研究经费投入较少，且其在研发经费支出中的比重呈现逐年下降趋势。2011年，中国R&D经费支出总额中用于基础研究的经费为411.8亿元，比2010年增长26.9%，远大于应用经费支出15.1%的增长率，但是应用经费支出绝对数额较大，为1028.4亿元。基础研究、应用研究和实验发展占研发总支出比重分别为4.7%、11.8%和83.5%，其比例大约为1∶3∶12，显然与日本1999年的1∶2∶5存在较大差距。另外从研发支出主体来看（见表7-1），2011年各类企业、政府属研究机构、高等学校经费支出分别是6579.3亿元、1306.7亿元、688.9亿元，其占比相应比例为75.7%、15.0%和7.9%。基础研究支出的不足对中国自主创新能力的提升有很大制约作用。因此政府对研发支出的方向要向基础研究领域倾斜，以弥补研发经费支出市场失灵问题。

表 7－1　　　　　　　　2011 年各领域研发经费支出情况

领域	经费支出（亿元）	经费支出比重（%）	增长率（%）
企业	6579.3	75.7	26.9
政府属研究机构	1306.7	15.0	10.1
高等学校	688.9	7.9	15.3

资料来源：2011 年全国科技经费投入统计公报。

五　提高研发质量

2012 年 8 月 21 日，中国欧盟商会召开最新专利法研究报告《创新迷途——中国专利政策与实践如何阻碍了创新的脚步》的发布会。该报告显示，目前虽然专利数量在中国有爆炸性的增长，但专利质量并未同时得到相应的维持，"中国整体实际创新能力似乎有些言过其实"。报告在经过大量数据统计后发现，中国专利申请量大，但专利的质量与平均有效期却要远远低于欧盟国家。据介绍，中国规定了三种专利类别，分别为发明专利、实用新型专利以及外观设计专利，后两种的创新力通常较低。据统计，近年来中国国有大中型企业的专利申请中约 65% 是实用新型和外观设计等较低质量的专利。而报告预测，2015 年前者要比后者多 39%，报告认为，从专利质量更能说明创新能力的角度来看，中国的创新能力似乎并不乐观。制约中国创新的主要因素是什么呢？这主要包括政府制定的某些专利目标和指标、政府旨在促进专利发展的某些政策和措施，以及专利申请审查和专利维权的某些规定及程序。

六　通过技术吸收引导创新

正如前文模型所揭示，中国作为中等收入国家，在技术创新上扮演了双重角色，一是吸收和模仿发达国家的先进技术，采取拿来主义形式，这可大大简化技术研发时间和资金投入，充分发挥后进国家的追赶优势，这既可采取 FDI 方式，也可采取在发达国家设立工厂或研究院绕过发达国家对中国的技术封锁；二是自主创新，当技术的差距在逐渐缩小甚至相对时，追赶已成为过去，经济增长前进的动力来源于自己的创新。正如十八大报告中提出的，"促进创新资源高效配置和综合集成，把全社会智慧和力量凝聚到创新发展上来"。

七 在中国东中西地区形成雁型模式

在世界第四轮转移中要充分利用中国地区辽阔，各地区发展差异较大的特点，将中国沿海地区制造业外迁到内陆地区，而不是越南、印度等国。其意义巨大，因为制造业中心能否向内迁移是决定内陆经济二次腾飞的关键因素，同时如果中国沿海地区制造业外迁到东南亚等国，沿海地区产业空心化必将显现，同时内陆地区发展不足，中国在这一轮产业转移中将可能出现经济衰退。

软硬两个因素决定中国沿海制造业的迁移方向：硬因素主要是地理位置、资源和各种要素成本；软因素则是政府的工作效率、透明度和各种招商引资政策。与东部沿海城市相比，中国的中西部地区具有包括土地、厂房、劳动力和技术在内的四个优势以及运输成本、与世界制造业体系融合两个劣势。因此从承接东部沿海地区产业角度说，中西部地区应发展运输成本低廉、产品制造时效弱、适宜就近销售等特点的产品。从长远来看，政府需要在中西部地区加大公路和铁路建设的投资力度，来降低整体的物流成本。而对中西部地区而言，则要充分把握沿海产业转移的有利时机，发挥资源丰富、要素成本低、市场潜力大的优势，大力发展现代制造业，加快新型工业化和城镇化进程。

就沿海地区而言，一方面可以考虑将当前的模式调整为"沿海城市设计——内地生产——内外两个市场联结和开放"的新模式，让沿海地区发挥出服务业比较优势，内地能够发挥出制造业比较优势。另一方面在将不符合自身比较优势的劳动密集型、资源密集型产业逐步向中西部地区转移外，要鼓励企业"走出去"，这主要是通过海外设厂或海外并购等方式，绕过外国对中国的技术封锁和障碍，吸收国外先进技术，攀升到研发、品牌、渠道等价值链高端环节，获得较高利润。

第八章　中国跨越"中等收入陷阱"路径之三："三化"协调发展

第一节　基于VAR模型的城镇化、工业化与金融发展动态分析

一　引言

城镇化与工业化是影响中国现代化进程的两个重要实体要素，也是中国经济发展的主要内容。我们有必要思考城镇化与工业化两者之间是否存在密切关系：工业化水平的提高是否加快城镇化进程；抑或是相反的过程，城镇发展的速度快于工业化发展速度，城镇的内在需求拉动了工业化进程。在这两个实体要素相互作用中，金融发展作为虚拟要素，又扮演了何种角色？众所周知，金融是现代经济的核心，金融发展对一国的经济发展发挥十分重要的作用。但这种作用是否也存在因果关系：金融发展是实体经济部门发展的结果，在经济增长过程中所起作用是消极被动的；还是居主导地位的金融发展对经济增长起着积极主动作用。

从国内外相关理论研究看，城镇化与工业化两者之间确实存在相关关系。例如，H. 钱纳里与M. 奎因（1975）提出工业化与城镇化作用的过程是从紧密型到松散型。马春辉（2008）通过中国所处的工业化加速时期得出工业化促进城镇化进程。金碚（2008）从世界工业化的历史寻找工业化的动因。王修华（2009）从产业优化的角度对金融发展的作用进行了理论阐述。理论的分析需要实证的配合。戈德史密斯（1969）、麦金农（1973）等从实证的角度对这一问题进行深入

论述,并取得一系列显著成果,支持金融在经济发展中的核心作用。王少国(2003)与周振(2007)从定量的角度研究了产业结构优化与金融发展的关系。

从现有文献看,大多数单独研究了金融发展(以下简称金融化)与工业化关系、工业化与城镇化(以下简称"三化")关系,很少有研究将金融发展、工业化与城镇化同时纳入模型研究其内在作用机制。本节对此进行了有益尝试,在建立向量自回归模型(VAR)基础上,对河北省30年发展进行了实证研究,最后提出了相应的政策建议。

二 变量选择

本节实证研究选取了一系列指标对城镇化、工业化与金融发展进行了度量:

1. 城镇化指标(CZ)

以农业经济为主向以工业为主转化的过程,同时也是农村人口向城镇流动的过程。因为目前对城乡人口缺乏明确、统一的定义,并且城镇化的过程本质是剩余的农村劳动力流向边际产出更高的工业,所以本书用城镇就业人员与全部就业人员的比重(CZ)来表示城镇化指标,即:

$$CZ = \frac{城镇就业人员}{全部就业人员}$$

2. 工业化指标(GY)

工业化是现代化的核心内容。库兹涅茨(Kuznets)的研究结果证实发达国家的经济增长与经济结构优化密切相关:即第一产业所占比重下降,第二、第三产业的份额显著上升。本书主要分析非农产业相对于农业的发展程度,为了分析问题简捷,假定河北省只有两大产业:农业与工业(包括商业),用地区第二产业与第三产业的增加值之和在河北省地区生产总值中的比重代表工业化发展程度,即:

$$GY = \frac{第二、第三产业生产总值}{GDP_{河北省}}$$

3. 金融发展指标(FIR)

戈德史密斯(Goldsmith)于1969年首次提出了衡量一国金融结构和金融发展水平的指标——金融相关比率(FIR)。本书利用该指标来表示地区金融总量的发展程度。鉴于河北省的资本市场发展较晚，与金融中介比较，规模很小，因此用河北省金融机构的存贷款余额与河北省地区生产总值比值代表金融总量，将不会影响最终结论。其计算公式为：

$$\text{FIR} = \frac{\text{金融机构年末存款额} + \text{金融机构年末贷款额}}{\text{GDP}_{\text{河北省}}}$$

本书样本数据来源于《中国统计年鉴》、《新中国五十五年统计资料汇编》和《河北经济年鉴》等数据库。为了剔除价格指数变化的影响，GDP与存贷款余额进行了价格指数的调整，即GDP用GDP平减指数（1978 = 100）进行平减，存贷款余额用商品零售价格指数（1978 = 100）进行平减。因为时间序列对数化可以消除异方差问题，而且取对数不会改变时间序列的性质，所以对CZ、GY及FIR取自然对数变为LNCZ、LNGY及LNFIR。因篇幅限制，简略初步处理数据。整理后的数据如表8-1所示。

表8-1　河北省城镇化与工业化、金融发展的相关变量数据

年份	城镇化（LNCZ）	工业化（LNGY）	金融发展（LNFIR）
1978	-1.5556	-0.3356	-0.0814
1979	-1.5218	-0.3576	-0.0823
1980	-1.5183	-0.3718	0.0065
1981	-1.5117	-0.3844	0.1067
1982	-1.5146	-0.4161	0.1766
1983	-1.5820	-0.4470	0.3344
1984	-1.5473	-0.4087	0.4917
1985	-1.5079	-0.3614	0.5128
1986	-1.4896	-0.3322	0.6455
1987	-1.4761	-0.3061	0.6766
1988	-1.4610	-0.2632	0.4773
1989	-1.4762	-0.2726	0.3956
1990	-1.4889	-0.2933	0.5781
1991	-1.4792	-0.2496	0.6714
1992	-1.4781	-0.2244	0.7663

续表

年份	城镇化（LNCZ）	工业化（LNGY）	金融发展（LNFIR）
1993	-1.4703	-0.1965	0.7465
1994	-1.4396	-0.2314	0.6431
1995	-1.4101	-0.2504	0.5994
1996	-1.4071	-0.2268	0.6880
1997	-1.4223	-0.2140	0.8518
1998	-1.4172	-0.2055	1.0633
1999	-1.4805	-0.1966	1.1991
2000	-1.4785	-0.1784	1.2447
2001	-1.4691	-0.1810	1.3038
2002	-1.4542	-0.1731	1.4324
2003	-1.4399	-0.1669	1.5282
2004	-1.4220	-0.1711	1.9383
2005	-1.4039	-0.1611	1.9878
2006	-1.3789	-0.1357	2.1171
2007	-1.3655	-0.1411	2.1542

三 实证分析

（一）单位根检验

从数据上看，经济活动的时间序列数据往往表现为一致性的上升或下降，即它们主要是非平稳时间序列，此时即使它们之间没有任何经济关系，在进行回归时也将表现出较高的拟合程度。这样使用通常的分析方法——假设经济数据和产生这些数据的随机过程是稳定随机过程，进行分析，结果失去意义。因此，我们首先利用迪克（Dickey）和福勒（Fuller）于1981年提出的考虑残差项序列相关的ADF单位根检验方法，对数据进行平稳性检验。使用Eviews 5.0检验的结果见表8-2。

由表8-2可知：各变量原始系列的ADF值在显著性水平为5%时都不显著，证实这些系列都存在单位根；但是所有系列的一阶差分系列的ADF值都在5%的显著性水平下拒绝了存在单位根的原假设，以上分析得出各变量都是I(1)系列。

表 8-2　　　　　　　　　各变量 ADF 单位根检验结果

变量	ADF 检验值	检验类型 (c, t, p)	临界值			结论
			1%	5%	10%	
LNCZ	-2.839	(c, t, 1)	-4.324	-3.58	-3.22	非平稳
DLNCZ	-4.633*	(c, t, 0)	-4.324	-3.58	-3.22	平稳
LNGY	-2.545	(c, t, 1)	-4.310	-3.57	-3.22	非平稳
DLNGY	-3.856**	(c, t, 1)	-4.339	-3.58	-3.22	平稳
LNFIR	3.369	(0, 0, 0)	-2.647	-1.95	-1.61	非平稳
DLNFIR	-3.988*	(c, 0, 0)	-3.689	-2.97	-2.62	平稳

注：(1) 检验类型 (c, t, p) 中，c 为常数项，t 为趋势项，p 为滞后期；(2) 滞后期 p 的选择标准是以 AIC 和 SC 值最小为准则；(3) D 为变量系列的一阶差分；(4) *、**、*** 分别表示在 1%、5%、10% 的显著水平上拒绝有单位根的原假设。

（二）协整检验

根据恩格尔（Engle）、格兰杰（Granger）于 1987 年提出的协整理论，单整阶数相同的非平稳变量之间的线性组合可能是平稳变量，下面使用基于回归系数的约翰逊（Johansen）协整检验方法对多元变量进行协整检验。协整检验首先需要确定合理的协整滞后阶数，在 VAR（p）模型条件下，根据运算结果，在 LR、FPE、AIC、SC 与 HQ 五个评价指标中全部认为滞后阶数为 1，同时考虑到模型的参数及自由度数目，所以最终确定最优滞后阶数取 1。在此基础上我们通过建立最大特征值似然比统计量与迹统计量来确定多元变量之间的协整关系。

表 8-3 协整检验结果证实，在 10% 的显著性水平上，城镇化、工业化及金融发展三个变量之间存在一个协整关系，表明各变量之间存在长期稳定的均衡关系。

（三）格兰杰因果关系分析

以上协整关系只能说明城镇化、工业化及金融发展三者之间存在显著的相关关系，但不表明它们一定具有确切的经济含义，是否构成因果关系还需进一步验证。我们对 VAR（1）模型用比较常见的格兰杰（Granger）因果检验方法检验各变量之间的因果关系（滞后阶数由 VAR 模型的最佳滞后阶数确定）。检验结果见表 8-4。

表 8-3　LNCZ 与 LNGY、LNFIR 的 Johansen 协整检验结果

零假设 协整向量的个数	特征值	迹统计量	临界值 10% 显著水平
None***	0.510047	23.93565	21.77716
At most 1	0.103719	3.245707	10.47457
At most 2	0.002417	0.070167	2.976163

注：*** 表示在 10% 的显著水平上拒绝零假设。

表 8-4　城镇化与工业化、金融发展的格兰杰因果关系分析

原假设	样本数	F 统计量	相伴概率
LNGY does not Granger Cause LNCZ	29	4.26063	0.04912
LNCZ does not Granger Cause LNGY		0.05744	0.81246
LNFIR does not Granger Cause LNCZ	29	5.43632	0.02774
LNCZ does not Granger Cause LNFIR		0.00070	0.97915
LNFIR does not Granger Cause LNGY	29	5.85891	0.02278
LNGY does not Granger Cause LNFIR		0.30410	0.58603

从表 8-4 中的情况看：

（1）工业化是城镇化的格兰杰原因，而城镇化不是工业化的格兰杰原因。就经济学意义而言，工业化对城镇化水平提高产生了积极影响，而城镇化对工业化没有作用。根据国外的经验，在工业化早期，工业化促进了城镇化的发展，而不是城镇化促进工业化发展。国际上衡量工业化程度的经济指标主要是人均生产总值，当人均生产总值 3000 美元时，工业化处在中期。2007 年，河北省人均实际 GDP 为 18984.7 元，显然处在工业化加速发展时期，另外城市化内在的多样化需求，例如服务与高素质劳动力，也在促使工业调整生产结构，提供丰富的产品。

（2）金融发展是城镇化与工业化的格兰杰原因，而城镇化与工业化不是金融发展的格兰杰原因，即金融发展一方面促进了工业的发

展,另一方面也对城镇化水平提高产生很明显的影响。如果金融发展是经济内生的一部分,借助帕加诺(Pagano,1993)的内生经济增长模型,我们发现金融发展既可以使更高比例的储蓄转化为投资,又可以使稀缺的金融资源配置到资本边际产品最高的项目中,最终促使工业增长,带动城镇发展。另外在河北省改革开放的30年,资本市场发展非常缓慢,在这种情况下,金融发展又使得储蓄率增加,信贷资金的增加,为工业的发展奠定了坚实的基础。

我们已经分析了城镇化、工业化及金融发展存在长期均衡关系,而且工业化与金融发展都对城镇化有显著的因果影响。下面通过构造 VAR 模型,找到脉冲响应函数,进而对工业化与金融发展对城镇化影响的动态过程和特征进行详细的刻画。

在以上单位根检验中,我们知道城镇化、工业化与金融发展三个变量的一阶差分是平稳的,因此可以建立这三个变量 VAR(1)模型,于是有如下向量矩阵:

$$\begin{bmatrix} LNCZ_t \\ LNGY_t \\ LNFIR_t \end{bmatrix} = \begin{bmatrix} -0.557 \\ -0.061 \\ 0.453 \end{bmatrix}$$

$$+ \begin{bmatrix} 0.609 & 0.095 & 0.017 \\ 0.003 & 0.815 & 0.030 \\ 0.353 & -0.380 & 1.054 \end{bmatrix} \begin{bmatrix} LNCZ_{t-1} \\ LNGY_{t-1} \\ LNFIR_{t-1} \end{bmatrix} + \begin{bmatrix} \mu_{1t} \\ \mu_{2t} \\ \mu_{3t} \end{bmatrix}$$

在 VAR 模型的右侧没有内生变量,因此该模型并未明确变量之间当期相关关系,实际上这些当期相关关系隐藏在随机扰动项(μ_t)中。下面我们根据上述 VAR(1)对模型进行脉冲响应函数和预测方差分解分析。

(四)脉冲响应函数分析

脉冲响应函数分析方法(IRF)考察随机扰动项的一单位标准差冲击或变化对内生变量当期值和未来值的影响,并且 IRF 跟踪这种冲击在将来若干时期里所产生的影响,表明任意一个内生变量的随机扰动,如何通过系统影响所有其他内生变量,最终又反馈到自身的动态过程。本部分采用 Cholesky 方法进行脉冲响应实验。

图 8-1 与图 8-2 是基于模型的一单位标准差冲击所模拟的脉冲响应函数曲线,横轴表示时间,纵轴表示城镇化水平所受到的影响程度,即冲击的力度。虚线表示脉冲响应函数值加减两倍标准差的置信带。

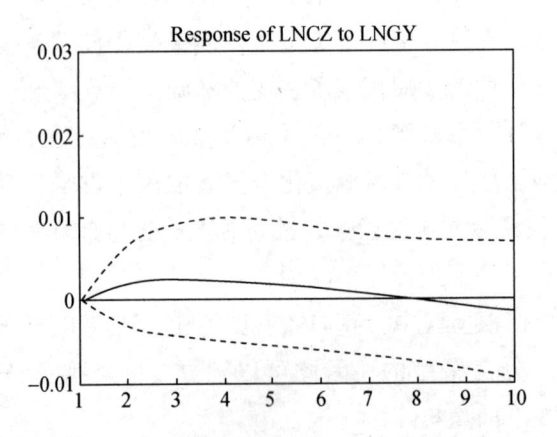

图 8-1 城镇化水平对工业化的脉冲响应

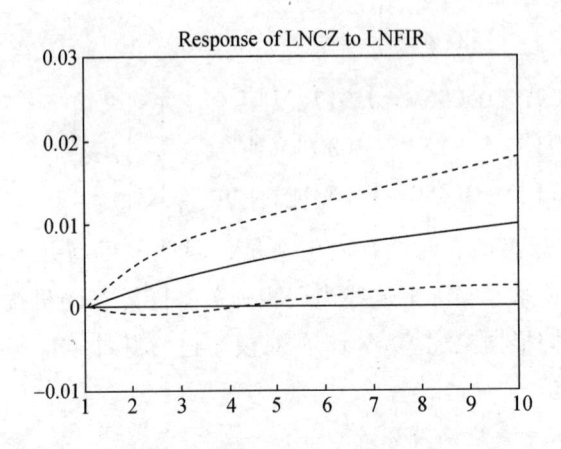

图 8-2 城镇化水平对金融发展的脉冲响应

图 8-1 显示,单位新息(innovation)的工业化冲击开始逐渐增加,在第三期对城镇化水平影响最大,达到 0.03%,以后这种影响开始逐渐减弱,到第八期出现负的效应。这与前面格兰杰因果分析结果

一致。在工业化的初期，工业的发展对城镇的发展有正面作用，当进入后工业化时期，工业的供给无法跟上城镇的需求，工业化开始滞后于城镇化，表现为工业化阻碍城镇化发展。

从图8-2可以看到城镇化水平对金融发展单位新息冲击出现了正效应，并且从第一期到第十期不断增长，第十期以后响应值稳定在0.1。这说明金融发展使得信息成本与交易成本不断降低，动员更多储蓄，促进资本积累，最终不断扩张的工业对农业产业的大量剩余劳动力的需求，使得城镇化水平不断提高。

（五）预测方差分解分析

以上脉冲响应函数定性地说明了随着时间的延续，各变量对于冲击的反应情况。下面借助西姆斯（Sims）于1980年提出的方差分解法（Variance Decomposition）来定量分析每一随机扰动项的冲击对内生变量变化的贡献率，从而了解不同随机扰动项的冲击对模型内生变量的相对重要性。

表8-5是河北省城镇化水平方差分解结果。其排列顺序为城镇化、工业化与金融发展。在第一期时，城镇化水平全部是外生的，反映工业化与金融发展对于城镇化水平的提高存在时间差。随着时间的推移，城镇化水平的外生性逐渐减弱，被其他一些变量所解释。

表8-5　　　　　　　　城镇化水平方差分解结果

期间	LNCZ	LNGY	LNFIR
1	100.0000	0.000000	0.000000
2	98.94127	0.552132	0.506597
3	96.68102	1.355828	1.963154
4	93.40883	2.031380	4.559787
5	89.30955	2.409460	8.280987
6	84.55975	2.500002	12.94025
7	79.34640	2.404021	18.24958
8	73.86934	2.238564	23.89209
9	68.32498	2.095789	29.57923
10	62.88508	2.030690	35.08423

从表 8-5 可以看出，在第七期时，城镇化水平被自己解释的部分已经下降到 79.35%，而城镇化与金融发展对其波动的贡献率之和达到了 20.65%；到了第十期，金融发展冲击的贡献率上升到 35.08%，城镇化水平自身的冲击引起的变化的贡献率已经只有 62.89% 了，而工业化冲击的贡献率一直保持在第四期 2% 左右。

四 主要结论与政策建议

本部分运用河北省 1978 年到 2007 年的年度数据，重点研究了工业化与金融发展对城镇化的影响，通过 VAR 模型的动态分析，可以得到如下结论：

（1）河北省城镇化水平提升与工业化、金融发展密切相关。通过单位根、协整检验后发现，它们之间存在着长期的均衡关系，而且格兰杰因果检验证实金融发展、工业化显著促进城镇化的发展，同时金融发展对工业化的进程也有显著的影响。

（2）从动态的角度分析，脉冲响应实验证实河北省城镇化水平提升对来自金融发展的随机扰动具有正效应，并且随着时间的延续，这种效应不断增强，而工业化的发展在前期对城镇化有正效应，后期将转为负效应；进一步通过方差分解结果可以看出，金融发展对城镇化水平的提升将起到越来越重要的作用，相对而言，工业化的贡献很小。

通过上面的实证结果，针对目前河北省城镇化、工业化与金融发展所面临的主要问题，本部分提出如下政策建议：

（1）大力推进河北省金融机构跨区营运，建设省会城市——石家庄成为华北重要的金融中心。金融中心作为资金的集散中心，可以引导资源合理配置，最大限度辐射河北省域内的工业升级改造，加快城镇建设的步伐，最大限度吸收农村剩余劳动力。在工业化早期阶段，金融实质通过促进工业专业化分工，优化要素配置效率，提高技术效率，来大幅提高工业生产率，因此该阶段金融发展是工业发展的必要条件。而在工业化中后期阶段，城市的快速集中将引发城市聚集效应，尤其是金融中心效应，表现在金融资源配置效率与支付效率得到更大提高，金融业在现代服务业逐渐居于主导地位，并起着"基础设施"性作用，将带动服务业促进城市大发展，随着经济增长，城市与金融彼此密切程度日益加深。国际上衡量工业化程度的众多经济指标之一是人均生产总值,根据钱纳里等学者的研究结果,当人均 GDP 为 3200—6400 美元时,工业化处在中级阶段。河北省 2008 年年底名义 GDP 为 16188.61 元,相当于人均 3400 美元左右(2008 年人民币兑美元平均值约为 1 美元兑换 6.8 元人民币,下同)。从 11 个地级市来看,石家庄、唐山两大省域中心城市工业化水平居于领先地位,分别达到 4240 美元与 7050 美元,我们可以发现唐山已经在河北省率先进入工业化高级阶段。冀中南地区(不包括石家庄)工业化水平在 2100—3600 美元之间,显然这些地区工业化发展正处于工业化初级阶段向中级过渡时期。而冀东地区的秦皇岛工业化发展较快,已经进入中级阶段,而承德刚完成初级阶段。作为环京津城市张家口与廊坊情况同承德与秦皇岛相类似。从整体来看,河北省目前显然处在工业化加速发展时期,此时充满经济活力的企业集团与跨国公司对跨区金融服务提出了较高要求:在传统的存贷业务基础之上,迫切需要投资、并购、资产与风险评估、财务顾问与保险等综合性金融服务。河北省省内城市商业银行在服务好本地经济发展需求的同时,应着眼于省内跨地区开设分支银行,为客户提供更优更便捷的服务。重点是加大各项金融业发展的政策支持力度:将石家庄打造成为华北地区重要的金融中心纳入到河北省发展体系之中,为具有石家庄特色的金融中心的建设提供良好的制度和法律保障。同时,政府应主动、及时与金融机构沟通,倾听各种建议,改善服务效率。根据国务院 2010 年制定的鼓励和引导民间投资的"新 36 条",加快投融资体制改革,采取各项具体措施鼓励民营资本进入非禁止行业,本着打破垄断、充分竞争的原则,通过相应的政策措施吸引国外与外省金融机构来石家庄投资。

(2)在工业化进程中注重农业的平衡发展,以此保持工业的可持续发展。拉美各国在工业化过程中强调工业快速发展而忽视了农业的协调发展,包括金融资源在内的各种生产要素及各种政策向工业倾斜,使得农业的产出效率不断下滑,无法满足经济增长需求,导致经济结构失衡,产业发展失衡,直至爆发严重的通货膨胀,城市化进程停滞。这一切根源是农业的经济基础薄弱造成的。从 1978—2003 年,河北省非农业贷款占金融机构贷款总量的比例呈上升趋势,2003 年达到最大比例97.76%。从2004年起，非农贷款占比下降非常明显，到2007年达到最低比例82.59%。这并不说明金融资源配置出现了问题。注意到2004年河北省人均实际GDP为11972.2元，随后2005年、2006年、2007年分别是14520.6元、16471.9元、18984.7元，我们发现河北省经济增长已经进入一个新的阶段——小康水平，此时金融资源的分配面临着重新调整的内在需求，为了防止出现"李嘉图陷阱"，河北省政府未雨绸缪，提早采取金融支持农业发展政策，防止缓慢的农业发展阻止未来工业产业的快速发展，进而影响到城镇化进程。那么如何顺利跨越"中等收入陷阱"达到工业化高级阶段呢？就目前金融支持河北省农业发展而言，重点是完善农村金融组织体系，加快农村金融市场建设步伐。一方面鼓励地方商业银行在本地农村市场扩展业务，另一方面利用农村信用社与邮政储蓄银行在农村网点多的优势，加强其在农业生产中的主力军作用，同时充分发挥"村镇银行"、"农村资金互助社"等创新金融机构的作用，满足与"三农"有关的经营户信贷需求。这需要地方政府与银行监管机构密切配合，在较好控制金融风险前提下，采取各项税收与监管优惠政策扶持农业做大做强，并最终使工业化、城镇化走上良性循环之路。

（3）依靠科技进步，优化产业结构，加快用高新技术改造与提升传统工业产业，通过高效率地利用资源来解决资源日益枯竭与工业加速发展的矛盾。从低技术含量、低附加值产业链条环节向其上下游高技术、高附加值产业链环节拓展的主要因素是提高科技创新能力。另外，现代工业的发展更多来源于服务业的支持力度，尤其是以金融、物流、通信等为主的生产性服务业拉长了整个生产链条，使生产分工加深，生产效率提高。河北省作为资源大省，通过低附加值商品生产、加速发展经济的模式即将结束，将劳动和资源密集型产业逐步升级为技术密集型产业，提高产业的科技含量，依靠科技进步提升商品的竞争力。因此河北省要大力发展第三产业，尤其是生产性服务业。省会城市——石家庄处于华北交通要道，特别需要加强铁路、航空等交通基础设施建设，完善综合交通运输体系，进一步加强运输竞争力，为工业发展提供坚实的基础平台。显然，工业产业质量的提升，将为城镇化水平提升提供强大的动力，最终使得城镇成为人才积聚、资本积聚、技术积聚、产业积聚的理想场所。

第二节 金融在工业化与城市化进程中的作用分析——基于产业分工角度

一 问题的提出

众所周知，金融是现代经济的核心。2007年发源于美国，目前仍在世界范围内进行广泛传播的金融危机，已经引发了很多国家的经济危机。虽然中国金融业在此次危机中部分损失不可幸免，但是由于中国的严格资本管制使得国内经济影响相对于开放型国家较小，表现为对外加工制造企业经营困难，城市失业人口较多。可以预见在不久的将来，中国的金融业一定对世界开放，因此未雨绸缪，加强金融与工业产业、金融与城市发展的互动发展研究对提升中国工业化水平，建设现代化城市具有积极意义。

国内外学者对金融发展在经济发展的作用，城市化的积聚效应与成本效应对工业产业竞争力的影响已经进行了大量深入的理论与实证研究，并取得了丰富成果，但是关于金融在工业，尤其是制造业中的作用论述不多。而讨论金融与城市化进程相互作用的文章几乎没有。熊彼特（1912）认为，良好的金融体系可以识别成功概率较大的创新企业，通过提供融资便利，支持工业技术创新。希克斯（1969）考察了英国金融体系，指出健全的金融业在为英国大项目融资中起着关键作用，并推动英国的工业化发展。麦金农（1973）运用费舍（1930）的分析框架，研究了金融发展对于企业家技术选择的影响。中国学者谈儒勇（2002）从微观角度，论证了金融体系如何通过提高企业投融资数量及效率来加速企业增长。伍艳（2004）研究了中国西部城镇化进程中的金融深化问题。郑长德（2007）研究了金融中介影响城镇化进程的机制。

上述研究成果增加了人们对金融与工业、金融对城镇化之间关系的认识，但是将金融与工业化、城镇化纳入一个体系来分析的研究还没有。本节试图从金融作为一种投入品——生产要素视角、运用古典经济学的分工原理来考察金融在工业生产过程的传递与放大作用机理，接着在阐述工业化与城市化互动发展基础之上，重点研究金融所扮演的角色。并在此基础上通过对河北省实证分析，来检验金融发展与工业化、城市化之间的关系。本节第二部分分析了金融在工业化与城市化进程中的内在作用机制；第三部分实证分析了河北省金融与其工业增长与城市发展的关系；最后是本节基本结论。

二　金融在工业化与城市化进程中的内在作用机制

（一）工业化演变中的金融作用与效率

1. 工业化含义

工业化的主要特征是将资本、劳动、知识等生产要素集中起来，通过使用新技术与新生产方式来提高劳动生产率。工业产业的单位劳动生产率高于农业产业的劳动生产率，农业的相对剩余劳动力就转移到工业，表现为工业规模不断增加，工业产值在整个 GDP 中占比提高。奎奈特（1979）指出："没有各种要素在不同经济部门之间的充分流动，获得人均产出的高增长率是不可能的。"

2. 经济增长下的工业化演变

1940 年，克拉克在著作《经济进步的条件》中提出了劳动力在经济增长过程中将从第一产业转移到第二产业，进一步转移到第三产业。1970 年以后，钱纳里总结了工业化进程中的产业结构变化规律。在其《工业化和经济增长的比较研究》中，根据人均实际 GDP 将一国的经济发展分为三个阶段：准工业化阶段、工业化进行阶段和后工业化阶段。其中工业化进行阶段又可分为初级阶段、中级阶段和高级阶段（见表 8-6）。

3. 工业化进程中的金融所扮演的角色

金融的增长是工业产业发展的一个被动过程，还是以积极的姿态参与工业化进程？这依赖于工业发展所处的阶段，在工业化初期阶段，金融本身所具有的基本特点对工业发展有重要的影响，列维（1997）概括了金融体系五项功能：动员储蓄；配置资源；实施公司控制；风险管理；降低市场交易成本。虽然金融摆脱了在准工业化阶段人们传统的"面纱论"（金融是覆盖在实体经济的一层面纱，其作用仅仅限于交易与支付职能）看法，但总体来说，早期工业化时期的

表 8-6　　　　　钱纳里结构变化过程的时期划分　　　　　单位：美元

经济发展阶段		人均 GDP (1960 年)	人均 GDP (1970 年)	人均 GDP (1980 年)	人均 GDP (2000 年)	人均 GDP (2008 年)
准工业化阶段		100—200	140—280	300—600	652—1304	800—1600
工业化阶段	初级阶段	200—400	280—560	600—1200	1304—2609	1600—3200
	中级阶段	400—800	560—1120	1200—2400	2609—5218	3200—6400
	高级阶段	800—1500	1120—2100	2400—4500	5218—9785	6400—12000
发达经济阶段	初级阶段	1500—2400	2100—3360	4500—7200	9785—15656	12000—19165
	高级阶段	2400—3600	3360—5040	7200—10800	15656—23484	19165—28748

资料来源：李永坚、夏长杰：《中国经济服务化的演变与判断》，《财贸经济》2009 年第 11 期，第 89 页。

金融发展仍处于需求跟随地位，金融部门发展是实体部门对金融服务需求的结果，金融将对工业的需求做出反应。正如罗宾逊所言："企业前行，金融后动。"工业仍然是金融发展的前提和基础。但是随着工业规模扩大，各项资源日趋紧张，工业的比较成本持续高位运转，生产专业化程度无法提高，使得竞争力降低。伴随着工业向纵深发展，对生产的专业化与进一步分工合作提出内在要求，金融本身作为工业生产过程中的一种中间投入的特性开始显现。其实在 1957 年的索洛增长模型中就有关于金融资本要素在经济增长中作用的描述，后来沃可（1989）等学者通过提出将金融行业纳入到生产性服务业概念中，指出金融本身是一种中间投入，作用是协助企业或组织生产其他产品或服务，而不是提供给私人或家庭部门消费，并且指出这种投入使用人力资本与知识资本，而产出中则包含着更高的人力资本与知识资本，这样促进了专业化生产，提高了劳动力、资本等基本生产要素的生产率。张军（2009）指出 TFP（全要素生产率：根据索洛增长模型，经济增长来源主要是两部分：资本和劳动这两个基本生产要素积累增长与全要素生产率增长）增长率最终可以分为四部分：技术进步、技术效率、规模效应和要素重置效应的变化率。从上述分析我们可以看出金融虽然还在以融资的方式发挥自身五项功能，但是实质通过促进工业内部生产链上专业化分工，优化工业结构内部要素配置效率；促进生产技术创新，提高技术效率；延长产业链，使得工业生产率大幅提高。因此该阶段金融发展是工业发展的必要条件。同时，工业的快速发展加大了对中间投入要素——金融的需求。因此随着经济增长，工业与金融彼此密切程度日益加深。

（二）城市化进程与金融聚集

1. 城市化含义

美国专业刊物《世界城市》明确指出：城市化是一个过程，包括两方面的变化，一是人口从乡村向城市运动，并在城市从事非农业工作；二是乡村生活方式向城市生活方式转变，这包括价值观、态度和行为等方面。一方面强调人口的密度和经济职能，另一方面强调社会、心理和行为因素。依此定义我们不难发现简单的农村人口向城市的转移仅仅是城市化的表面现象，其实质是工农产业结构的优化调整及传统生活方式向现代生活方式的转化。

2. 城市化发展规律

诺瑟姆（1975）总结了工业化国家城市化发展经验，并以S形曲线代表，该曲线说明世界城市的发展存在三个阶段：第一阶段城市化水平小于30%，此时城市人口增加较少，发展缓慢；当一个国家城市化率达到30%时，就进入了城市化快速发展阶段，此时大量农村剩余劳动力流向城市，城市人口迅猛增加，城市化进程相对于第一阶段，大大加快，该趋势一直保持到约70%的城市化水平上；到了第三阶段，城市化水平大于70%，城市发展达到了一个相对成熟的时期，人口规模保持稳定。

3. 工业增长与城市化互动关系中的金融聚集

城市的产生早于工业，恩格斯认为，"一个民族内部的分工，首先引起工商业劳动和农业劳动的分离，从而引起城乡的分离和城乡利益的对立"[1]，始于18世纪末的工业革命后的工业化浪潮则推动了城市的高速发展。这首先表现在工业化初期，城市化水平较低，随着机器大工业代替了手工业，分工和专业化进一步发展，在生产上走向集中的倾向产生，生产规模的扩大产生规模经济，而资本、人口与企业

---

[1] 《马克思恩格斯选集》第一卷，人民出版社1995年版，第68页。

向城市的集中可以引发城市聚集效应。根据经济学一般原理，当从事生产、交易的人们居住在同一个城市时，可以大幅提高交易效率，促进分工深化，而分工形成的网络效应将使得集中交易的效率提高。因此工业的发展将显著提高城市化水平，城市化水平的提升有助于工业生产深化，此时两者之间表现为正相关性；随着工业化进入到中后期，劳动力、金融资本等各种生产要素资源快速向城市集中，城市的"规模经济"推动城市的快速膨胀。伴随着城市的膨胀，城市在经济发展的作用越来越突出，城市作为商品流通中心，发挥巨大网络效应，刺激服务业产出和就业的增加。尤其是吸引了众多高级人才的金融业在城市中心开始积聚，它们一方面满足快速增长的工业对金融作为中间投入要素的需求；另一方面作为支撑城市成长的重要金融产业，已经成为城市整个服务业的重要组成部分，其需求进一步提高了城市化水平。

企业的大发展、大项目的建设对传统金融机构与金融工具提出了更高要求，这导致了现代金融服务体系的确立，表现在金融产品丰富、融资手段齐全、融资规模巨大、融资效率快捷等。显然当大量金融资本的渴望无法由银行来满足时，就转向依靠现代资本市场的融资功能予以解决。资本市场的建设与运转只能在一个信息充分发达，交易费用较低的城市中存在。而银行从企业信用中介中转身，开始为日益增多的城市居民提供各种服务。伴随经济快速发展，城市居民收入不断提高，对金融产品与理财服务有较高需求，这对城市金融业的提升产生巨大原动力。高耗能、高污染、高排放的工业发展模式已经不适应城市的发展，有限的城市土地资源面临着大量人口居住的刚性需求。同时，分工也要求工业链中非制造环节尽可能分离出来，以服务外包方式提升工业竞争力，这将大大增加城市服务业中劳动力数量，与此同时制造业的生产车间搬出城市，公司总部及研发部门留在城市，形成城市企业总部聚集效应。在这种城市转型背景下，城市建设的资金来源不再以制造业为主，而更多来源于服务业的贡献，尤其是通过金融平台为城市基础设施建设融资已经成为不可回避的问题。

金融业从最初为企业、居民提供简单的支付、价值储藏、投融资服务，到现在成为工业、城市发展的发动机，走过了漫长的岁月。总的来说，城市的发展与金融的发展呈现共生状态。作为典型的知识密集型行业——金融业在推动工业发展的同时，金融业内部出现分工与扩展，金融从单一银行分化出证券公司、保险公司、投资银行、基金公司与信托等金融机构，并在存款、股票、债券、基金与信托等原始金融工具基础之上，衍生出许许多多的新兴金融创新产品（例如期权、期货、次级贷款）来规避风险，满足融资需求。同时大量金融机构开始在城市中心出现集中，这种聚集效应表现在金融资源配置效率与支付效率得到更大提高，尤其是在跨地区层面上表现更为突出。银行、证券、保险、基金等金融业具有的规模报酬递增、外部经济（例如知识溢出）等特点在聚集中得到体现。金融聚集的结果是：一方面，为它们服务的社会中介机构（例如咨询、会计、资产评估、法律等）得到迅速发展；另一方面，物流、餐饮、娱乐、通信等传统服务业也得到很好的发展机会。这方面典型例子有北京的金融业集中在金融街上；上海的金融业聚集在陆家嘴一带；英国的金融业聚集在伦敦城（The City）和内伦敦西区的西敏寺区（Westminster）的商务区；东京的金融业集中在千代田的丸之内。另外通过胡霞和魏作磊（2009）利用产业聚集弹性也实证分析出中国金融业聚集能够显著推动服务业增长，即金融业的聚集度每提高1个百分点，服务业的增加值就会增多70.093亿元，而一般服务业的增长聚集弹性为4.357，即服务业的聚集度每提高1个百分点，服务业的增加值仅仅增多4.357亿元。到了工业化后期，随着服务业在国民生产总值中的比例加大，金融业在现代服务业逐渐居于主导地位，并起着"基础设施"性作用，将带动服务业促进城市大发展，此时工业在经济增长的比例逐渐降低，就出现了城市化与工业化进程相背离的情况。

三 金融发展在工业化与城市化进程中的作用分析——以河北省为例

（一）河北省工业化与城市化进程正相关性检验

河北省2008年年底人口总数为6988.82，共有地级市11个，包括136个县（市）。

国际上衡量工业化程度的众多经济指标之一是人均生产总值，根据钱纳里研究结果可知当人均GDP为3200—6400美元时，工业化处在中级阶段。河北省 2008 年年底名义 GDP 16188.61 元，以 1 美元兑换 6.8 元人民币折算，相当于人均 3400 美元左右。河北省目前显然处在工业化加速发展时期。从 11 个地级市来看，石家庄、唐山两大省域中心城市工业化水平居于领先地位，分别达到 4240 美元与 7050 美元，对照表 8－6 我们可以发现唐山已经在河北省率先进入工业化高级阶段。冀中南地区（不包括石家庄）工业化水平在 2100—3600 美元之间，显然这些地区工业化发展正处于工业化初级阶段向中级阶段过渡时期。而冀东地区的秦皇岛工业化发展较快，已经进入中级阶段，而承德刚完成初级阶段。作为环京津城市张家口与廊坊情况同承德与秦皇岛相类似。为了克服单一指标的不足，我们同时选用工业化率指标来分析，经过比较，工业化率 1 指标较工业化率 2 指标能更好说明问题。显然唐山、石家庄、秦皇岛工业化居于河北省领先水平，基本上在 90% 左右，而衡水、保定、张家口、邢台处于下游水平，平均落后 8 个百分点左右。

下面我们再来比较各个地区的城市化程度。关于城市化衡量指标的选择，目前学者应用比较多的还是城市人口占该地区全部人口的比例。在本部分当中，限于对各县（市）的城镇人口准确数据搜寻较为困难，采用县（市）总户数减去乡村户数，再乘以户均人数（经过推算确定 4.71 人/户），最终计算出各地区农村城镇人口数量，然后与城市人口数量相加得出城市总人口（因为城市人口中农业人口目前已经很少，在此忽略并不影响讨论）。最终整理数据见表 8－7。简新华（2010）定义城市化与工业化的偏差系数等于城市化率/工业化率－1，在这里使用该式来计算出河北省各地区的偏差系数。从表 8－7 中发现，张家口与秦皇岛城市化水平超前于工业化，而其他地区都是滞后于工业化，尤其是冀中南地区（不包括石家庄）这种滞后效应较其他地区更大，结合该区域的落后工业化水平指标，验证了本部分前面所分析的在工业化初、中期，工业发展与城市发展存在正相关性问题。

简言之，唐山、石家庄、秦皇岛、廊坊较高的工业化水平促进了这些城市的快速发展，相比较其他地区而言，较低的工业化影响了它们的城市进程，这里需要说明一下张家口，其在较低的工业化水平下快速推进城市化，将可能使得城市的聚集效应带来的正面收益小于拥挤造成的不经济，这与汉德森（2000）通过对1990年72个国家的数据分析得出"24个国家存在过度城市化"的结论相一致。

表8-7　　2008年年底河北省工业化水平与城市化水平比较

各地区	人均GDP（美元）	工业化率1（%）	工业化率2（%）	城市化率（%）	偏差系数
河北省	3406.4	0.8743	0.5422	0.41	-0.2275
石家庄	4239.3	0.8909	0.5019	0.43	-0.1325
承德	3086.2	0.85	0.6017	0.45	-0.2359
张家口	2515.0	0.835	0.4397	0.51	0.16691
秦皇岛	4022.5	0.8874	0.4054	0.51	0.28161
唐山	7046.1	0.9045	0.5934	0.55	-0.0638
廊坊	3769.0	0.877	0.5664	0.47	-0.1553
保定	2128.2	0.8438	0.483	0.38	-0.2035
沧州	3616.5	0.8826	0.5052	0.39	-0.2219
衡水	2177.8	0.8259	0.4891	0.31	-0.3539
邢台	2097.6	0.8476	0.5706	0.34	-0.3973
邯郸	3320.2	0.8843	0.5511	0.33	-0.3935

注：城市化率按城市人口占总人口的比例计算，工业化率1按第二、第三产业的产值占GDP的比例计算，工业化率2按第二产业的产值占GDP的比例计算。

（二）河北省各城市金融发展与城市发展分析

鉴于河北省各县（市）金融发展数据资料难以找寻，以下着重分析各城市的发展及其金融发展情况，试图从实证角度验证本部分前面的分析结果。有关数据经过搜集、整理及计算列于表8-8中。首先，可以发现城市人均GDP远远高于地区人均GDP，说明城市的生产效率较农村高，这验证了城市的聚集效应所产生的积极效果；其次，通过城市工业化率指标看到石家庄、秦皇岛与廊坊三个城市的工业产值小于其服务业产值，说明其城市发展主要依赖于服务业，用服务业中的金融业产值分别与工业产值比较，其比例分别是17%、8%、14%；石家庄、廊坊金融业产值在服务业所占比重也较其他城市大，这表明工业发展带动金融发展、推动城市扩张，同时金融在城市进程作用越来越重要，当城市发展到一定阶段时，工业作用逐渐让位于服务业，而金融扮演服务业中心角色将呈现出来。借助戈德斯密斯（1969）提出的金融发展指标（FIR）我们计算出石家庄与秦皇岛的 FIR 分别是 1.64、1.47，在全省最高，再次说明金融与城市经济发展的紧密关系。

表 8-8　　2008 年年底河北省各城市发展与金融发展比较

各地区	城市工业化率（%）	城市金融与城市工业比重	城市金融与城市服务业比重	FIR	城市人均 GDP（1 美元 = 6.8 元人民币）
河北省	0.52	0.07	0.08	0.9	6601.76
石家庄	0.36	0.17	0.1	1.64	7001.91
承德	0.65	0.09	0.17	0.81	5222.94
张家口	0.59	0.08	0.11	1.04	4491.62
秦皇岛	0.38	0.08	0.05	1.47	7432.79
唐山	0.59	0.05	0.08	0.78	8563.82
廊坊	0.45	0.14	0.13	0.76	4282.35
保定	0.56	0.07	0.09	0.55	5594.71
沧州	0.55	0.04	0.05	0.32	5978.24
衡水	0.53	0.09	0.12	0.63	4489.56
邢台	0.65	0.06	0.11	0.64	4834.85
邯郸	0.65	0.02	0.03	0.65	5263.97

注：城市工业化率按城市第二产业的产值占城市 GDP 的比例计算。城市金融发展（FIR）按存款余额与贷款余额之和占城市 GDP 的比例计算。

四　基本结论

本节从产业分工的角度阐述了金融在工业化与城市化进程中的作用机制，首先论述了工业化演变中的金融作用与效率，指出，在工业化早期阶段，金融实质通过促进工业专业化分工，优化要素配置效率，提高技术效率，来大幅提高工业生产率，因此该阶段金融发展是工业发展的必要条件。其次分析了工业增长与城市化互动关系中的金融聚集效应,得出工业化中、后期阶段,城市的快速集中将引发城市聚集效应,尤其是金融聚集效应,表现在金融资源配置效率与支付效率得到更大提高,金融业在现代服务业逐渐居于主导地位,并起着"基础设施"性作用,将带动服务业促进城市大发展,随着经济增长,城市与金融彼此密切程度日益加深。在以上理论分析完成之后,通过河北省各地级市2008年实际数据,对以上结论进行实证检验。

第九章 "中等收入陷阱"短期应对之策

按照国家统计局 2011 年 1 月 20 日的数据与现行汇率计算，中国人均 GDP 为 4371 美元，人均 GDP 刚进入中等收入国家行列，能否成功规避"中等收入陷阱"，这是每个决策者和政策经济学家应努力思考的问题。我们现在正处于新的关键历史时刻：是成功规避还是身不由己地步入"中等收入陷阱"？

第一节 中国的"一刀切"式短期政策弊端

中国经济和宏观调控正遭遇前所未有的挑战，2013 年 1—2 月，规模以上工业增加值同比实际增长 9.9%，比 2012 年 12 月回落 0.4 个百分点（见图 9-1）。电力需求变化是经济运行的"晴雨表"，2 月全社会用电量 3374 亿千瓦时，同比下降 12.5%。特别值得忧虑的是 1—2 月，中央财政的收入增幅只有 1.6%，与此同时，2 月居民消费价格（CPI）同比涨 3.2%，食品价格涨 6.0%；工业品出厂价格（PPI）同比下降 1.6%，M2 增长 15.2%。这些数据引发了我们对中国宏观经济的担忧。

其实宏观经济分析的关键点就是如何将短期因素与长期因素进行分离，短期问题的解决靠政策手段，长期因素的消除则要靠结构调整和改革开放。即使短期问题实质是长期问题的阶段性表现时，我们也应当这样思考问题，这样才能"桥归桥"、"路归路"地提出有操作意义的解决方案。

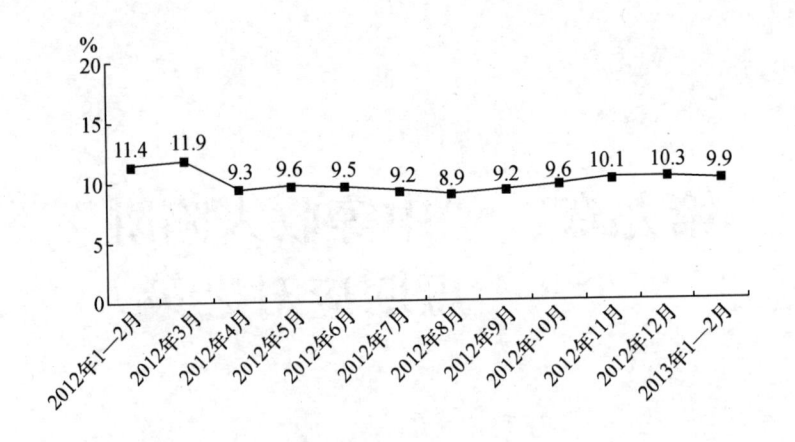

图 9-1 中国规模以上工业增加值同比增长速度

数据点：2012年1—2月 11.4；2012年3月 11.9；2012年4月 9.3；2012年5月 9.6；2012年6月 9.5；2012年7月 9.2；2012年8月 8.9；2012年9月 9.2；2012年10月 9.6；2012年11月 10.1；2012年12月 10.3；2013年1—2月 9.9。

但坊间的主流声音却不这样思考问题，他们的议论有一个共同点就是把短期问题与长期问题搅缠在一起，动不动用政府主导经济的弊端、国企垄断行为、改革开放不够来简单解释当前困难的成因，甚至提出用宪政、有限政府、经济自由作为解决短期经济问题的药方。多年来研究政策经济学的体会是，宏观经济问题主要是短期问题，宏观调控以解决短期问题为主要目的，其基本特点大体是短期和微调。所谓微调就是逆对经济风向调节，用经济学术语说就是"相机抉择"。与"相机抉择"相对应的调控术语叫"单一规则"，这是20世纪70年代米尔顿·弗里德曼同后凯恩斯学派争论时提出的政策主张，即不管经济背景条件如何，只要给出一个高于经济增长率两个百分点的固定不变货币供给增长率，一切就万事大吉。但众所周知，即使作为货币主义忠实信徒的艾伦·格林斯潘的前任——保罗·沃尔克，他在接任美联储主席后，"单一规则"只用了半年，就被他扔进了废纸篓，为什么？因为宏观经济千变万化，"单一规则"根本行不通。所以近30年来，美国的货币政策一直都是"相机抉择"的执行方式。中国也是一样，只要是市场经济就没有第二个规律。中国经济现在碰到的问题是"遇冷"，我们逆向调节简单说就是如何在篮子中选择恰当的工具去给经济加温，事情就是如此简单！

外需萎缩主要由欧债危机和美国经济回升乏力导致，对中国来说，这是不可控的外部冲击因素。内需不振从表面看主要与房地产调控和地方平台融资需求受压有关，但其实质原因却是政策失当。有的人可能还会说实体经济进入低利周期、产能过剩等中长期原因也是当前中国经济困境的促成因素等，这种说法本身没错，但却无助于宏观调控政策的选择，如上所述，将短期因素与长期因素分离是短期政策选择理论的基本要求，因此，我们可以仅就房地产调控和平台公司融资限制这两个短期因素的影响来分析政策调整的可能性。

中国短期调控政策多年来始终没有消除的一大弊端就是"一刀切"的执行方式。拿房地产调控来说，一线城市房价飞涨后，二线、三线城市大多数房价涨势平稳的城市实际上是受到了"一人得病全家吃药"做法的连累。在中国，没有不希望房价上涨的地方政府，因为它们依靠土地出让收入过日子，但"一刀切"式的房地产调控实际上掐断了所有地方政府的财路，全国地方政府因而近年普遍财政吃紧。地方财政缺钱反过来又给抵消房地产调控政策的负面效应带来进一步的影响，按照中央的设计，"十二五"时期拟建3600万套保障房，建这些房子一方面解决低收入群体住房难问题，另一方面又可以拉动对房地产相关产业30多个部门的产品需求，从逻辑上说，这样设计似乎很完美。但在地方财政拮据的现实面前，从近一年半的保障房建设实践看，大多数地方政府都拿不出保障房建设资金。还有一些响应中央号召已建立了大批保障房但遇到了销售困难资金回笼难的问题。以东北某二线城市为例，该地方政府由于无法支付高昂的拆迁成本只能在距市中心较远的城郊建了大批保障房，但那些特困群体由于很难承受交通成本，因此宁愿住房条件"不被改善"。此外，在保障房购房对象收入画线中也存在明显的收入画线过低致使保障房购房需求不旺的现象，这些问题的产生似乎都与简单的行政性"一刀切"政策有关。

自2010年以来的平台公司融资限制政策更是"一刀切"政策的最完美体现。2009年为应对全球金融危机，中央政府出台的4万亿元经济刺激计划实际上以地方政府平台公司为项目承接主体，全国地方政府都卷入到了那个短暂的刺激热潮之中，这种大跃进式的增长刺激的确有违背经济规律之嫌，一些财政级次较低的平台公司因此也成了银行新一轮坏账的主要肇事者，这都是事实。但全国8000余家平台公司中还有1/3以上财政级次较高、项目能实现现金流全覆盖的优良公司。这些公司在2010年的平台公司融资限制政策实施后突然陷入困境，从这点说，中央政府这种"一刀切"式的做法也同样不符合市场经济规律。眼下经济遇冷，正是调整平台公司政策，让这些好的平台公司重新担当拉动内需角色的时候了。放宽平台公司融资限制应当是中国走出经济下行困境的有效方法，现在需要采取的措施就是中央政府应明确：一是地方发债权的扩大。1994年颁布的《预算法》明确限制中国地方政府自行发行债券进行举债，这对财权小而事权大的地方政府而言简直就是一剂猛药，严重限制其发展。从长远考虑，可以制定专门的《地方公债法》来明确地方政府作为举债的主体，拥有借贷权利和偿还之义务；就当前而言修改《预算法》，允许地方政府自主发行而不是通过中央政府的代理发行。二是工农中建交五大行满足优质平台公司贷款展期要求并加大支持力度。在前期，商业银行和担保、信托等非银行金融机构合作，以理财或过桥贷款的方式对有明确还款来源的建设项目进行了先期资金支持，如果此时骤然停止这些优质建设项目的"输血"，一方面导致"半拉子"工程，另一方面金融机构也将深陷不良债权之地。三是中国人民银行分支机构应停止使用那个僵化过时的"差额存款准备金率动态控制公式"，不再把这个公式当成控制当地贷款规模增加的政策工具。

  在中国，大部分钱都在银行手中，信贷规模控制放松一些，很多问题都会迎刃而解。至于贷款风险和银行坏账问题，我们可以从两方面来理解：一方面银行管理早已企业化，它们本身有风险自控要求，即使在信贷扩张期也不会有哪家银行会不顾风险不加选择地对地方经济提供支持；另一方面，一些银行坏账的生成又恰恰由于过严的规模控制致使一些本来转得动、活得起、死不了的企业和平台公司面临资金链条断裂风险，这反而会使银行坏账增加，所以，从这个意义上说，救企业、救平台公司、救地方经济实际上也是银行在自救。

  宏观调控既是科学也是艺术，但无论它是什么，都不算太难，难的是对经济现状的准确诊断和选择切实有效的对症良方，难的是领导人能否及时下决心。放眼世界，没有哪个国家有中国中央政府这样良好的治理要件：（1）企业有钱老百姓手里有钱；（2）地方政府有自发的扩张冲动又基本听话；（3）二元结构给经济发展预留了广阔的发展空间；（4）制度体制调整能释放巨大的发展潜力；（5）中央政府政策工具篮子中还有好多"武器"可以动用；（6）有3.2万亿美元左右的外汇储备可在紧急情况下"抽兵回救"，等等。中央政府面临的所谓复杂严峻形势充其量就是看准问题选择工具的问题。

第二节 经济脱困政策组合的思考

一 采用适当的财政刺激政策

刺激国内消费需求可作为长期政策，不能作为短期扩张手段，原因在于消费需求中的主要构成部分城乡居民消费需求受家庭可支配收入增长这个硬性条件的约束。除消费能力外，在中国还有消费预期、消费环境等条件差距。因此，消费需求扩张基本不能纳入短期刺激政策范围。在外需疲弱背景下，能起到立竿见影刺激效果的还是投资拉动或项目拉动。国际经验表明财政刺激政策在一定的经济发展时期可以适当延长。罗斯福政府曾经使用了长达十年的扩张财政政策来刺激疲软经济；日本在黄金发展时期的1965年开始启动了长达数年的财政刺激计划。财政政策根据国内国外因素决定实施的力度、时期、内容和形式。本次中国经济下滑撇开国际因素不谈，国内因素主要有三：一是近几年的房地产业严控政策，这直接对30余个房地产相关行业的产出和销售产生致命影响；二是2009年大刺激计划后2010年开始的对8000个地方政府平台公司的融资限制；三是中央原计划启动的铁路公路机场等大型项目的缓建和停建。从目前情势看，房地产严控政策可以不动摇，但地方政府财政级次高的平台公司融资限制可以放松，一些"铁公机"项目可以继续启动。国内对此类政策持不同看法的人士通常都担心地方政府债务承受力和"铁公机"类基建项目的利用率和投资回报问题。其实，这两个问题都不用过多顾虑。选财政级次高的平台公司给予融资便利其项目现金流和还款来源都大体有保证。反过来说，如果严格按照《国务院关于加强地方政府融资平台公司管理有关问题的通知》，各地的土地储备中心以及城市基础设施、轨道交通等融资模式较为成熟的公司将无法通过平台公司继续融资，而只能采取市场化或财政预算方式，显然这影响到土地收储和城市基础设施建设，城市化进程也将受到严重影响。因此当务之急是规范融资平台，采取疏堵结合政策，而非"一棒子打死"。确实中国地方政府融资平台广泛分散在省、市、县（区）三个级次，并且不同的行业也存在不同的融资公司，这种状况十分类似于1992年邓小平南方谈话后全国兴起的开发区热。其结果是融资平台遍地开花，但资本金不足，管理混乱，埋下了潜在的信贷风险。如何对融资平台进行资源优化整合，剔除"锅中烂肉"呢？首先从数量上要严格控制，基本原则是一县（区）只保留一家；其次严把质量关，对于无业务、权属不清的公司要坚决取缔，而对于项目管理规范、运营正常的公司要从政策上予以扶持；最后要对现行的混合型融资平台分门别类，形成专营公益性、准经营性和经营性业务的三类融资平台。至于"铁公机"类基础项目利用率和投资回报率分析更应着眼于长远。退一万步讲，即使地方平台公司项目和"铁公机"项目100%失败了，也是"肉烂在锅里"，它们产生的派生收入还会通过各种渠道转移到国内其他部门手中。

二 货币宽松政策设计

短期刺激政策的首要条件是货币宽松，仅仅降息两次还远远不够，存款准备金率20%依然太高，17%左右为最佳，这样商业银行可贷资金可增加2.5万亿—3万亿元，M2增速也可达16%的预期目标。在货币政策操作层面，中央银行应修正或取消近两年发给各分支机构且一直在严格执行的差别准备金率动态调整公式，让央行分支机构人员从指标检查控制这种烦琐的日常工作中解放出来。商业银行到底应当放款多少，中国银监会另有一套资本充足率、存贷款比率和风险控制系列办法，让各地银监局放手管就是了，央行监管还是停留在反洗钱、外汇流出入和支付清算管理等方面为好。

货币宽松、信贷松绑只是给商业银行和信贷需求者提供了推动经济的基础条件，需加倍重视的实体经济内生动力的培育还要中央政府创造税收改善条件。例如对小微企业应当推动减免税计划，对科技型企业特别是对那些有自主知识产权的创业型企业可实行税收全额豁免政策,这样就会引导民间资本向科技创新型企业和项目流动,这样的政策实行用不了五年时间,中国的工业基础就会明显改善。除了对小微企业和科技企业实行减免税刺激之外,对实体经济的一般企业都应该降低税费负担。中国经济现在的一个新特点就是由于要素成本上升,实体经济中的企业利润率普遍偏低,而银行等金融部门的利润水平则畸高,国家应进行有针对性的政策调整,提高实体经济的盈利水平,引导金融资源流向实体部门。大量经验教训证明,如果一个国家的金融部门盈利远高于实体经济部门中的企业特别是工业企业,这个国家的发展就会失去后续动力。多年来,我们常常讲调整经济结构,天天讲科学发展,但税收政策结构不合理、配套刺激政策不科学,结构调整和科学发展就会成为空洞的口号。现在,中国正处于经济下行期,正可以不失时机地调整税制结构用以刺激实体经济。

三 正确理解经济成长所需的货币条件

若干年来,央行货币超发、中国用超发货币手段刺激经济并造就30多年经济成长神话似乎已成为坊间主流话语。持这种观点的人既有辛勤写作大胆发议论的行外人士,也有资深学者甚至在央行长期工作并担任过重要职务的业内专家。所以,当本次经济下行趋势明显、央行开始松动货币政策、银监会又允许商业银行对平台公司和大项目放款时,这些人士几乎异口同声地发表反对意见,在他们看来,中国又在走用增发货币刺激经济的老路了。

货币是什么?货币不是虚无的幻觉,也不是轻薄的面纱,货币是通衢大道,是商品经济条件下最重要的基础设施之一。在正常条件下,进入流通的货币无论是通过商业银行的资产负债表渠道还是通过央行的外币收购渠道,它们的背后都代表了一定数量的商品和劳务活动,因此,货币供给也只有与经济运转提出的货币需求相一致时,一国的经济才能顺畅有序运行良好。这里所说的货币供求相一致是说货币供给既不能过多也不能过少,货币供给过多通常以 CPI、PPI 来证明,货币供给过少则以经济中是否存在通货紧缩趋向来衡量。按照中国人民银行多年来的经验数据,GDP 增速外加 8 个百分点通常就可视为 M2 的合理增速。中国 2013 年 GDP 增速估计为 7.5%,一般地说,

M2 增速至少应当为 15.5% 才算合适。

四 财政、货币、产业等多种政策的组合效用

随着 1994 年的分税制改革的进行，作为中央调控经济的一只手——财政政策力度在相应减弱，而调控经济的另一只手——货币政策，1995 年的《中央银行法》和《商业银行法》的先后颁布为货币政策成为经济调控主角奠定了坚实基础。面对 1997 年的亚洲金融危机，中国国内出现通货紧缩，过分依靠单一财政政策或货币政策有失偏颇。中国政府在连续八次降息和大量发行国债进行基础设施投资后，经济终于走出低谷。据巫建国等一些学者研究，1998—2008 年，中国财政政策对 GDP 增长贡献率在 1.5%—2% 之间，而货币政策对 GDP 的贡献率为 0.6%—1.2%，但是两者协调配合产生了巨大效果，其综合经济增长贡献率超过了 30%。① 十年后，在次贷危机肆虐和欧债危机持续发酵下，中国内需启动迫在眉睫，借鉴以往成功经验，加强政策配合是走出经济不振的不二法门。这里面要注重以下几个方面的协调配合：

第一是注重财政和货币政策的组合效用。深究欧洲五国（包括葡萄牙、意大利、爱尔兰、希腊和西班牙）所遇到的债务危机，其中一个很重要的原因是欧盟建立了统一的中央银行，实行了共同的货币政策；但是欧盟各成员国独立的财政政策却是欧盟经济发展的掣肘。鉴于中国的上下统一、齐心协力，中央政府的积极财政政策和宽松货币政策给将要深陷泥潭的中国经济注入了一支强心剂。2008 年年末四万亿元的财政计划，中央政府和地方政府分别占 20% 和 80%，其中中央政府的 20% 分别由财政资金和银行配套资金构成，比例各占 20% 和 80%，显然财政资金具有很大的信贷资金拉动作用。面对数以万计的中小企业，它们在解决就业、贡献 GDP 方面的作用无可替代，对它们的税收减免、信贷供给、利率优惠等应给予特殊待遇。通过对制造业的中小微企业简单测算，2011 年其经营成本较 2010 年增加 28%。而 2012 年前三季度全国财政收入比上年同期增长 10.9%，前

---

① 巫建国：《后危机时代中国反周期财政、货币政策的协调》，《经济学家》2010 年第 10 期。

三季度国内生产总值 353480 亿元，按可比价格计算，同比增长 7.7%。因此可以考虑通过设立创新基金对中小企业技术创新进行贷款贴息和财政资金支持。在税收领域，继续加大清理取消和减免中小企业收费项目，对在货币政策紧缩中受到影响的承担就业和增长任务的小微企业、"三农"和新兴产业实施减免税政策。提高营业税和增值税的起征点，扩大营改增试点范围，进一步延长小微企业所得税优惠期限。银监会在已出台的"六项机制"、"四单原则"和"两个不低于"规定下，进一步提高银行对中小企业不良贷款的容忍度。只要合理发挥财政政策的资源配置优化和经济结构调整的功能以及货币总量的调节作用的各自优势，并且协调配合，市场资源和政府资源就会充分调动起来，发挥中国独特体制作用。

第二是货币政策和汇率政策保持密切联系。一般来说，货币政策的主要目标是内部均衡，汇率政策的目标是外部均衡。货币政策和汇率政策工具的合理协调决定了经济的内外均衡情况。汇率的升值或贬值将降低货币政策的自主性和有效性。中国从 2005 年汇改以来，人民币升值幅度累计达到 30% 以上，这对中国的货币政策效果构成了严重挑战。截至 2016 年 1 月底，外汇储备超过 3.2 万亿美元。由于人民币外汇占款持续增加，致使基础货币投放不断增加，货币供应量被迫增加。虽然央行采取提高存款准备金的方式吸收过多的资金，但成本巨大，同时潜在的通货膨胀也在不断积累。其实对外汇的流入进行细分，不难发现很大一部分外汇系短期流动资本，或者简单说就是热钱。在汇率缺乏弹性和人民币升值预期下，中国当前的外汇政策实际绑架了货币政策，影响了其对国内经济的积极和主动作用。有鉴于此，实施藏汇于民的政策将挤出热钱炒作的空间，减少国内流动性过剩状况，给货币政策腾出更大的作用空间。

第三是强化产业政策、区域政策与财政、金融政策的组合。财政政策和货币政策的配合方式和效果，在很大程度上需要外部环境的改善，尤其是需要有国家的产业政策的协同。在市场经济体制改革 20 多年后的今天，中国企业，尤其是以央企为代表的国有企业在激烈的市场竞争中，不但没有被削弱、被击垮，反而更加强大，市场份额逐渐增加。究其原因，离不开政府的产业政策扶持及相关的财税和金融政策支持。但这也带来一个严重问题就是高耗能、高污染和低水平重复建设，稀缺资源配置不合理。这在危机来临之际，政府采取"一刀切"使得一些发展良好的产业、企业受到牵连，信贷政策的骤然紧缩恶化了这些企业的生产和经营。国企独享政策红利，从另一个角度讲是对民企发展的限制，这在某种程度上是一种"国退民进"的表现。因此，各级政府当前要坚决贯彻 2005 年颁布的"非公 36 条"和 2010 年 5 月 13 日的《国务院关于鼓励和引导民间投资健康发展的若干意见》（即"民间投资 36 条"）。虽然国务院 40 多个部委在 2012 年 6 月底先后就"民间投资 36 条"出台了实施细则，但综观已经出台的实施细则，相当多的仅是原则上鼓励向民营企业开放，缺乏实质性和可操作性的内容，正所谓"只管发布，不管应用"。在民间投资放开的同时，信贷和财政各种优惠也要跟上步伐。从产业结构上看，中国政府历来重视第二产业的发展，这可从全国的地方政府财政支出比例和全国银行信贷投向分布得到验证。而农业和服务业一直以口号进行支持，一整套政策支持。另外考虑到中国东、中、西部区域发展不平衡，在东部作为改革的桥头堡，已经取得硕果前提下，国家先后实施"西部大开发"和"中部崛起"战略，各种产业政策和投资优惠纷至沓来，但是在五大国有商业银行已经完成股份制改造，150 余家城市商业银行企业化运作的今天，商业银行具有"嫌贫爱富"和追求利润最大化的本性，政府对银行的金融政策支持和税收减免必须能够引导银行走向中西部区域，这样政策合力效力才能充分发挥出来。对于货币政策和财政政策在产业效应方面的表现，郭晔运用 1990—2008 年东中西部地区的动态面板数据模型实证分析的结果显示："东部与中部地区的货币政策和财政政策都具有产业效应，而西部地区货币政策和财政政策的效应均不理想，同时，货币政策和财政政策对三次产业的效应都存在明显的区域性。"①

五　金融实行混业经营

金融俨然已经成为一国经济的核心，忽视它的后果将是严重的。目前中国对金融实行严格管制，表现在资本账户未放开，存款利率还是官

---

① 郭晔：《货币政策与财政政策的分区域产业效应比较》，《统计研究》2011 年第 3 期。

定利率，实行银行、证券、保险和信托的分业经营。金融竞争不充分，金融资源基本控制在政府手中。其实这与中国的微观基础完全吻合。中国的企业尽管中小企业数量占绝对比重，也贡献了较大的税收和提供了较多的就业岗位，但事关国家经济命脉的国有或国有控股企业在政府的帮助下获得了更多的资金，并投向其所在的领域，使其在该领域的垄断地位进一步增强，其他企业在资金短缺情况下，失去了技术创新、提高生产率的动力。在这种背景下，金融机构失去了金融风险评估能力，简单以担保品作为抵抗风险的法宝，尤其当越来越多的国企以房地产作为担保品融资时，金融风险将逐渐积累并转移给国家。殊不知房地产价格下跌后造成的后果相当严重。尤其是中国对金融的管理采取类似日本的"护卫船队式"，即"不让一个金融机构掉队"，这意味着即使收益最差的机构在政府的特殊照顾下，也能生存。然而在当前世界经济一体化趋势下，金融自由化和金融全球化是不可避免的。根据克鲁格曼的"三元悖论"，资本的自由流动和浮动汇率制将削弱中国的货币政策的独立性，这将迫使中国从金融管制转向金融自由竞争，允许进行混业经营，组建"金融航母"，进行金融创新、规避风险、实现规模经济、增强与国外金融机构竞争的实力，使消费者获得高质量的综合性服务。

第十章 总结与展望

第一节 全书总结

"中等收入陷阱"含义是指在中等收入阶段因政治经济和社会发展等多种原因造成国家或地区的经济发展水平长期处于停滞徘徊的状态。技术创新定义为既包含物理技术的创新,例如新发现、新发明和工艺层面的革新,又包括整个宏观社会制度和微观企业生产经营管理制度的一个统一体。提高一国技术创新能力是保证该国经济增长的核心动力,技术创新与投资是密不可分的。

日本和韩国是国际公认成功跨越"中等收入陷阱"的典型国家。日本的经验包括:产研学对创新的支持(企业主导和研究体系集中在大型企业和一些高科技领域);政府在技术创新中发挥了积极作用(产业政策扶持和社会保障体系的完善);对外投资急剧增加,为更高层次意义上的技术创新"腾笼换鸟";高储蓄率是开展大规模创新的必备条件;设立风险投资基金;建立知识产权保护制度;技术引进和自主开发相结合;科技集聚区的建设;技术创新和制度建设的关系;产业组织政策转向中小企业。韩国的经验包括:经济增长的内部和外部环境比较稳定;政府积极支持国家创新体系建设;技术贸易开始占主导地位;韩国的技术开发体制由政府主导转向"民间为主,政府为辅";研发支出和高等教育为韩国知识型经济奠定了坚实基础;金融机构人事和内部经营管理的自主化;金融商品的价格自由化。

拉美历经几十年的发展一直无法跨越"中等收入陷阱",其教训是收入差距不断拉大,出现"增长性贫困";全要素生产率停滞或下滑;

金融体系脆弱或效率低下；城市化过程中策略失当；民主进程缓慢与腐败；通货膨胀抬头，大量举借外债。

借助马斯洛的需求层次理论，强调了经济发展水平的不同阶段，满足经济个体的变量也将从消费扩展到资本进而到自我创新。在以创新作为关键变量引入拉姆齐模型中，将产生一些不同于传统拉姆齐模型的结论。首先，创新作为资本改进的必要条件，使得经济增长出现了多重均衡点的可能，结果是各个国家或地区经济增长将出现不同的收敛趋势，这就很好地解释了为什么各国或地区的人均收入水平不同的客观现实。其次，借助创新增长模型探讨了国外无偿援助的作用机制和效果。当经济援助以实物资本形式出现时，消费、创新和福利都将提高；而以技术方式出现时，影响效果不确定。除此之外，借助模型分析了消费税和收入税对均衡状态下的消费和资本存量水平的影响，取得了不同于传统拉姆齐的结果，即消费税将增加消费和创新。通过对 Lin（2010）在《最优技术扩散：中等收入经济体的视角》中所构建的北中南模型进行改进，我们提出高收入经济体和中等收入经济体共同扮演技术革命的角色，只是在中等收入经济体仍然唯一拥有模仿高收入经济体先进技术的功能基础之上，其创新份额比例从零开始，动态地逐渐增加，并且数值模拟了中等收入经济体的政府对经济活动的干预时，技术模仿和转移以及技术创新的扩散过程。

在对经济增长进行因素分解后得出经济增长的动力来源于劳动生产率的提高，同时通过建立一个包括家庭、厂商、银行和政府在内的经济体一般均衡模型来分析金融深化对劳动生产率的影响机制。在这些理论框架上，通过以 1990—2011 年中国的时间序列数据以及 1999—2011 年中国 31 个省市、自治区面板数据为基础的实证研究证实了理论模型的结果，其主要结论是：技术创新和金融深化对经济增长有显著的正向作用；各地区研究与试验发展（R&D）人员全时当量、各地区研究与试验发展（R&D）经费内部支出和各地区存贷比对专利申请授权数都有显著促进作用，其中技术创新的资金和人力投入比金融体系的效率更为有效。

在中国应付"中等收入陷阱"的相关建议章节，从多个方面进行了总结。

第一，提出加快农业现代化、促进新农村建设的有关措施：以科技引领农业现代化进程，推进新农村建设；加强农民教育培训，培养高素质的新型农民；大力发展龙头企业，促进农业规模化经营；新型城镇化是中国农村未来之路。

第二，农村经济水平提升与农村产业结构优化、农村消费结构改善密切相关。农村消费结构的改善和农村经济增长实际上是一种良性互动机制，而农村产业结构的优化有助于这种双向反馈机制的完善和提高。从动态角度分析，脉冲响应实验证实农村经济增长对来自农村产业结构的随机扰动具有很大正效应，而农村消费结构随着时间的延续，对经济增长的效应不断增强；进一步通过方差分解结果可以看出，农村产业结构对农村经济增长将起到越来越重要的作用。信贷资金和财政资金实际上是通过农村产业结构和农村消费结构作用于农村经济增长。银行信贷资金对农村产业结构优化升级和农村消费结构改善更有显著作用，与此相反的是国家财政资金无助于农村产业结构的改善，但有力地优化了农村消费结构。

第三，整个制造业的价值体现为产品设计、原料采购、产品制造、仓储运输、订单处理、批发零售六个环节所创造的利润总和。目前的国际分工已经不再是原来的产品间简单横向分工，产品内的基于价值链基础上的纵向垂直分工已经占据主导地位，这意味着传统的以国际贸易为主体的国际分工向以国际生产为主体的国际分工转变。而拥有自主创新技术和知识产权代表了先进的制造业。因此制造业核心是品牌和核心技术（或称之为知识产权、专利）。

21世纪前十年，中国的珠三角和长三角等沿海地区相当数量的企业开始呈现出外迁趋势，这实际是世界第四次制造业转移的前兆。但在世界第四次产业转移中中国面临严峻挑战，主要是资源和环境承载能力逐渐降低以及智能制造业回流美国等发达国家。

中国要抓住经济全球化的时机。技术创新的频率加快使产品生命周期大大缩短，制造业技术损耗风险越来越大，为发展新经济腾出空间，发达国家不断将传统制造业向国外转移，这就为发展中国家充分利用国际信息资源和先进科学技术加快本国制造业技术升级和制度创新提供有利条件。因此中国要充分利用政府资源和金融资源加快中国制造业创新步伐；发挥知识资本在创新中的基础作用；增加研发投入；改进研发资金来源和支出结构；提高研发质量；通过技术吸收引导创新；在中国东、中、西部地区形成雁型模式。

第四，从产业分工的角度阐述了金融在工业化与城市化进程中的作用机制，首先论述了工业化演变中的金融作用与效率，指出在工业化早期阶段，金融实质通过促进工业专业化分工，优化要素配置效率，提高技术效率，来大幅提高工业生产率，因此该阶段金融发展是工业发展的必要条件。其次分析了工业增长与城市化互动关系中的金融聚集效应，得出工业化中、后期阶段，城市的快速集中将引发城市聚集效应，尤其是金融聚集效应，表现在金融资源配置效率与支付效率得到更大提高，金融业在现代服务业逐渐居于主导地位，并起着"基础设施"性作用，将带动服务业促进城市大发展，随着经济增长，城市与金融彼此密切程度日益加深。在以上理论分析完成之后，尝试将金融发展与工业化关系、工业化与城镇化三者同时纳入模型，研究其内在作用机制。在建立向量自回归模型（VAR）基础上，对河北省30年发展进行了实证研究，得到两点结论：首先是河北省城镇化水平提升与工业化、金融发展密切相关。通过单位根、协整检验后发现，它们之间存在着长期的均衡关系，而且格兰杰因果检验证实金融发展、工业化显著促进城镇化的发展，同时金融发展对工业化的进程也有显著的影响。其次从动态的角度分析，脉冲响应实验证实河北省城镇化水平提升对来自金融发展的随机扰动具有正效应，并且随着时间的延续，这种效应不断增强，而工业化的发展在前期对城镇化有正效应，后期将转为负效应；进一步通过方差分解结果可以看出，金融发展对城镇化水平的提升将起到越来越重要的作用，相对而言，工业化的贡献很小。

第五，宏观经济分析的要点是将长短期因素进行区分，"一刀切"的政策调控方式一直是中国政府调控的短板。就短期调控而言，中央政府面临的所谓复杂严峻形势充其量就是看准问题选择工具的问题。具体来说：采用适当的财政刺激政策；货币宽松政策设计；正确理解经济成长所需的货币条件；充分的财政政策、货币政策、产业等多种政策的组合效用以及金融实行混业经营。

第二节 研究展望

关于未来进一步研究内容主要包括以下几点：一是借助现金预付模型，将金融等虚拟变量引入到基于创新要素的动态模型中，以便模型更好贴近现实；二是探讨中等收入经济体政府对自主创新的政策支持导致经济体稀缺的资源合理配置，在模仿创新和自主创新中找到最佳动态运动轨迹；三是分析如何充分利用风险投资基金以及中小银行为中小科技型企业发展服务。

参考文献

[1] 安格斯·麦迪森：《世界经济千年史》，伍晓鹰等译，北京大学出版社 2003 年版。

[2] 安娜李·萨克森尼：《硅谷和新竹的联系：技术团体和产业升级》，《经济社会体制比较》1999 年第 5 期。

[3] 安忠荣：《现代东亚经济论》，北京大学出版社 2004 年版。

[4] 芭芭拉·斯托林斯、威尔逊·佩雷斯：《经济增长、就业与公正：拉美国家改革开放的影响及其经验教训》，江时学等译，中国社会科学出版社 2002 年版。

[5] B. R. 米切尔：《帕尔格雷夫世界历史统计美洲卷 1750—1993》，贺力平译，经济科学出版社 2002 年版。

[6] 蔡昉：《中国经济如何跨越"低'中等收入陷阱'"?》，《中国社会科学院研究生院学报》2008 年第 1 期。

[7] 蔡国忠：《当代经济发展概论》，人民邮电出版社 2011 年版。

[8] 曹冰玉、雷颖、彭湘杰、王世军：《农业技术进步视角下的中国农村金融发展研究》，《湖南社会科学》2012 年第 2 期。

[9] 陈亮：《中国跨越"中等收入陷阱"的开放创新——从比较优势向竞争优势转变》，《马克思主义研究》2011 年第 3 期。

[10] 崔松虎、金福子：《实现技术转移的新路径——对韩国大德 R& D 特区的评价》，《技术经济》2007 年第 10 期。

[11] 陈才兴：《比较优势、技术模仿：巴西"进口替代"工业化发展之路》，《江汉大学学报》（社会科学版）2008 年第 3 期。

[12] 程慧芳：《技术创新、国际直接投资与收入分配不均变化》，科学出版社 2012 年版。

[13] 崔志鹰、朴昌根：《当代韩国经济》，同济大学出版社 2010 年版。

[14] 大野健一:《从江户到平成》,臧馨等译,中信出版社2006年版。
[15] 丹尼·罗德里克主编:《探索经济繁荣》,张宇译,中信出版社2009年版。
[16] 冯邦彦:《香港与新加坡产业结构及经济政策的比较研究》,《学术研究》2001年第7期。
[17] 段莉:《典型国家建设农业科技创新体系的经验借鉴》,《科技管理研究》2010年第4期。
[18] 干春晖、郑若谷、余典范:《中国产业结构变迁对经济增长和波动的影响》,《经济研究》2011年第5期。
[19] Ganesh Thapa:《亚洲和拉美地区经济转型过程中小规模农业面临的挑战和机遇》,檀学文译,《中国农村经济》2010年第12期。
[20] 高波:《机会平等、经济自由与权力结构——拉美、东亚发展模式比较与理论批判》,《拉丁美洲研究》2010年第10期。
[21] 顾益康、黄冲平:《社会主义新农村建设的实践与理论思考》,《农业经济问题》2006年第10期。
[22] 郭炳南:《外商直接投资的技术外溢、自主创新能力与出口贸易结构》,《经济经纬》2010年第2期。
[23] 郭晔、赖章福:《货币政策与财政政策的分区域产业效应比较》,《经济学家》2010年第5期。
[24] 韩国经济发展研究课题组编著:《韩国经济发展论》,社会科学文献出版社1995年版。
[25] 韩琦:《辩证评析拉美的百年经济发展》,《世界经济与政治》2005年第8期。
[26] 何国华、刘林涛、常鑫鑫:《中国金融结构与企业自主创新的关系研究》,《经济管理》2011年第3期。
[27] 黄俊:《对中国农业科技创新体系建设若干问题的思考——美国农业科技创新体系的启发与借鉴》,《农业科技管理》2011年第3期。
[28] 黄荣光:《日本中小企业融资中的PPP机制——以日本商工组合中央金库为中心》,《日本学刊》2007年第6期。
[29] 黄卫平、朱文晖:《墨西哥与韩国经济发展比较研究》,《拉丁美

洲研究》1993年第3期。

[30] 黄先海、韦畅：《中国制造业出口垂直专业化程度的测度与分析》，《管理世界》2007年第4期。

[31] 江时学：《拉美与东亚发展模式比较研究》，世界知识出版社2001年版。

[32] 杰里米·里夫金著：《第三次工业革命》，张体伟、孙豫宁译，中信出版社2012年版。

[33] 金麟洙等编：《技术、学习与创新——来自新兴工业化经济体的经验》，吴金希等译，知识产权出版社2011年版。

[34] 金碚：《世界工业化历史中的中国改革开放30年》，《财贸经济》2008年第11期。

[35] 金钟范：《韩国亲环境农业发展政策实践与启示》，《农业经济问题》2005年第3期。

[36] 李泊溪、钱志深主编：《产业政策与各国经济》，上海人民出版社1990年版。

[37] 李东华：《韩国科技发展模式与经验》，社会科学文献出版社2009年版。

[38] 李静、孟令杰：《中国农业生产率的变动与分解分析：1978—2004年》，《数量经济技术经济研究》2006年第5期。

[39] 李棉管：《发展型社会政策与新农村建设的新思路》，《浙江社会科学》2011年第4期。

[40] 李明德：《拉美的研究与开发经费》，《拉丁美洲研究》2003年第4期。

[41] 李青原、赵奇伟、李江冰、江冰：《外商直接投资、金融发展与地区资本配置效率——来自省级工业行业数据的证据》，《金融研究》2010年第3期。

[42] 厉以宁：《工业化和制度调整——西欧经济史研究》，商务印书馆2010年版。

[43] 李新功：《国际制造业中心转移环境下中国承接技术创新路径研究》，《河南大学学报》（社会科学版）2012年第11期。

[44] 李阳：《中国农村金融发展的区域差异与政策分析》，《江西财经

大学学报》2008年第1期。

[45] 林毅夫、蔡昉、李周：《比较优势与发展战略——对"东亚奇迹"的再解释》，《中国社会科学》1999年第4期。

[46] 林毅夫、孙希芳、姜烨：《经济发展中的最优金融结构理论初探》，《经济研究》2009年第8期。

[47] 刘湘丽：《日本的技术创新机制》，经济管理出版社2011年版。

[48] 柳卸林：《不连续创新的第四代研究开发》，《中国工业经济》2000年第9期。

[49] 陆益龙：《社会主义新农村建设的背景、模式及误区——一种社会学的理解》，《北京大学学报》（哲学社会科学版）2007年第5期。

[50] 吕炜、孙永军、范辉：《社会公平、财政支农与农村消费需求》，《财经科学》2010年第1期。

[51] 马春辉：《中国城市化问题论纲》，社会科学文献出版社2008年版。

[52] 马晓河、蓝海涛、黄汉权：《工业反哺农业的国际经验及中国的政策调整思路》，《管理世界》2005年第7期。

[53] 马晓河：《迈过"中等收入陷阱"的需求结构演变与产业结构调整》，《宏观经济研究》2010年第11期。

[54] 马岩：《我国面对中等收入陷阱的挑战及对策》，《经济学动态》2009年第7期。

[55] 马智力、周翔宇：《中国金融发展与产业结构升级关系的实证研究》，《上海金融》2008年第2期。

[56] 梅姝娥、张少华、仲伟俊：《试析FDI对拉美及中国自主创新能力的影响》，《东南大学学报》（哲学社会科学版）2007年第9期。

[57] 彭定赟、高萍、罗元：《农村公共产品投入对经济增长的效应分析》，《华中农业大学学报》（社会科学版）2011年第1期。

[58] 朴昌根：《韩国产业政策》，上海人民出版社1998年版。

[59] 秦辉、傅梅烂：《渐进性创新与突破性创新：科技型中小企业的选择策略》，《软科学》2005年第19期。

[60] 青木昌彦等主编：《日本主银行体制》，张橹等译，中国金融出版社1998年版。

[61] 沙赫希德·尤素福：《东亚创新 未来增长》，陆建人等校译，中国财政经济出版社2004年版。

[62] 沈艳、姚洋：《村庄选举和收入分配——来自8省48村的证据》，《经济研究》2006年第4期。

[63] 宋春光、那娜：《农村金融支持对农业技术效率影响的实证研究》，《学术交流》2010年第2期。

[64] 苏京春：《中等收入阶段福利赶超与经济赶超》，《财政研究》2011年第11期。

[65] 苏振兴：《拉美国家制造业的结构调整》，《拉丁美洲研究》2002年第6期。

[66] 苏振兴、张勇：《拉美经济增长方式转变与现代化进程的曲折性》，《拉丁美洲研究》2011年第10期。

[67] 田中景、池元基：《日本制造业国际竞争力衰退的原因和前景》，《日本学刊》2000年第3期。

[68] 王春法：《国家创新体系与东亚经济增长前景》，中国社会科学出版社2002年版。

[69] 王弟海、龚六堂、邹恒甫：《物质资本积累和健康人力资本投资——两部门经济增长模型》，《中国工业经济》2010年第5期。

[70] 王怀民：《战略转型、政策选择与加工贸易——来自东亚与拉美的经验与教训》，《宁夏社会科学》2007年第5期。

[71] 汪琦：《本土技术创新、外国技术溢出与中国制造业贸易竞争优势互动性的实证分析》，《国际贸易问题》2007年第11期。

[72] 王松奇：《中国如何规避"中等收入陷阱"》，《银行家》2011年第2期。

[73] 王松奇：《将新农村建设作为扩张内需的重要切入点》，《银行家》2012年第10期。

[74] 王松奇：《我们对中共十八大有哪些期盼》，《银行家》2012年第11期。

[75] 王晓蓉：《东亚和拉美创新体系的比较及其对中国的启示》，《当

代亚太》2006年第9期。
[76] 王一鸣:《跨越"中等收入陷阱"的战略选择》,《中国投资》2011年第4期。
[77] 王修华、马柯、谭烨:《金融发展促进二元经济结构转换的内在机理研究》,《财经理论与实践》2009年第11期。
[78] 王展祥:《结构变化与经济增长》,《山西财经大学学报》2009年第8期。
[79] 王国瑞、李长久:《科学技术与亚洲新兴工业国》,陕西人民教育出版社1997年版。
[80] 文东伟、冼国明:《中国制造业的垂直专业化与出口增长》,《经济学》(季刊)2010年第1期。
[81] 温铁军、王平、石嫣:《农村改革中的财产制度变迁——30年3个村庄的案例介绍》,《中国农村经济》2008年第10期。
[82] 巫建国:《后危机时代中国反周期财政、货币政策的协调》,《经济学家》2010年第10期。
[83] 熊培云:《一个村庄里的中国》,新星出版社2011年版。
[84] 杨宏恩:《日本中小企业技术发展和技术转移的政策及其启示》,《日本问题研究》2006年第2期。
[85] 叶德珠、陆家骝:《中国农村居民消费的时间偏好与扩大内需政策创新》,《学术研究》2009年第3期。
[86] 印德尔米特·吉尔、霍米·卡拉斯:《东亚复兴——关于经济增长的观点》,中信出版社2008年版。
[87] 袁志刚:《高级宏观经济学》,高等教育出版社2010年版。
[88] 约瑟夫·E. 斯蒂格利茨等编:《东亚奇迹的反思》,王玉清等译,中国人民大学出版社2003年版。
[89] 赵春燕:《中国经济增长与产业结构演进关系的研究——基于面板数据模型的实证分析》,《数理统计与管理》2008年第8期。
[90] 中国人民银行上饶中心支行课题组:《农村产业结构调整与政策性金融支持的理论及实证分析——农村产业与金融视角下的市场融资失灵和政策导向》,《金融研究》2006年第10期。
[91] 张萃:《中国经济增长与贫困减少》,《数量经济技术经济研究》

2011 年第 5 期。

[92] 张东明:《韩国产业政策研究》,经济日报出版社 2002 年版。

[93] 张军:《技术创新与中国对外贸易关系发展的实证研究》,《经济经纬》2008 年第 6 期。

[94] 张晓慧、梁海兵:《农业科技进步对农村不同部门劳动力从业影响的实证分析——基于 1990—2008 年陕西省的数据》,《农业技术经济》2011 年第 9 期。

[95] 张益丰、张少军:《中国农村公共产品供给架构建设——基于发展视角的分析》,《经济学家》2009 年第 2 期。

[96] 张永伟:《从追赶到前沿》,中信出版社 2011 年版。

[97] 张蕴岭主编:《韩国市场经济模式——发展、政策与体制》,经济管理出版社 1997 年版。

[98] 郑秉文:《拉丁美洲城市化:经验与教训》,当代世界出版社 2011 年版。

[99] 郑秉文:《"中等收入陷阱"与中国发展道路——基于国际经验教训的视角》,《中国人口科学》2011 年第 1 期。

[100] 郑风田、阮荣平:《新一轮集体林权改革评价:林地分配平等性视角——基于福建调查的实证研究》,《经济理论与经济管理》2009 年第 10 期。

[101] 郑振龙等:《金融制度设计与经济增长》,经济科学出版社 2009 年版。

[102] 赵蕾、杨向阳、王怀明:《改革以来中国省际农业生产率的收敛性分析》,《南开经济研究》2007 年第 1 期。

[103] 中国经济增长与宏观稳定课题组:《中国可持续增长的机制:证据、理论和政策》,《经济研究》2008 年第 10 期。

[104] 周雪光、艾云:《多重逻辑下的制度变迁:一个分析框架》,《中国社会科学》2010 年第 4 期。

[105] 竹内宏:《日本现代经济发展史》,吴京英译,中信出版社 1993 年版。

[106] Cem Karayalcin and Devashish Mitra, "Multiple Equilibria, Coordition, and Transitional Growth", *Journal of Development Economics*,

International Review of Economics and Finance, Vol. 60, No. 2, Dem 1999, pp. 297 – 316.

[107] Cyriac Guillaumin, "Financial Integration in East Asia: Evidence from Panel Unit Root and Panel Cointegration Tests", *Journal of Asian Economics*, Vol. 20, No. 2, May 2009, pp. 314 – 326.

[108] Daniel F. Spulber, "Innovation and International Trade in Technology", *Journal of Economic Theory*, Vol. 138, No. 1, January 2008, pp. 1 – 20.

[109] Fershtman, C., Weiss, Y., "Social Status, Culture and Economic Performance", *Economic Journal*, Vol. 103, No. 419, July1993, pp. 946 – 959.

[110] Greenwood J. and Jovanovic B., "Finance Development, Growth, and the Distribution of Income", *Journal of Political Economy*, Vol. 98, No. 5, October 1990, pp. 1076 – 1107.

[111] Gene M. Grossman and Elhanan Helpman, "Endogenous Innovation in the Theory of Growth", *Journal of Economic Perspectives*, Vol. 8, No. 1, Winter 1994, pp. 23 – 44.

[112] Hwan C. Lin, "Optimizing International Technology Diffusion: a Middle – income Country's Perspective", *Economic Modelling*, Vol. 27, No. 1, January2010, pp. 54 – 66.

[113] Heng – fu Zou, "The Spirit of Capitalism and Social Status, Money and Accumulation", *Journal of Economics*, Vol. 68, No. 3, October 1990, pp. 219 – 233.

[114] Heng – fu Zou, "The Spirit of Capitalism and Long – run Growth", *European Journal of Political Economy*, Vol. 10, No. 2, July 1994, pp. 279 – 293.

[115] Heng – fu Zou, "The Spirit of Capitalism and Savings Behavior", *Economic Behavior and Organization*, Vol. 28, No. 1, September 1995, pp. 131 – 143.

[116] Hugh T. Patrick, "Financial Development and Economic Growth in Underdeveloped Countries", *Economic Development and Cultural*

Change, Vol. 14, No. 2, January 1966, pp. 174 – 189.

[117] Ian Coxhead, "A New Resource Curse? Impacts of China's Boom on Comparative Advantage and Resource Dependence in Southeast Asia", *World Development*, Vol. 35, No. 7, July 2007, pp. 1099 – 1119.

[118] Jaime Alonso – Carrera, "Multiple Equilibria, Fiscal Pilicy, and Human Capital Accumulation", *Journal of Economic Dynamics & Contro*, Vol. 28, No. 4, January 2004, pp. 841 – 856.

[119] Jakob B. Madsen, "Growth and Capital Deepening since 1870: Is it all Technological Progress?", *Journal of Macroeconomics*, Vol. 32, No. 2, June 2010, pp. 641 – 656.

[120] Junko Doi and Kazuo Mino, "Technological Spillovers and Patterns of Growth with Sector – specific R&D", *Journal of Macroeconomics*, Vol. 27, No. 4, December 2005, pp. 557 – 578.

[121] Keun Lee, "Chaisung Lim. Technological Regimes, Catching – up and Leapfrogging: Fingdings from the Korean Industries", *Research Policy*, Vol. 30, No. 3, March 2001, pp. 459 – 483.

[122] Martin Srholec, "High Tech Exports from Developing Countries: A Symptom of Technology Spurtsor Statistical Illusion?", *Review of World Economics*, Vol. 143, No. 2, July 2007, pp. 227 – 255.

[123] Mordecai Kurz, "Optimal Economic Growth and Wealth Effects", *International Economic Review*, Vol. 9, No. 3, October 1968, pp. 348 – 357.

[124] Masao Yamada, "Specialization and the Big Push", *Economics Letters*, No. 64, March 1999, pp. 249 – 255.

[125] Mauro Rodrigues, "Import Substitution and Economic Growth", *Journal of Monetary Economics*, Vol. 57, No. 2, March 2010, pp. 175 – 188.

[126] Michael K. Fung, "Financial Development and Economic Growth: Convergence or Divergence?", *Journal of International Money and Finance*, Vol. 28, No. 1, February 2009, pp. 56 – 67.

[127] MortonI Kamien and Nancy L. Schwartz, *Dynamic Optimization*, Amsterdam: North Holland, 2001, pp. 2170 – 2183.

[128] Nader Nazmi, "Deregulation, Financial Deepening and Economic Growth: the Case of Latin America", *The Quarterly Review of Economic and Finance*, Vol. 45, No. 2, May 2005, pp. 447 – 459.

[129] Panicos O. Demetriades and Kul B. Luintel, "Financial Restraints in the South Korean Miracle", *Journal of Development Economics*, Vol. 64, No. 2, April 2001, pp. 459 – 479.

[130] Peneder M., "Structural Change and Economic Dynamics", *Technology and the Economy*, Vol. 14, No. 4, December 2003, pp. 427 – 448.

[131] Qinglai Meng, "Monetary Policy and Multiple Equilibria in a Cash – in advance Economy", *Economics Letters*, Vol. 74, No. 2, January 2002, pp. 165 – 170.

[132] Ramsey, F. P., "A Mathematical Theory of Saving", *Economic Journal*, Vol. 38, No. 152, July 1928, pp. 543 – 559.

[133] Robert E. Lucas Jr., "On the Mechanics of Economic Development", *Journal of Monetary Economics*, Vol. 22, No. 1, July 1988, pp. 3 – 42.

[134] Robert E. Lucas Jr., "Why Dosen't Capital Flow from Rich to Poor Countries?", *The American Economic Review*, Vol. 80, No. 2, May 1990, pp. 92 – 96.

[135] Robert J. Barro, "Output Effects of Government Purchase", *The Journal of Political Economy*, Vol. 89, No. 6, July 1981, pp. 1086 – 1121.

[136] Ruy Lama, "Accounting for Output Drops in Latin America", *Review of Economic Dynamics*, Vol. 14, No. 2, April 2011, pp. 295 – 316.

[137] Shaghil Ahmed, "Temporary and Permanent Government Spending in an Open Economy", *Journal of Monetary Economics*, Vol. 17, No. 2, March 1986, pp. 197 – 224.

[138] Sebastian Edwards, "Financial Instability in Latin America", *Journal of International Money and Finance*, No. 22, July 2003, pp. 1095 – 1106.

[139] Terutomo Ozawa, "Pax Americana – led Macro – clustering and Flying – geese – style Catch – up in East Asia: Mechanisms of Regionalized Endogenous Growth", *Journal of Asian Economics*, Vol. 13, No. 6, January 2003, pp. 699 – 713.

[140] TheodorePalivos, "Endogenous Fertility, Multiple Growth Paths, and Economic Convergence", *Journal of Economic Dynamics and Control*, Vol. 19, No. 8, November 1995, pp. 1489 – 1510.

[141] Xiaoyong Cui and Liutang Gong, "Foreign Aid, Domestic Capital Accumulation, and Foreign Borrowing", *Journal of Macroeconomics*, Vol. 30, No. 3, September 2008, pp. 1269 – 1284.

后 记

博士毕业后,马不停蹄地在博士后工作站又忙碌了两年,重回高校从事教学研究工作,终于有时间可以潜心研究一些自己感兴趣的问题。2015 年中国 GDP 增速 6.9%,创下 1990 年以来新低,并且未来数年经济增速仍将逐渐降低。面对经济新常态,中国政府提出供给侧改革,希冀将改革重心从需求端的商品市场转向供给端的要素市场。而要素市场改革核心之一就是提高生产效率,即充分发挥技术创新的动能作用。在此背景下以及河北经贸大学学术著作出版基金资助下,利用寒假,展开尘封两年之久的博士毕业论文,恍然回到中央财经大学的求学生涯。

2002 年当我踏入中央财经大学金融学院,我似乎开始了人生新旅程,但这又何尝不是 10 年前命运的安排呢?幸运终于走上属于自己的道路,更幸运遇到第一个硕士导师——周月秋。每次与周老师谈话聊天,都深感自己对金融原理理解的浅薄,同时激发学好金融的信心与决心。硕士毕业后,进入高校从事教学工作,一是可以读书;二是充实自己。日子就这样过了 5 年,但是"手中无粮,心里发慌",始终隐隐作痛,终于决定回炉深造。2010 年 4 月我得知已经通过分数线,在欣喜之余,联系博导问题也浮出水面,给周老师去电,请求联系。一天后周老师来电告知事已办妥,我也就不再惴惴不安,同时感谢周老师不遗余力联系博导。2010 年 9 月终于再次回到中财金融学院,校园依旧。第一学期结束,我的博士生导师——王松奇老师短信邀我家中小叙,其间王老师对刚完成的《中国如何规避"中等收入陷阱"》论文进行了阐述,这是直接促发我以"中等收入陷阱"为研究对象的根本原动力。为了从微观经济主体动态角度研究该问题,我在第二学期有意识地旁听了《动态经济学》课程,这些研究方法在论文中应用较多。由于国内用该方法研究不多，我又吸收借鉴了很多国外学者这方面的研究成果，创新地将技术创新变量放入效用函数中。虽然小有创新，但是与王老师、周老师等国内大师相比，深感自己渺小；在国外文献徜徉中，深感中外学者不啻天渊，有时看到国外学者的奇思妙想、缜密的逻辑分析、严谨的论证、翔实的数据分析与生动的语言时，我心想或许这就是中外经济增长差距的根源吧。

回首学术之路，走走停停，感叹时光飞逝、一事无成，但仔细想来，与当初懵懵懂懂相比，收获又何尝不是满满呢？每一个人都在追逐自己儿时或冥冥注定的梦想，读万卷书行万里路将一直伴随我，就以本书作为我学术生涯的起点，不忘初心，常怀感恩之心，完成学术之旅。

最后，要感谢王老师与周老师对我生活、工作、研究的无私帮助；感谢河北经贸大学金融学院以及科研处各位老师的支持；感谢中国社会科学出版社编辑老师的付出。

郭江山

2016.2.1